教育部人文社会科学研究项目：2024年度高校思想政治理论
"习近平文化思想融入高校思政课实践教学研究"（24JDSZK
山东石油化工学院资助出版
黄河三角洲绿色低碳高质量发展研究中心　东营市黄河口红色文化研究基地

从传统到现代：

黄河口文化传承研究

尹　健　张爱美　胡艳芳◎著

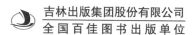

吉林出版集团股份有限公司
全国百佳图书出版单位

图书在版编目（CIP）数据

从传统到现代：黄河口文化传承研究 / 尹健，张爱
美，胡艳芳著. -- 长春：吉林出版集团股份有限公司，
2025.2. -- ISBN 978-7-5731-6155-0

Ⅰ. K292

中国国家版本馆CIP数据核字第2025137UH8号

CONG CHUANTONG DAO XIANDAI:HUANGHEKOU WENHUA CHUANCHENG YANJIU

从传统到现代：黄河口文化传承研究

著　　者	尹　健　　张爱美　　胡艳芳	
责任编辑	邢　扬	
装帧设计	李　亮	

出　　版　吉林出版集团股份有限公司
发　　行　吉林出版集团社科图书有限公司
地　　址　吉林省长春市南关区福祉大路5788号　邮编：130118
印　　刷　廊坊市印艺阁数字科技有限公司
电　　话　0431-81629711（总编办）
抖 音 号　吉林出版集团社科图书有限公司　37009026326

开　　本　710毫米×1000毫米　1 / 16
印　　张　13.75
字　　数　260千字
版　　次　2025年2月第1版
印　　次　2025年2月第1次印刷

书　　号　ISBN 978-7-5731-6155-0
定　　价　58.00元

如有印装质量问题，请与市场营销中心联系调换。0431-81629729

目　录

第一章　黄河口文化概述

从中华文明诞生开始，延续到唐宋时期，黄河流域始终是中国历史上的经济政治、军事科技、思想文化中心和重心。因此，黄河文化也成为中华民族的母亲河文化。东营是黄河入海的冲积地区，更是中华黄河文明的冲积扇。黄河口是万里黄河入海的地方，孕育了独具特色的黄河口文化，也是黄河冲积文化的典范，其年轻态、多元化、开放性为群众文化的发展厚植了沃土。在全市上下积极投身黄河流域生态保护和高质量发展的历史进程中，黄河重大国家战略的实施为黄河口群众文化的繁荣发展提供了前所未有的历史机遇。黄河口地区文化底蕴深厚、资源丰富，它面向蓝色的海洋，承载着几千年的黄河文明。黄河口文化可以说是中华民族文化的缩影。按现有资料分析，其类型主要可归纳为以下几个大的方面：传统文化、民俗文化、红色文化、石油文化和治水文化等。

从历史发展状况来看，黄河口文化可用一"线"三"区"来概括。从西南到东北，黄河口地区存在一条鲜明的、穿越五千年历史的文化链，从远古的石器时代逐渐走向崭新的现代工业文明。其分布基本上呈现为以广饶县为中心的包括傅家遗址、孙子故里和吕剧等在内的传统文化区，以东营区为代表的城市文化区，以利津县、垦利区和河口区为主的治水文化区。其文化类型丰富，发展潜力巨大。黄河口文化带有以农耕文化为主体的黄河文化的典型特征，同时兼受海洋文化的影响。挖掘并丰富黄河口文化内涵，必须立足于现有的文化传统、自然资源基础上。

文化的发展具有历史性和地域性的特征。"黄河口文化"作为一个特定的地域文化名称，是随着近年来东营市对文化发展的愈发重视而提出的。由于行政区划的调整，东营市这片地域的文化发展与研究曾经出现比较沉寂的局面。黄河口地区在史前属于东夷部族，远古的东夷文化是其文化的形成源头。这从今天的考古资料中可以得到证明。目前，东营市已经发现多处史前

1

文化遗址，包括新石器时代的大汶口文化、龙山文化和岳石文化。此外，还发现了几十处商周时期的文化遗址。遗址分布之密集，在省内实属罕见。很多史前神话中都留有今天东营市地貌的影子，比如"黄帝杀蚩尤于青丘"。经学者考证，青丘之地就在今天的广饶县①。这充分说明黄河口地区文化的历史是源远流长的。黄河口地区文化的真正成型是在齐国时期。齐文化"以广收博采、融合创新为特征，以富国强兵、诏令天下为旨归，以实用主义为本质"。②历经姜齐和田齐八百多年，一脉相承，融会贯通，奠定了齐文化在中华民族文化中的地位和影响。正是有了博大厚重的齐文化的奠基，才有了黄河口文化在两汉和明清时期的两度繁盛。两汉时期，乐安（今广饶）欧阳生创立的"欧阳尚书学"极度兴盛，被立为官学，其家族几代人均被立为博士，现在广饶县尚存有欧阳八博士墓。其治学和学术精神在当地影响深远，其后学倪宽就是"欧阳尚书学"精神的积极实践者，政绩卓著。经过千年的文化积累与沉淀，明清时期，黄河口的学术文化发展达到鼎盛，出现许多有名的学者诗人。比如广饶的"李氏四父子"，文章诗歌皆称一流。更有明末清初的大诗人徐太拙，有"诗冠"之誉。还有著名的古钱币学者利津的李佐贤，其编写的《古泉汇》被视为古币学的奠基之作。著名学者王献唐在《五镫精舍印话》中说"《古泉汇》一书，为历代泉学之冠"。李佐贤不仅是清代颇有影响力的古钱币学家、金石学家和收藏家，而且是著名的诗人和书画鉴赏家。此外，还有诗人张诠，他的《竹枝词》可以说是黄河口的风俗画；史学家程余庆的《史记集说》，是《史记》研究领域的著名文献。

黄河口文化的形成同黄河在入海口核心城市东营市的变迁有着密切的关系。东营市濒临渤海，秦汉时期之后的退海之地占据了现有陆地的近二分之一。历史上，该地湖泊众多，河流交错。流经东营市地面的河水，南面主要有南古济水，也就是今天的小清河，在古代逐水而居的历史时期，它无疑对当地文化的发展产生了巨大影响。今天的考古发现也证明了这一点，在东营市迄今发现的史前遗址中，绝大多数分布在古济水两岸。直到新中国成立后，小清河还是重要的运输河道。北面河道主要有北济水、大清河和黄河。

---

① 景以恩，颜华.齐地青丘之国与广饶傅家遗址［J］.管子学刊，1996（4）：94-96.

② 颜炳罡，孟德凯.齐文化的特征、旨归与本质——兼论齐、鲁、秦文化之异同［J］.管子学刊，2003（1）：36.

由于历史上黄河的侵扰和气候的逐渐干燥，北济水河道大约在金代之前逐渐枯萎消失。代之而起的是大清河和黄河，大清河与黄河在不同的历史时期在同一条河道中流淌，对黄河口文化的发展有决定性的影响。东汉王景治理黄河后，黄河在今天的东营市入海达900年之久，孕育了今天黄河三角洲的雏形。金代，黄河夺淮入海，此时在东营市地面上行水的是大清河。大清河水清岸高，千年安澜，促进了铁门关码头的形成和繁盛。铁门关在金代建立，借大清河之水脉，曾在明清时期使利津县城出现了都会般的繁华，有"小济南"之称。

黄河口文化有鲜明的海洋文化的特性。黄河口地区，盐资源丰富，制盐历史悠久，夏代即有盐产出。《尚书·禹贡》载："海、岱惟青州……厥土白坟，海滨广斥，厥贡盐絺。"《管子》载，"渠展之盐"为诸国制盐之首。管仲相齐称霸诸侯，其财力主要来自"渠展之盐"。《山东通志》《利津县志》载："渠展齐地……在利津滨海。"20世纪50年代以来，利津县的南望参、东营区六户、广饶县大码头一带，先后出土了大量东周时期的制盐器物，有"将军盔"、漏器、盛器等。结合文献与考古实物可知，今黄河口沿海一带即"渠展之盐"中心区域。到了汉代，朝廷在全国设立盐场37处，千乘郡（今山东省东营市广饶县）为其一。宋神宗时，滨州一年卖盐21000余石，俱产自海滨。元明两代，山东共有盐场19处，东营境内即有新镇、高家港、王家岗、永阜、丰国、宁海6处。清康熙年间，沿大清河两岸设立仁、义、礼、智、信五大盐坨，年引额（全年销售额）50多万包（每包重160公斤）。

盐业的发展，从煮盐到晒盐经历了漫长的历程，积淀了厚重的盐俗文化，对沿海什物、地名、居民的生产生活产生了深远的影响。煮盐的地方称"灶地"。现在的广饶县大码头乡、丁庄镇东部、东营区六户镇、东营市东西城一带，在历史上都是灶地，俗称"东北灶"（原属广饶县东北域）。设灶煮盐的户称"灶户"，盐民称"灶丁"。民国初年，利津北部的纳税者仍称灶户。灶户依赖盐业维持生活。那时，官府为保护盐业生产所修筑的城垣也冠以灶名，如"官灶城"（光绪三十年前属利津县地，今为沾化区下河乡官灶村一带）。至今利津、广饶、沾化仍有很多带"灶"字的村名，如谢家灶、前灶子、后灶子、灶户信家、灶户王家等。清光绪十年至三十年（1884—1904年），黄河连续四次决口，永阜场被全部冲毁，盐田被淤。此后，垦户连年来这里开荒种地。有些垦户在原来储存盐的地方建立了村庄，其地名则带"坨"字或"盐"字，如盐坨（东营市东营区）、坨庄（东营市垦利区）、盐窝（东营市利津县）等地名。

盐的储运，相应地带动了灶地的草编和绳业。清代利津诗人张铨写的《竹枝词》，描绘了盐民储藏、运输的繁忙景象："老屋荒村破晓忙，编来揸席满盐场。不愁日午炊烟断，一担能支十日粮。""风雪三更共一灯，农家妇女快搓绳。明朝挑向盐船去，沽酒烹鱼得未曾。"长期的盐业生产，相约成俗，发展至今天，当地的草编、绳业方兴未艾，各路名牌土特产远销海内外。

第一节 "一线三区"的文化发展格局

黄河口地区文化底蕴深厚、自然资源丰富，它面向蓝色的海洋，背负几千年的黄河文明，可以说是中华民族文化的缩影。从历史发展状态来看，黄河口文化可用"一线三区"概括。从西南到东北，黄河口地区有一条鲜明的穿越六千年历史的文化链，从远古的石器时代逐渐走向崭新的现代工业文明。其分布基本上呈现为以广饶县为中心的包括傅家遗址、孙子故里等在内的传统文化区，以东营市东营区为代表的城市文化区，以利津县、垦利区和河口区为主的湿地文化区。这里文化类型丰富，发展潜力巨大。黄河口文化带有以农耕文化为主体的黄河文化的典型特征，同时兼具海洋文化的因素，要挖掘并发展黄河口文化内涵，必须立足于现有的文化传统、自然资源基础之上。

传统文化区主要指南部的广饶县。由于南部广饶成陆时间较早，新石器时代这里就有人类生活，迄今已经发现了包括五村、傅家等在内的新石器时期的文化遗址共十多处，而商周时期的文化遗址有几十处之多。此外，这里还有柏寝台、孙武祠、南宋大殿等古代传统文化遗迹，又有山东最早的农村党支部——刘集党支部，还有现存最早的《共产党宣言》中译本等现代红色传统文化资源。

城市文化区主要包括东营市的东城和西城，这是东营市文化发展的大本营，也是东营市向外界展示文化发展水平及发展内涵的主要舞台。目前，已经基本形成"东静西动"的发展格局，东西城之间以东营区政府为中心的城市中心文化区也正在建设中。东城环境幽雅，气氛安宁，绿化和自然环境较好。西城主要以胜利油田驻地机关为主，高层建筑及大型购物商场多集中于此，人口相对密集。东营市城市文化区的发展应在现有格局的基础上，扬长避短，着力在东城"水城"的宁静和西城"油城"的繁华上做文章，使整个东营城区各区块形成既独具特色又相互呼应的文化之都。

治水文化区主要包括利津县、垦利区和河口区。治水文化不应仅仅包括黄河口湿地，还应包括在黄河口特殊地理环境下生长起来的民俗文化、红色文化、农垦文化、渔业文化以及移民文化等。治水文化区的建设，要在突出湿地特色文化的基础上，实现治水文化和黄河口乡土文化的结合。在发展湿地旅游的同时，带动黄河口民俗风情游以及民间工艺的发展，从而带动黄河口农村经济及农村文化产业的发展。

第二节 有待发掘的深厚文化底蕴

任何一种文化的形成和发展都具有历史渊源和现实呈现两种形态。随着社会历史的发展和地理环境的改变，一个地区的文化状态会发生很大变化，在现实的呈现上很可能表现出与曾经的历史发展状态很不一致的面貌。因此，要深入探讨一个地区的文化内涵，必须从历史和现实两方面着眼，既要做到古为今用，又要做到不泥古、不造古。就历史层面上来说，在先秦时期，现在的黄河口地区很大一部分还未成陆，而在这一文化奠基时期，黄河口却是紧邻齐文化的中心——临淄。因此，得地利之优势，那时的黄河口地区文化相当发达，今天的考古资料也证明了这一点。如何将这种古代文化底蕴转化为现代的文化发展力，使它们由静态的历史展览转变为动态的文化动力，是入海口地区在文化建设和发展方面遇到的挑战。除了配合旅游业的发展，大力恢复兴建传统文化遗迹，更重要的是发扬优秀传统文化的价值，使其助力社会发展。

一、重利尚实、广收博采的古齐文化

黄河口地区文化的萌芽可以追溯到远古的东夷部落，但是真正成形是在齐国时期。齐文化历经姜齐和田齐八百多年的时间，在黄河口地区的影响可谓源远流长。齐文化的特性首先表现在务实性。姜太公封齐之初，齐地方圆百里，人口稀少，满是荒芜的盐碱地。针对这种情况，姜太公制订了"通商工之业，便渔盐之利"的经济发展策略。到齐桓公时期，在管仲的辅佐

下，这种经济发展战略又有了极大程度的发展创新，不仅"通轻重之权，征山海之业"，而且随着生产力的提高，更注重农业生产，进行了诸如"井田畴均""相地衰征""勿夺农时"一系列改革，把农业与工商业同视为重要的经济基础。其次是变革性。这种变革是因势利导，广采博纳，以发展为目的，以主利为前提。姜太公封齐之初，便"因其俗，简其礼"，对当的地东夷之礼有选择地吸收采纳，而对繁杂的周礼也本着适合当地人生活习俗的方针加以简化。《管子·正世》亦说："不慕古，不留今，与时变，与俗化。"西周初期的姜太公变革、春秋中前期的齐桓公管仲变革和战国时期的齐威王邹忌变革，体现的正是齐文化变革精神的一脉相承。第三是它的开放性。齐文化务实尚利，又能在变革中保持自主精神，因此它并不保守褊狭，而是具有开放包容的大国气度。齐文化的变革并不单纯靠内部挖潜，在它形成之初，因齐地处偏远，没有多少成规，因此接受外来文化的能力强，变化也快，以后更发展为治国的方针，即广采博纳、融汇成新①。东营市作为一个新兴的特色工业城市，有着巨大的发展空间，针对在发展中如何形成自己的城市特色，立足实际，着眼未来，可以说古齐文化提供了很好的借鉴。

　　二、崇变尚道、寓兵于商的孙子文化

　　作为孙子的故里，东营市非常重视兵圣文化的传承建设和弘扬，兴建了孙武祠、孙子文化广场等集旅游、展览与经营于一体的大型文化设施。在搞好有形的孙子文化建设的同时，东营市还注意挖掘孙子文化的现代应用价值，使其与当前的经济文化建设紧密结合。通过"中国广饶·孙子国际文化旅游节"和"中国（广饶）孙子国际论坛"等大型文化活动的举办，孙子的思想传播日益深远。孙子的军事思想不仅被国内外军事理论家奉为经典，而且还被广泛应用于商战之中。如何把孙子的思想和国学传播、现代企业运营及经济社会发展相联系，是孙子国际论坛的重要内容。

　　东营市不少民营企业的成功，可以说是孙子的军事思想在其家乡发扬光大的典型例证。《孙子兵法》之《计篇》开宗明义："兵者，国之大事，死生之地，存亡之道，不可不察也。"东营的民营企业家把它理解为："企业者，国之大事，死生之地，存亡之道"，牢固树立党为公、兴企为民的理念。《孙子兵法》中非常注重将帅的领导才能，认为"将者，智、信、仁、

————————
①邱文山. 齐、鲁文化及其交融与整合［J］. 管子学刊，2002（3）：46.

勇、严也"，即作为将领，要具备才能、诚信、仁爱、勇敢、威严等优质素质。民营企业注重加强企业领导队伍建设，在选拔和任用干部上遵循德才兼备、有胆有识、开拓勇进、诚实守信、严于律己的原则。《孙子兵法》强调"上下同欲者胜"，将兵同心同德，围绕一个共同目标，齐心协力，就可以夺取战争的胜利。所以企业往往将"人本管理"放在一切工作的首位，把"上下同欲者胜"的战略思想作为企业文化建设的真谛，贯穿于企业思想政治工作和生产经营管理的全过程。

三、训诫劝世、富于生活气息的吕剧文化

东营市是吕剧的发源地，有深厚的吕剧文化基础。目前，东营市除了市县级的吕剧团外，还有十多家"庄户吕剧团"。吕剧起源于乡村，生活气息浓厚，其题材大多来自社会生活中的某侧面，以典型的故事情节或生活中的小事，以小见大地去表现人民群众勤劳勇敢、善良智慧等传统美德，赞扬劳苦大众反抗压迫、争取自由的斗争精神，反映他们追求幸福美满生活的愿望、理想和要求，塑造人民群众所熟悉的人物形象。吕剧基本剧目大都能准确贴切地表达劳动人民的愿望和思想感情，为当地人民群众所喜闻乐见。

要把吕剧文化做大做强，做成地方文化名牌，做成一项文化产业，需要积极的政策扶持。第一，下大力气培养吕剧人才。和高校艺术系联合，开办吕剧培训班，推行导师带徒制，同时选拔优秀的年轻演员进戏剧学院深造，为东营市吕剧文化的发展储备后续力量。让吕剧进中小学校园，成为学生的必修文化课，以此发现培养吕剧新秀，同时也从小培养孩子对家乡优秀传统文化的热爱。第二，树立吕剧名家、名曲意识。培养在全国知名的吕剧名家。一个名家可以成为一个地方、一种文化的象征，比如梅兰芳之于京剧，严凤英之于黄梅戏。组织吕剧创作者精心编排新剧，打造优秀唱段。吕剧发展面临的一个很重要的困难是剧本过时，传统剧本引不起现代人，尤其是年轻人的兴趣，这也是目前戏剧发展普遍面临的难题。在这方面东营市的吕剧工作者付出了很大的努力，在近年推出了不少优秀剧本，下一步还需要打造有现代气息的经典唱段。第三，充分利用现代传媒，加大东营市吕剧文化的对外宣传力度。定期举办东营市吕剧艺术节，设立"黄河口吕剧奖"。第四，把东营市吕剧文化的发展向产业化发展的道路引导，鼓励个体和企业创办吕剧演出团体，并在政策上给予大力的扶持，努力为吕剧艺术发展壮大开辟更多的通道。

四、为国为民、无私奉献的红色文化

黄河口地区曾经是一片红色热土，为抗日战争和解放战争的胜利作出了巨大贡献。这里有山东省最早的农村党支部——刘集党支部，刘集党支部保存下来了中国最早的《共产党宣言》中文全译本。黄河入海口的垦利区也有着悠久的革命历史传统，其前身垦区是当时山东六大战略区之一的清河区（后改为渤海区）党政机关所在地。这片年轻而富有热情的土地，培育了被徐向前称赞为"我党宣传新闻战线上一位杰出的组织者和活动家"的中国革命早期著名的新闻工作者李竹如等一大批革命志士。为铭记历史，教育后人，发展红色旅游，东营市在垦利区建立了"渤海垦区革命纪念馆"和"黄河口革命烈士陵园"。

发展红色旅游已经成为各地发展地方经济文化的重要举措。可以说在把红色文化作为经济增长点的同时，如何切实把红色文化的优良传统贯彻到政府各部门的日常工作中，贯彻到民生工作中，真正继承红色文化为国为民的大公无私精神，是今天传承和弘扬红色文化的根本所在。

五、生命力强、原生态延续的民俗文化

黄河口地区有着多种地方戏曲和民间舞蹈，它们来源于民间，发展于民间，自拉自唱、自娱自乐，为当地居民所喜爱。黄河口民俗文化是齐鲁文化的重要组成部分，具有尊儒、开放、务实、灵活等特征。民俗文化的物质景观形态和非物质景观形态，在漫长的历史发展过程中，潜移默化地融入黄河口民俗文化的发展演变中，成为黄河口群众文化的重要组成部分。如短穗花鼓，在自身得到传承发展的同时，它的优秀文化元素还被吸收采纳，有机融入其他艺术形式；枣木杠子乱弹、虎斗牛、金钱灯、打老虎等，则以顽强的生命力，原生态地延续到现在，山东琴书也慢慢地发展成更适黄河口地区演唱的艺术形式。

第三节　现代文化的强大两翼——石油文化和治水文化

在深挖传统文化底蕴的同时，更要抓好现有文化资源的开发利用。作为黄河口的地域文化品牌，包括石油文化、治水文化在内的各种文化类型，集中体现了黄河口文化的特色。

一、创业创新的石油文化

胜利油田是中国第二大油田，石油文化是东营市文化的一个重要元素。胜利油田开发勘探建设以来，广大石油工人继承和发扬大庆会战的优良传统，把奋发图强、艰苦创业、为国奉献带到了黄河三角洲这片土地上来，他们和东营人民一道，把这里建设成了一个石油工业的大本营，使黄河三角洲成了支撑国民经济的重要能源基地。在长期的艰苦创业中，胜利油田已形成自己独特先进的企业文化，这种文化也已经成为黄河口文化的一个重要组成部分。

从1961年第一口油井"华8井"的发现，胜利油田从开发至今已走过了60余个春秋。在60年代国家最困难的时候，胜利石油人肩负着为国家贡献石油的重任，他们在生产、生活环境极其恶劣的情况下，砥砺前行、继往开来，在石油会战中取得了一个又一个胜利，新油田勘探开发层出不穷。如华八井现已作为重要石油文化旅游路线，成为黄河口独特的石油名片，彰显出石油之城的独特魅力。胜利人在极其艰苦的环境条件下，经过长期的石油勘探开发的伟大实践，锤炼凝成了以"爱国、创业、创新、开放"为核心的胜利文化。这种文化是在东营的土壤上产生的，是胜利人的精神产品，它在长期的形成过程中，离不开与地方政府的融合，因此，胜利文化既是胜利人的骄傲，也是东营市人民一笔无比宝贵的精神财富。老一辈的胜利石油工人住干打垒、喝盐碱水、吃糠咽菜，与天斗与地斗，激流勇进，充分践行了"国之大者"的雄心壮志，充分彰显了以苦干实干、勇毅前行为核心的石油精神，进一步推动了胜利油田与东营市协同发展。黄河口文化的发展需要把胜利文化融入东营市文化建设中，坚持社会主义文化发展的方向，以主人翁的自觉态度，以创新的开放视野，丰富具有黄河口文化特色的胜利文化，使胜利文化在黄河口文化的发展中焕发出崭新的魅力。

长期以来，一谈到胜利石油文化，便只限定于胜利油田的石油职工，严格地说，这只是一种狭义的胜利石油文化。真正的胜利石油文化，应该是为黄河三角洲所共同拥有的文化，是油地军校多方共同建设、通力为国的结果。要努力强化目前这种来之不易的相互信任、相互支持、互依互存、共同发展的局面。

二、独树一帜的治水文化

新中国成立之初，国家就开始了对黄河的治理工作。每一代国家领导人都心系黄河安危。随着国家第一个五年计划的实施，以打渔张引黄灌溉工程的建设为标志，黄河口的治水文化掀开新的历史篇章。黄河百转千回，在入海口的广袤平原上形成了黄河口湿地。湿地生态系统对于河流水体的健康至关重要。黄河口湿地保护区有15.3万公顷之广，为联合国环境署重点保护的全球13处湿地之一，也是中国暖温带最完整、最广阔、最年轻的湿地生态系统。而且在其他湿地由于日益恶化的自然条件渐趋缩小的情况下，黄河口湿地以每年2000—3000米的速度向前推进，成为世界上年造陆地面积自然增长最快的湿地。区内野生植物、水生动物资源丰富。另外，东营市还有广阔的盐碱地、天然草场、滩涂和绵延数百里的海岸线，这些都是宝贵的可用自然生态资源。黄河口在世界上是独一无二的，这是大自然赐给东营市的一份弥足珍贵的礼物，保护黄河口湿地的生态和谐就是保护东营市的未来。黄河口治水文化中，湿地已变成一份独特的文化资源，与石油产业、区域经济、文化、环境、社会的和谐发展融为一体。黄河口社会生活的每一方面，都应该是一个完整的自我循环、自我发展的体系，生态经济、生态文化、生态环境和生态社会等系统之间，应相互促进、共生共荣。

黄河口的东营市是一座新兴城市，又是滨海城市，在文化建设上应该突出"新"的特色，形象新、气象新，体现出现代化的气息。黄河从远古的黄土高坡奔向蔚蓝色的海洋，在黄河口矗立起来的应该是一座崭新的现代化城市。黄河三角洲地域开阔，河海交汇，文化发展应该突出"大"的特点，打造"大东营""大黄河口"。以深厚之蕴涵，显黄河精神之博大；以恢宏之气势，显石油文化之豪迈；以吞吐河海之志，显现代文化建设之宏阔。河海共存，兼容并包，广纳四方，吞吐八荒，使传统与现代、特色与统一相互辉映，相得益彰。黄河是《诗经》的故乡，是《易经》的源头，精雅而富于变化是黄河文化的特征，也应该是黄河口文化的内涵。在大气势、新特色中，蕴涵的是典雅精细的精神底蕴。以"黄河口文化"为大品牌、大手笔，把石油文化的激情豪迈、湿地文化的质朴自然，以及传统文化的浑厚细腻等统一于黄河文化精神之中。

第二章　传统文化

　　黄河口地区被称为共和国最年轻的土地，在不了解它的人们心目中，这儿应该是荒凉而原始的，没有黄土高坡的厚重，也没有秦淮烟雨的繁华，仿佛不可能和古典、传统结缘。但是，这只是人们的想象。事实上，黄河口地区有着深厚的文化积淀，从新石器时代一直到中华民族彻底摆脱外族侵略耻辱的抗日战争，这片土地都曾经历过，并且留下了深深的印痕。下面我们就循着历史的足迹，去一一探索历史是怎样艰难地在这片土地上走过的，中华民族是怎样从最初的茹毛饮血发展为强大的东方之狮。

　　从有文字记载始，黄河有两次在东营市入海。据《尚书·禹贡》记载，有史可考的黄河最早的入海口是在今天的天津附近。公元前602年（周定王五年），黄河发生了第一次大改道，从此黄河入海口逐渐南移。公元11年（王莽始建国三年），黄河第二次大迁徙，狂虐的洪水在今天的鲁西、豫东地区泛滥了60年，一直到公元69年（东汉明帝永平十二年），王景治理黄河，引导黄河在利津入海。这是历史上黄河第一次来到现行河道附近入海，从此开始了形成古代黄河三角洲的历程。从此黄河下游虽然时有小的决口漫溢，但大多对三角洲没有造成灾难性影响，历时长达1000多年。公元1194年（金章宗明昌五年），黄河又一次大迁徙，夺淮入海，直至公元1855年（清咸丰五年），黄河在今河南兰考境内铜瓦厢决口，夺大清河入海，黄河遂复由利津入海，一直到今天。

　　历史上济水、大清河都曾在东营入海。济水入海口区域，曾经是齐国的重要产盐地，齐国借此渔盐之利，富国强兵，终于成就春秋霸业。后来，随着气候的逐渐干燥，大约在五代时期，济水逐渐断流及至枯萎消失。这时，在济水的北面，另一条河流孕育成熟，一路逶迤自利津入海，因为河水清澈，被称为"清河"，又因为南有小清河，亦称为"大清河"。大清河，孕育了肇端于金代繁盛于明清的铁门关码头，也使得利津县城在明清两代极度繁华，有"小济南"之称。1855年黄河夺大清河入海，给铁门关以覆顶之灾，但是却从此孕育了现代的黄河三角洲。

与长江三角洲不同，黄河三角洲是一块不断生长直至近代才成为现在模样的土地。它的区域建制时间，也随着陆地形成的早晚而有巨大差异。东营市的历史发展可以沿着广饶、利津、垦利三县区历史追溯。从这儿我们可以清楚地看到海洋是怎样一步步向东方推移，人类文明的脚步是怎样在向大海前进的。

广饶县位于东营市的最南端，历史悠久，五千多年前的新石器时代就有灿烂的文明。西汉时开始置县，始有"广饶"之名。广饶县已经发现的新石器时代的文化遗址有20多处，根据对出土文物的考证，傅家遗址和营子遗址等分别属于大汶口文化和龙山文化。《左传·昭公二十年》记载：

公曰："古而无死，其乐若何？"晏子对曰："古而无死，则古之乐也，君何得焉？昔爽鸠氏始居此地，季荝因之，有逢伯陵因之，蒲姑氏因之，而后大公因之。古若无死，爽鸠氏之乐，非君所愿也。"

季荝氏，虞夏时的诸侯；有逢伯陵，殷时的诸侯；蒲姑氏，也是殷时的诸侯。需要说明的是，齐国都城在今天的临淄，广饶县域紧邻临淄，因此，晏子所述齐地的历史同样适于广饶县域。从西周到战国，今天东营市所辖的区域在当时已成陆的部分均属齐国。西部利津县大约成陆于春秋战国时期。1193年1月（金明昌三年十二月）以永利镇升置利津县。利津县境由南到北次第成陆，其近海之地是齐国海水煮盐的重要地区。今利津县北部区域是西汉以后黄河填海之地，很长一段时期内并不适合人类居住，明清两代才逐渐形成现在的大部分村落。从元朝到民国，利津政区无大的变化。由于黄河不断造出新陆地，三角洲的顶端不断向渤海湾拓延，形成了东北部的"利津大荒洼"，困难时期曾成为无数山东难民的逃荒之地。垦利区位于东营市最北部，大部分系黄河新淤地，特别是1855年黄河夺大清河入渤海之后，造陆速度很快，沧海桑田般生成了今天的垦利区，1943年在中共垦区抗日民主政权的基础上建立垦利区，1983年10月东营市建立。

沿着历史上黄河摇摆不定的步履，循着大海后退的足迹，东营市的古代文明由西南向东北呈现出一条比较明显的发展链条。南部的傅家遗址传递着新石器时代的苍茫气息，诉说着先民在这片土地上繁衍之初的困苦与坚韧；而地处东北的铁门关，则向人们昭示着那远去的盐埠盛况，以沉默在史卷中的繁华叩击着历史的沧桑无奈并警诫着世人。黄河口，这探向大海的巨龙之首，它永远年轻，每一刻都在生长，它以初生的朝气，呼唤并见证着这古老文明的发展与崛起。

今天，小清河的名字世人耳熟能详，大清河的名字却早已为人忘却。大清河对今天黄河下游的经济文化发展起过重大作用，特别是对铁门关码头的兴盛，作用尤其重要。可以说，没有大清河，也就没有铁门关。那么这样一条河流又是怎样出现和消失的呢？这得从古济水和黄河说起。历史上，山东北部共有三条重要的大河流：济水、大清河、黄河。大清河的出现和消失同济水和黄河有着密切的联系。《武定府志》载："蚝浦朝宗，济水达于千里；铁门锁浪，沧海长于百川"，明确指出了济水和铁门关之间的联系。

250年前，利津诗人李华曾经写有一首《济水孕育铁门关》："济水赴海流，急如离弦矢。强哉齐桓公，富国从此始。我来引领望，霁色沧溟里。一登黄芦台，一想齐管子。管子不复见，渠展犹在耳。忆昔图伯时，烟火几千里。府海饶鱼盐，美利谁与比。试出铁门关，漉沙留旧址。表海称雄风，雄风今已矣。可惜天下才，遗业仅如此。"明确指出济水同铁门关的关系。铁门关在金代之后才开始出现并逐步兴盛，而济水在汉代以后就在史书中逐渐淡出。那么，济水和铁门关的关系到底在哪儿呢？这得从大清河和济水的关系说起。

济水在《尚书·禹贡》《史记》《尔雅》《山海经》《水经注》等重要历史文献中均有记载。但是，秦汉之后却渐渐淡出了历史视野。济水在古代被称为"四渎"之一。《尔雅·释水》记载："江、河、淮、济为四渎。"今天，长江、黄河和淮河还在大地上奔流，为人们所熟悉，济水却很少有人知道。但是，诸多的地名，如济源、济南、济阳、济宁等却顽强地提醒着济水曾经的存在。

济水发源于今天河南省济源市王屋山，济源就是因为处于济水的源头而得名。济水是今天黄河下游的本土水系，对这片区域的文化经济开发建设作用巨大。上古时期，济水水量丰富，大禹治理洪水，疏导九川，济水是其中之一。《尚书·禹贡》中记载：大禹"导水，东流为济，入于河，溢为荥，东出于陶邱北，又东至于菏，又东北会于汶，又东北入于海。"济水在历史上有"三隐三显"的神奇传说与记载，这与其作为"渎"的地位不太符合，因为按照古人的解释，"渎"是从发源地独流入海的河流。据今天的学者考证，济水在远古时期，确实是与黄河不相干扰的，各自独流入海。但是，到了人类能够用文字记录自己的文明之时，黄河已经开始侵入济水水系，古人既要尊重先人的传说又要尊重现实，因此才有了济水"发源注海"和"入于河"的矛盾记载。

济水出济源后，横贯黄河，又在地下潜行百余里之后，溢出为古代荥泽。荥泽为古老的湖泊，位于今天郑州市西北一带，大约在东汉时期已经淤塞了。荥泽的淤塞使济水上游失去了一个能沉淀泥沙的场，对荥泽至巨野泽之间的济水产生了严重影响。这段济水长约400千米，在河南的原阳分为南济和北济两支，最后又汇入巨野泽。巨野泽水面广大，济水入泽后，由于沉淀的作用，出泽后的水质变得清澈。济水出泽后也不再分南济和北济。因为巨野泽以东的济水支流汶水和泺水等也是清澈的，遂改名为清水。后来，巨野泽也逐渐淤塞了，汶水就成了济水的主流，名称改为清河。

清河自蒲台县永利镇，利津系五代蒲台县地，为清河入海尾闾。南宋绍兴初年，刘豫导泺水东行，在泺水入济处筑下泺堰，堰南之流源于济南诸泉，称为"小清河"；堰北之流以菏泽、汶水为水源，其名则为"大清河"，因在古济水之北，亦称北清河。明刘翊《大清河记略》云："济清之区有河曰大清，济水渠也，自东阿之张秋东北抵利津丰国盐场达于海。"因而，在历代文人的笔下，大清河又多称济水。

历史上黄河曾有两次从东营地面入海。先秦时期黄河在今天津东南入海，王莽始建国三年黄河在魏郡（今河南省安阳市）改道东流，夺济水之路，首次在现在的东营市境内入海。在最初的60多年间，黄河流路散漫，无拘无束地在齐鲁大地上横冲直撞。至东汉孝明帝永平十二年，王景奉诏治理黄河，修建了自荥阳至千乘（利津地）的黄河大堤，此后河行新道，相对安澜800多年。这是黄河第一次在利津入海。公元893年（唐昭宗景福二年），黄河在今天的惠民县境内改道，从无棣县入海，直到公元1855年（清咸丰五年）在铜瓦厢决口。960多年间，黄河时而"朝天子"（北流天津市、滨州市无棣县一带入海），时而"下江南"（南流入淮），东营地区已无黄河。唯有另一条大河沿济水故道，如离弦之箭而来，这就是大清河，继续养育着刚刚成形的黄河三角洲，并孕育出山东第一座海关——铁门关。

许多资料显示，大清河道宽不过10余丈，水深3丈有余，水上岸高有3丈多。在大清河中行船，因岸高挡风，无论顺风逆风，概不用帆。倘若逆水而上，则用牛拉牵。到了尾闾入海处，河面陡然宽阔，海潮相涌，波光粼粼，河道东向，因而此处又名朝阳沟。明成化年间，有一位来利津任训导的四川人章忠在诗中这样描述大清河边的东津渡口："津河环带碧流长，舟子清晨渡口忙。缥缈云边人竞济，汪洋浪里棹轻扬。寻常荡漾沉波月，来往栖迟向晓霜。幸际政平方系缆，行人犹似唤渔郎。"往来船只络绎不断，入海口更是舟船云集，一派繁华景象。大清河内接大运河、会通河，连接内地各省；外连诸海，北达天津、营口，东至朝鲜，南通闽粤，如此战略要地，膏腴之乡，从来为兵家所重。元明之交，一场为争夺控制黄河三角洲丰富盐产和海运咽喉的激战在铁门关上演，杀得天昏地暗，血流成河，百姓或死于战火，或逃亡他乡。明初，不得不进行大规模的黄河口移民。

大清河形如其名，河水清清，河中多为盐船，又名盐河。明嘉靖间做过山东盐运使的甘一骥，在他的《盐河议》中记述："国初，山东盐河有东、北二大支。其北一支属泺口、蒲台二批验所，为大清河，泺口上流自东平坎河口、东阿、平阴、长清、齐河而东入泺口，下流经齐东、蒲台、滨州、沾化、利津入海，以通宁海、永阜、丰国、永利、利国、富民、丰民、王家冈等场，运盐出入八场，过蒲台、泺口二关而达运河；其东一支属乐安批验所，为小清河……成化以后，海沧等十一场支河干涸，商旅不行，顾十一场水利湮废，灶盐不售……灶河仅存者北一支大清河耳……大清河下游，齐东县间有浅处，尚无湮塞，蒲台而下，通行滨州、利津、沾化入海。"[1]嘉靖年间为保盐运畅达，以通永阜等八盐场之利，大清河曾得以疏浚。

清雍正年间大清河口附近设仁、义、礼、智、信五大盐坨，盐产量居山东省十大盐场之首。据《四库全书》记载："大清河口可容船二百余只"，"潮退水深丈余，洋船千石者亦可乘潮来往，容百余艘避飓风，直沽海船多来贩粮，贸易之要地也。"原在牡蛎嘴的武定府海防同知署也于公元1736年（清乾隆元年）迁建于丰国镇。《利津县志》光绪九年本卷二载："海防同知署旧在牡蛎嘴，乾隆元年建于丰国镇……"大清河的千年安澜造就了铁门关，也成就了利津古城早期的繁盛。

大清河在东营市安然行水近千年之久，造就了铁门关和利津城的繁华鼎盛。公元1855年（清咸丰五年）六月，黄河在今河南兰考北岸铜瓦厢决口。

---

[1] 曲德胜.渐行渐远大清河［M］.黄河口史话，中国石油大学出版社，2009：246.

黄河水先流向西北，后折转东北，夺大清河入渤海。关于此次河灾，山东巡抚崇恩向朝廷奏报："近日水势叠长，滔滔下注，由寿张、东阿、阳谷等县联界之张秋镇、阿城一带穿过运河，漫入大清河，水势异常汹涌，运河两岸堤埝间段漫塌，大清河之水有高过崖岸丈余者，菏濮以下，寿东以上尽遭淹没。其他如东平、汶上、平阴、茌平、长清、肥城、齐河、历城、济阳、齐东、惠民、滨州、蒲台、利津等州县，凡系运河及大清河所经之地均被波及。兼因六月下旬七月初旬连日大雨如注，各路山坡沟渠诸水应有运河及大清河消纳者，俱因外水顶托，内水无路宣泄，故虽距河较远之处，亦莫不有泛滥之虞"，"黄水由曹濮归大清河入海，历经五府二十余州县"[①]。按照当时清朝的政区划分，山东省被划为10府2州（济南府、武定府、东昌府、临清直隶州、青州府、莱州府、登州府、泰安府、曹州府、济宁直隶州、兖州府、沂州府），其中鲁西南西北诸府均沦为灾区。

当时"利津四大贤"之一的李佐贤出城东门，在东津渡看大清河水涨，似乎并未意识到灾难已经降临，他用欣赏的心情，描述了黄河再次夺清入海的景况："银潢倒泻九天上，水深门处屋如舫。沄河顿作钱塘湖，奇观斗觉心怀放。涛头遥望奔一线，迅驰风霆疾掣电。人立苍茫银海眩，力撼城郭摇石堰。"（《雨后观河涨歌》）自那天起，清悠舒缓的大清河就变成巨浪滔滔的黄河了。黄河夺大清河之初，河道从利津铁门关北萧神庙以下二河盖之牡蛎嘴入海，此时尚未成地下河。到清光绪年间，两岸堤防渐趋稳固，进入下游的泥沙渐多，河床迅速淤高。公元1896年（光绪二十二年），山东巡抚李秉衡奏称："昔之水行地中者，今已水行地上，现在河底高于平地，俯视堤外则形如釜底。"黄河由大清河的槽深20余米变成了地上"悬河"。此后，黄河在下游频频决溢，泛滥成灾，

大清河为黄河所替代，于今一百五十余年矣。渐行渐远的大清河，托起了山东八大盐场之冠的永阜大盐场，缔造了瞰海锁浪的铁门关，承载了黎民百姓太多的痛苦和欢乐，见证了无数仁人志士的成就与辉煌，演绎了黄河三角洲的灿烂文化。

人们都说东营市是一片古老而又年轻的土地。年轻，人们都较为熟悉，

---

①曲德胜.渐行渐远大清河［M］.黄河口史话，东营：中国石油大学出版社，2009：247.

因为黄河以每年2—3公里的速度在向大海推移，每年黄河口都会生长出大片的新土地。而古老，一般人也许会很陌生。其实，早在5000年以前的新石器时代，这里就出现了人类聚落遗址。目前，东营市共发现大约20处新石器时代的古文化遗址，主要包括大汶口文化和龙山文化两个时期。其中，傅家遗址和五村遗址内涵丰富，出土文物特点突出，有几项文物在考古史上有重要意义，如傅家遗址的开颅手术人脑标本、五村遗址的彩色陶鼓，是鲁北地区最具代表性的大汶口文化①遗产。此外，营子遗址、钟家遗址等为龙山文化②和岳石文化③的代表。大部分分布在小清河以南淄河两岸地区。山东地区史前文明的发展，是沿着北辛文化④、大汶口文化、龙山文化、岳石文化的序列，自成体系地向前发展的。黄河口地区目前除了北辛文化外，其他的三种文化类型均已发现，充分说明了黄河口地区的文化是源远流长的。西周至春秋战国，这里是齐国的北鄙，齐国在这里留下了许多遗址古迹，比如柏寝台、养马场、后花园等，这些遗迹见证了齐国的强大，也说明了黄河口在齐国经济文化中的重要地位。两汉时，齐国的经济文化强势尚是最高统治者的心头之忌，非嫡子不得封此。汉武帝泰山封禅，东到蓬莱求仙，曾亲自在巨淀湖畔举行躬耕仪式，恩抚之外，更意在威慑。这些遗迹，有的已经成为历史的传说，仅在史籍中留下吉光片羽；有的随着考古的发现，重新展示在我们面前。拨开历史的迷雾，让我们一一辨析黄河口文化的血脉，去触摸它的柔韧和坚强。

---

①大汶口文化：是新石器时代后期父系氏族社会的典型文化形态，约处于公元前4300—前2500年。以泰山地区为中心，东起黄海之滨，西到鲁西平原东部，北至渤海南岸，南及今江苏淮北一带，安徽和河南也有少部分这类遗存的发现。因首先发现于山东泰安大汶口，人们遂把以大汶口遗址为代表的文化遗存，命名为"大汶口文化"。大汶口文化的发现，使黄河下游原始文化的历史，由4000多年前的龙山文化向前推进了2000多年。

②龙山文化：泛指黄河中、下游地区约处于新石器时代晚期的一类文化遗存，因首次发现于山东章丘龙山镇而得名，距今约4350—3950年。分布于黄河中下游的山东、河南、山西、陕西等省。因为以蛋壳黑陶为显著特征，又称为"黑陶文化"。

③岳石文化：因1959年最早在平度市大泽山镇东岳石村发现而得名。时间约在公元前1900—前1500年左右，它与龙山文化分布范围大致相同，属于城邦国家发展时期。由于东岳石遗址中出土的遗物有独特的造型和风格，故被考古界称为"岳石文化"。它是东夷族所创造的一种古老文化，为研究龙山文化的去向和夏、商历史提供了重要的资料。

④北辛文化：黄河下游原始社会较早期的一种文化类型，因1964年首先发现于山东省滕州市北辛村而得名，距今约7300—6300年。它是山东大汶口文化发展的源头。

第一节　新石器时代的遗迹——傅家遗址

在广饶县城南1.5公里处，有一个不足20户的小村庄——傅家村，周围林木环绕，林间有水泥路面的甬道。穿行林间，你会发现地面上有很多残破的陶片。这就是鲁北地区最大的大汶口文化遗址——傅家遗址。遗址中间红砖青瓦的宁静村庄，北面繁华的县城，以及南面紧邻遗址的柏油马路上那来往的车辆，都会让你禁不住遐思：五千多年前的先人在这里过着怎样的生活？他们有着怎样的社会结构和生活习俗？他们创造了什么样的文化？

一、发达的聚落

傅家遗址并不是孤立的，在它的周围是一个规模很大的聚落群。傅家遗址共37万多平方米，中心部分有18万平方米。五村遗址位于广饶县城东北约0.5公里处，总面积7.5万平方米，其中心区域的大汶口文化堆积层厚度达2米。荣庄遗址位于广饶县城东南10公里处，总面积约50万平方米，文化堆积下部为大汶口文化遗存。这些遗址大汶口文化层的发现，说明它们是长时期并存过的。此外，西辛遗址和寨村北岭遗址也发现有大汶口文化遗存。由此可知，当时这片土地是非常适宜人类居住的，聚落比较密集。

黄河下游史前中期聚落，依面积规模大小可分为5个不同的等级，一级聚落面积为30万～40万平方米，二级聚落面积为20万～30万平方米，三级聚落面积为10万～20万平方米，四级聚落面积为1万～10万平方米，五级聚落面积为1万平方米以下[①]。据此分析可知，傅家遗址和荣庄遗址都是当时的一级聚落。它们周围肯定还分布着其他一些小的聚落，五村遗址即是其中的一个。《汉书·沟洫志》曰："稍筑室宅，遂成聚落。"聚落是人类集聚与居住的地方。据东营市文博资料介绍，目前傅家遗址的发掘面积还很小，其四周被一条宽约17至18米的壕沟环绕，或许出于古代某种防御或界定地界的需要。由于挖掘的主要区域集中在公共墓葬区，至今未发现房址的踪迹。而当我们转向五村遗址的大汶口文化时期遗迹，虽然那里的房址已经残破不堪，无法

[①] 张新斌.黄河流域史前聚落与城址研究［M］，北京：科学出版社，2010：174.

窥见其完整面貌，但却惊人地发现了近900个灰坑，且这些灰坑分布得相当密集。灰坑，作为史前居民生活的痕迹，有的用来丢弃垃圾，有的则是用来储存物品。这些灰坑如此密集，说明当时的房址分布也必然是密集的。基于这样的观察与推测，我们有理由相信，傅家遗址在未被发掘的区域，或许也曾有过密集的房址分布。从傅家遗址和荣庄遗址的面积来看，二者相隔不过十公里左右，都已发展成一级聚落，说明当时此地的经济文化已经达到一定的规模。

有学者推断傅家遗址即古青丘国[①]。傅家遗址处于大汶口文化中晚期，而此时和《史记》中记载的五帝时期比较接近。《山海经·大荒东经》记载："有青丘之国。"《淮南子·本经训》记载："尧之时，……凿齿、九婴、大风、封豨、修蛇皆为民害，尧乃使羿……缴大风于青丘之泽。"凿齿、大风等皆为氏族名，大风者，风姓部族也。郭沫若认为，古代"风"和"凤"是一个字，"风"即凤鸟族也。从发掘资料来看，这种说法有一定可能性。张学海指出，当聚落群内聚落形成金字塔形的层级结构时，就基本完成了向国家的转变，特别是当聚落的这种金字塔形层级结构已具有明显的"都、邑、聚"性质时，无疑已经是国家[②]。文献记载都与邑的区别是有无宗庙，《左传·庄公二十八年》："凡邑，有宗庙先君之主曰都，无者曰邑。"宗庙的建立代表着严格的祭祀制度的确立，而当时以傅家遗址为代表的这些聚落已经有高度发达的乐礼文化（这一点可以从出土的乐器得到证明），这说明具备了一定的祭祀仪式。《左传·成公十三年》载："国之大事，在祀与戎。"祭祀，被看作是国家的头等大事。发达的祭祀制度，说明其有可能正在向国家转变，或者已经发展成为小的方国。这些还有待以后考古发掘资料的出现才能够确定。

二、独特的地域习俗

五村遗址刚被发现时，学者称之为大汶口文化的五村类型。以后，随着傅家遗址的发现，考古界又统称之为"傅家类型"。因为傅家遗址是目前所

---

①景以恩，颜华.齐地青丘之国与广饶傅家遗址［J］.管子学刊，1996（04）：94-96.

②张新斌.黄河流域史前聚落与城址研究［M］.北京：科学出版社，2010：195.

发现的鲁北地区最大的大汶口文化时期的遗址，具有地域文化上的独特性。

首先必须明确的是，傅家遗址是融合于当时整个东夷地区的文化发展的，具有和整个东夷地区相同的文化信仰。这从以鸟为图腾上可见一斑。东夷族以鸟为图腾，主语全以鸟为名号。传说东夷人以凤凰作为祖先，风姓，"风"即"凤凰"的"凤"。所以，历史上又称这一带的古代居民为"鸟夷"。《史记·五帝本纪》记载帝舜让伯禹、禹、启、契、皋陶等二十二人各负其责，掌管司空、平水土、播百谷、司徒、刑罚等职务，"南抚交趾、北发，西戎、析枝、渠庾、氐、羌，北山戎、发、息慎，东长、鸟夷，四海之内咸戴帝舜之功。"《汉书·地理志》："冀州鸟夷。"《大戴礼记·五帝德》："东方鸟夷民。"这些均是东夷族崇拜鸟的佐证。鸟的形象在大汶口文化和龙山文化中反复出现，有的作鸟形纹饰，有的作鸟的造型。在广饶县五村遗址出土的一件褐色陶片上，发现有两只鸟纹，仿佛展翅在空中飞翔，形象逼真生动，栩栩如生。鸟纹下面是水波纹。正反映了傅家遗址聚落群所处的地理环境和以鸟为图腾的地域信仰。

但是，作为鲁北地区大汶口文化的代表，傅家遗址聚落群的确有自己的独特之处。作为史前人主要生活用具的陶器，无论是在类型还是造型上都与鲁南大汶口文化有较大差异。从五村遗址的出土情况来看，鲁南大汶口文化特有的代表性器物，如觚、鬶、背壶、盉、高柄杯、漏器等很少见到或者没有。有一种陶盉在鲁南大汶口文化中较为罕见，另外还有一种豆形杯也是首次发现。在鲁南大汶口文化流行的镂空装饰在傅家遗址群落很不发达，相反，鲁南大汶口文化晚期渐趋式微的彩陶，在此却有较好的发展，而且这里流行的鋬钮装饰，在鲁南大汶口文化中也是少见的。相对于其他地区同期的陶器制作工艺，鲁南显得比较粗糙，发展水平相对落后[①]。

鲁南的大汶口文化普遍流行成年人拔除左右上侧门齿的习惯，而且墓葬流行陪葬獐牙。五村遗址拔除左右上侧门齿者仅见一例，流行头骨枕部变形（扁平），这与鲁南有较大差异。

大汶口文化中晚期，贫富分化已经相当明显，表现在墓葬方面是随葬品很多，而且差异很大。黄河中游的仰韶文化墓葬已经出现完整的分区甚至分

---

① 此节参考东营市历史博物馆尹秀民主编《文博研究集萃》，1999年出版，东营市新闻出版局准印（1999）第05-19号，第68-69页。

组的现象，凸显氏族组织结构，在中期聚落中段和晚段，公共墓葬区的形制、规模发生等级分化，大型墓葬中出现了葬具。鲁南的大汶口文化墓葬也已经出现明显的贫富分化和等级分化。但是从五村和傅家遗址墓葬发掘情况来看，随葬品极少，几乎看不出差别。这是出于风俗上的原因，还是本来贫富分化就不明显呢？这应该主要是风俗所致。傅家遗址作为一个一级聚落，墓葬中也没有发现明显的贫富和等级分化现象，这不能说明这一时期此地没有出现等级和贫富分化，只能说明风俗如此。这也可以看出东夷文化尚简的渊源。

三、礼乐文化的萌芽

1985年在广饶县五村遗址出土了一件陶鼓，属新石器时代大汶口文化时期遗物，距今已有5000多年的历史。该器物为泥质红陶，侈口，器身中部略细，呈桶状，下腹折收为小平底。口沿外均匀地饰有13个排列有序鞔鼓皮用的凸状钮，腹部及底饰有11个不均匀的直径约0.7厘米的圆形出音孔，折棱处饰一周锥刺纹，器壁较厚，坚硬，全身施红陶衣。高50.5厘米、口径27厘米[①]。

鼓是一种打击乐器，在我国礼乐器史上占有极其重要的地位。据史料推断，在原始社会中晚期，鼓就已经出现。经专家考证，在广饶县发现的这件陶鼓，是目前我国发现的最早的陶鼓之一。在古代，乐是礼的重要组成部分，礼乐在三代之前当有一段漫长的萌芽发展过程。《虞书·舜典》中载有舜帝命令夔"典乐"（主持乐政）时的一段对话："夔，命汝典乐，教胄子。直而温，宽而栗，刚而无虐，简而无傲。诗言志，歌永言，声依永，律和声。八音克谐，无相夺伦，神人以和。"古史传说夔是虞舜的乐官。《舜典》中的这段话当然不可能是舜帝的原话，学者认为其最早出现的时代亦当在战国。礼乐制度虽然在周初才得到完备，但是其渊源应该上溯到三代之前。

《韩非子·外储说左下·说二》《吕氏春秋·慎行论·察传》均载有鲁哀公问"夔"于孔子事，孔子认为"夔"之官名为乐正。

"鲁哀公问于孔子曰：'吾闻古者有夔一足，其果信有一足乎？'孔子对曰：'不也，夔非一足也。夔者忿戾恶心，人多不说喜也。虽然，其所

---

①尹秀民，广饶文物概览［M］.呼和浩特：内蒙古人民出版社，2001：40.

以得免于人害者，以其信也。人皆曰：独此一，足矣。夔非一足也，一而足也。'哀公曰："审而是，固足矣。"（《韩非子·外储说左下·说二》）

"哀公问于孔子曰：'吾闻夔一足，信乎？'曰：'夔，人也，何故也足？彼其无他异，而独通于声。尧曰：夔一而足矣。使为乐正。故君子曰：'夔有一，足'。非一足也。"（《韩非子·外储说左下·说二》）

"鲁哀公问于孔子曰：'乐正夔一足，信乎？'孔子曰：'昔者舜欲以乐传教于天下，乃令重黎举夔于草莽之中而进之，舜以为乐正。夔于是正六律，和五声，以通八风，而天下大服。重黎又欲益求人，舜曰：夫乐，天地之精也，得失之节也，故唯圣人为能和。和，乐之本也。夔能和之以平天下，若夔者一而足矣。故曰'夔一，足'，非'一足'也。"（《吕氏春秋·慎行论·察传》）

《大戴礼记·五帝德》载尧舜时"夔龙教舞"，"夔作乐以歌籥舞，和以钟鼓"。《吕氏春秋·仲夏纪·古乐》记载："帝尧立，乃命质为乐。质乃效山林溪谷之音以歌……舜立……帝舜乃令质修《九招》《六列》《六英》，以明帝德。"后世学者考证，此处"质"当为"夔"。学者考证夔是古代东夷部族的一支。可见，那时东夷地区的礼乐文化已经非常发达，而这同这一地区发达的文字和医学等文化是相一致的。

学者论证，最早的国家的建立都是和乐器相关联的。尧、舜之建国，号为唐、虞。"唐"字的甲骨文像乐器鼓的形状。而"唐"字之字声亦采取敲鼓之音[①]。"虞"为"娱"之古字（《一切经音义》卷三引张揖《古今字诂》："古文虞，今作娱。"）本字作"吴"，其甲骨文作载歌载舞状。以乐器、乐舞为标志，正是远古时代国"以乐为治"的表现。《吕氏春秋·仲夏纪·古乐》："昔葛天氏之乐，三人操牛尾，投足以歌八阕：一曰载民，二曰玄鸟，三曰遂草木，四曰奋五谷，五曰敬天常，六曰建帝功，七曰依地德，八曰总禽兽之极。"葛天氏是传说中的古代部落，其歌、乐、舞结合在一起，这种记载是符合当时的实际情况的，这种情形从现在世界上某些原始民族中仍可看到。一般学者的解释都把"总禽兽之极"看作是与狩猎有关的活动，但是与前面的"达帝功"相联系，则觉得是征服同化以禽兽为图腾的部族更为合适。学者考证，葛天氏部落遗址在今天的商丘宁陵县，葛天氏之

---

①侯外庐.中国思想通史［M］.北京：人民出版，1996：62.

乐八阕中的第二阕"玄鸟"，应该是歌颂其部族的图腾。而以鸟为图腾是东夷地区的部落信仰，这正与学者认定的大汶口文化向中原地区的迁徙相一致。

新石器时代的陶鼓在整个黄河流域都有发现，但是器形都不够成熟，学者称这类陶器为"异形陶器"。陶鼓的出现，证明傅家遗址群聚落已经有比较发达的乐礼文化。联系尧舜建国为国立名的缘由，其意义重大。这绝不是一件简单的仅出于娱乐游戏目的而制作的乐器，它应是一件礼器，集祭祀、宗教、娱乐等功能于一体。王永波、张春玲所著的《齐鲁史前文明与三代礼器》中认为，大汶口文化的彩色陶器和良渚文化的玉器一样，都是礼器[1]。五村出土的陶鼓，器形成熟、做工精美，外施红色陶衣，正突出了它作为礼器的独特性。陶鼓五村遗址面积约7.5万平方米，属于小的聚落，其乐礼文化尚且如此完备，充分说明了鲁北傅家遗址文化类型在同时期文化中的领先地位。有学者指出，五帝时期的文化中心并不在中原地区，而是在东夷地区[2]，而这同这一地区的音乐、文字等文化的发达密切有关。五村遗址陶鼓的出现正可以为此做个旁证。

第二节　齐文化的杰出代表——柏寝台

人类历史发展的最初脚步总是缓慢的，在傅家遗址先民刀耕火种之后大约过了近三千年，中华民族的历史才徐徐拉开了春秋战国的帷幕。还是在这片土地上，又有一处见证了齐国兴衰历史的遗存呈现在了后人的面前，引来无数文人雅士的凭吊与吟咏，这就是闻名遐迩的古文化遗址——柏寝台。

一、历史上高台的由来

柏寝台位于广饶县以北偏东25华里的花官乡桓台村西南隅，当地人俗称"桓公台"。在一马平川的鲁北大平原上，它拔地而起，虽然经过近三千年风雨的侵蚀，但依然巍峨耸立，坚强地挺立着雄壮的身躯。史书上称此台

---

①王永波，张春玲.齐鲁史前文明与三代礼器［M］.济南：齐鲁书社，2004：208.

②江林昌.五帝时代中华文明的重心不在中原——兼谈传世先秦秦汉文献的某些观念偏见［J］.东岳论丛，2007（02）：9.

为"柏寝台"。《汉书》中颜师古注："以柏木为寝室于台之上也。"《史记·孝武本纪》记载："上有古铜器，问少君。少君曰：'此器齐桓公十年陈于柏寝。'已而案其刻，果齐桓公器。"据此推算，柏寝台最晚建于齐桓公十年，也就是公元前676年，距今已有约2700年的历史了。

当时齐国的都城在临淄，何以在距都城数十里之遥的地方建筑此高台？"柏寝台"像一个谜，引起后人的多种猜想。

高台建筑三代时即已有之。《左传·昭公四年》："夏启有钧台之享。"据《竹书纪年》记载，夏启在确定了世袭制度，开始了我国历史上的"家天下"之后，在都城阳翟（今河南省禹州）召集众多的方国首领，举行盛大的"钧台之享"，表明夏王朝统治王权的完全确立。钧台是我们所知的史料中有记载的最早的高台了，它是夏王权的象征。此后，《史记》说商有鹿台，《诗经》说周有灵台。尤其到了春秋战国时期，"高台榭，美宫室"，诸侯纷纷以雄伟建筑来显示国力，享受奢华，秦汉以后这种风气仍然持续，高台建筑成为中国古代建筑的重要类型之一。齐国所筑之台见于记载的就有《左传》中的坛台、遄台，《管子·山至数》中的栈台、鹿台，《晏子春秋》中的路寝台、长康台、柏寝台等。

柏寝台遗址距今临淄城大约55公里。据传，柏寝台当初高达三丈许，方圆四十亩。台上殿宇壮观，台周翠柏苍郁。迄今经过两千多年风雨的侵蚀，台高仍达6米，东西长约150米，南北宽约120米，总面积约为1.92万平方米。曾有人质疑为何齐侯在距国都如此遥远的地方修建此台？其实，柏寝台并不是一座孤立的高台宫殿，在它的周围是齐侯们的游猎娱乐之所。如果说临淄是当时齐国的"前厅"，那么以柏寝台为首的这些游玩之地就是齐国的后花园，是齐国软实力的体现。柏寝台地处古青丘之地，传说舜"缴大风于青丘之野"。距柏寝台西南15公里，有"养马城"，据说就是当年齐国养马的地方。《太平寰宇记》载："齐景公有马千驷，田于青丘。"由养马城向南7公里，是齐国国君的花园，距齐国古都临淄20公里。因此，柏寝台距离齐国古都临淄也不过30公里之遥，乘马车一个多小时的路程，正适于外出游乐。

二、柏寝台——由会盟到游乐

姜太公封齐之后，文化上"因其俗，简其礼"，政治上"尊贤上功"，经济上"通商工之业，便鱼盐之利""劝其女工，极技巧"，走农工商牧综合发展之路，为齐国成为经济大国奠定了基础。齐襄公八年，齐国灭纪国，极大地扩展了齐国的疆域。这些为成就齐桓公的霸业奠定了良好的基础。齐桓公不计一箭之仇，任用管仲为相，选贤任能，加强武备，发展生产。《国语·齐语》记载："桓公曰：'成民之事若何？'管子对曰：'四民者，勿使杂处，杂处则其言哤，其事易。'公曰：'处士、农、工、商若何？'管子对曰：'昔圣王之处士也，使就闲燕；处工就官府；处商就市井；处农就田野。'"管仲进行了"四民分业"的社会改革，重视商人的社会作用，推行了一系列轻税免税的措施，还为外地客商修道路、建驿站、提供免费食宿等，齐国出现了"来天下之财，致天下之民"的繁盛局面。

在繁荣经济的同时，齐桓公与管仲采取"尊王攘夷"的政治策略，"九合诸侯，一匡天下"，助燕败北戎，援救邢、卫，阻止狄族进攻中原，逐渐在诸侯中扩大了影响。《左传·庄公十三年》记载，公元前681年（桓公五年）春，齐、宋、陈、蔡、邾五国国君在齐国举行会盟，齐桓公从此成为历史上第一个充当盟主的诸侯。公元前651年（桓公三十五年），齐桓公召集诸侯在葵丘会盟，周天子（周襄王）派代表参加并赐以祭庙用的胙肉、彤弓及天子车马，正式承认齐桓公的霸主地位。《史记·齐太公世家第二》记载："三十五年夏，会诸侯于葵丘。周襄王使宰孔赐桓公文武胙、彤弓矢、大路，命无拜。桓公欲许之，管仲曰'不可'，乃下拜受赐。"这次会盟，标志着齐桓公的霸业达到顶峰。

但是，齐桓公有没有在柏寝台会盟过诸侯呢？先秦史料没有记载。现存记载齐桓公在柏寝台盟会诸侯的史料是明代嘉靖年的《青州府志·古迹》，在"乐安条"下有这样的记载："桓公台，在县东北二十五里，齐桓公盟诸侯于此，故名。"同一时期李舜臣的《乐安县志序》对此有这样的解释："……齐桓公之为诸侯盟主久矣，其盟在可稽，实未言往一坛吾域，是今何许，岂不以地僻于临淄，道纡于诸侯乎？而曰桓台为公尝盟诸侯乎？是诸如是者，今并知其不然矣。"按照李舜臣的推断，柏琴台近齐都临淄，这是历史上没有齐桓公在柏琴台会盟诸侯记载的原因。今位于广饶县城西4.5公里处的申盟亭，相传为齐桓公为迎送诸侯和申盟耕战而建。由此，齐桓公在柏寝台盟会诸侯有可能是史实，但都是小规模的会盟，毕竟离国都太近，会盟的诸侯可能带有一定兵马，不能引狼入室。那时的柏寝台仅是为会盟而建的土台子，在历史上影响不大，因此没有被记录。

　　但是英明如齐桓公，晚年由于用人不慎，偏用小人谀臣，落得一个饿死深宫、蝇蛆满身的下场，岂不悲哉！齐国也由此走向下坡路。虽然后有齐威王的"不鸣则已，一鸣惊人"，但是最终齐还是被强秦所灭。此可为当政者戒！

　　历史上真正与柏寝台有缘的是齐景公，史料记载最为丰富。齐景公在位58年，仅次于齐前庄公（在位64年）。他任用晏婴为相，虽没有大的作为，却也维持了齐国的一代盛世，史称"桓景盛世"。景公好宫室，喜游猎，他多次对柏寝台进行修缮，建造了豪华的宫殿，经常到此游玩，流连忘返。《晏子春秋集释》记载："景公新成柏寝之台，使师开鼓琴。"①《韩非子集解》第十三卷又记载：

　　景公与晏子游于少海，登柏寝之台而还望其国，曰："美哉！泱泱乎，堂堂乎！后世将孰有此？"晏子对曰："其田成氏乎！"景公曰："寡人有此国也，而曰田成氏有之，何也？"晏子对曰："夫田成氏甚得齐民……"②

　　晏子当初本以此劝诫景公，却没有想到后来果然田氏代齐。《史记·齐太公世家》又记载：

　　三十二年，彗星见。景公坐柏寝，叹曰："堂堂！谁有此乎？"群臣皆泣，晏子笑，公怒。晏子曰："臣笑群臣谀甚。"景公曰："彗星出东北，当齐分野，寡人以为忧。"晏子曰："君高台深池，赋敛如弗得，刑罚恐弗胜，茀星将出，彗星何惧乎？"公曰："可禳否？"晏子曰："使神可祝而来，亦可禳而去也。百姓苦怨以万数，而君令一人禳之，安能胜众口乎？"

　　由景公之语，可以推知当时的柏寝台之豪华富丽。当时齐景公爱好修筑宫室，搜集宠物狗马，奢侈无度，厚赋重刑，故晏子以此谏之。但是齐国国君没有听取晏子的忠告，景公后120年，田氏代齐，开始了姜齐之后田齐的历史。田齐刚继位的几位国君尚能继续齐国的辉煌，尤其是齐威王时期，进行政治改革，选贤任能，国力日强。齐威王在国都临淄稷门外建稷下学宫，广揽天下贤士议政讲学，临淄成为当时的学术和文化中心。齐威王末年，齐

---

①吴则虞.晏子春秋集释（第六卷内篇杂下第六）［M］.北京：中华书局，1963：379.

②韩非子.韩非子·外储说右上［M］.北京：中华书局，1987：312.

国再一次成为诸侯国中最强盛的国家。但是，齐威王只满足于称霸诸侯，没有一统天下的雄心，此后的齐国国君始终骄奢淫逸，不思进取，终于败给日益强盛的秦国。主人去，宫室败，曾经煊赫一时的柏寝台也逐渐退出历史舞台。

三、历史的凭吊

风流总被雨打风吹去。曾经强盛一时的齐国灭亡之后，历史以它不可扭转的趋势走向了又一次的统一。但是这统一却不是由齐国完成的，当时处于纵横之中心的齐国最终没有走进历史的中轴。柏寝台，作为齐国强盛的标记，却时时为后人记起。南朝鲍照《代白纻舞歌辞四首》其二曰："桂宫柏寝拟天居，朱爵文窗韬绮疏。"唐代韩翃《送张儋水路归北海》："柏寝寒芜变，梧台宿雨收。"宋代陆游《杂感》："旧事莫论齐柏寝，残躯方似鲁灵光。"《杂兴》："早遇齐侯游柏寝，晚从汉帝祀甘泉。"这些都把柏寝台作为一个强盛的符号。明代会元李舜臣《齐霸盟台》写道："筑台当日费蒸炊，台成纷纷事简书。礼讲诸侯咸卒聚，义招五禁总倾轮。器盈仲父功初著，心怠威公业已疏。下马不堪重吊古，断垣残碣一丘墟。"李舜臣作为广饶人，对柏寝台的历史尤为熟悉，怀古讽今，诗中应该别有一番寄托吧。

烟台大学中国学术研究所的江林昌教授曾指出，五帝时代的文化中心在东夷地区，从太公封齐，接受改革齐地文化始，一直到齐桓公的改革，齐文化重新举起了渐渐衰微的东夷文化的薪火，励精图治，开放务实，使它再一次走到了中国文化的前沿。但是齐文化最终没有发展成为后来中国文化的主流，何也？山东大学哲学研究所的颜炳罡教授指出："（齐文化）以广收博采、融合创新为特征，以富国强兵、诏令天下为旨归，以实用主义为本质，与鲁文化与秦文化相较有着自己的鲜明特征。鲁文化是道德的理想主义的文化，秦文化是建构的功利主义的文化，而齐文化是实用主义的文化。然而，齐文化由实用主义流衍为功利主义，复由功利主义流变为享乐主义，致使齐在政治上没能完成统一中国的大业，文化上未能由区位文化上升为中原文化的主体。"[①]同一片土地，兴盛衰亡，主此者谁？人也。俭则盛，奢则衰；进

①颜炳罡，孟德凯.齐文化的特征、旨归与本质——兼论齐、鲁、秦文化之异同［J］.管子学刊，2003（01）：36.

取者兴，淫逸者亡；前师之辙，后师之鉴。历史，是一面最好的镜子。

后来，齐国国君的宫殿毁坏，历朝陆续在台上有所修建，柏寝台变成了寺庙道舍。据当地村民介绍，解放前，柏寝台正中是三皇大殿，正殿西侧依次为百子庙和仙姑楼，东北角还有平房两间，是首事住所。正殿前面，东侧是钟楼，西侧是鼓楼，院中还有火池。每年的正月十五和四月二十八都有盛大的香火会。日本侵略期间，台上建筑全毁于战火，香火会也随之中断。每当黄河下游频频决口，附近的村民就来台上避难。如今，高台上只剩下松柏杂草，一片荒芜，似在提醒人们莫忘记那逝去的历史烟云。

第三节　汉代文化的遗音——汉武帝与巨淀湖

强盛的齐国虽然败给了秦国，但是它存在过的这片土地以雄厚的经济基础和丰博的文化底蕴，在秦汉时期始终处于最高统治者的关注之下。以农为本，是中国历代统治者治国之要策。齐国建国之初，因为土地瘠薄，不太注重农业生产，以后，随着生产力的不断提高，逐渐重视开垦农业，巨淀湖畔遂发展为千顷良田。征和四年，汉武帝躬耕巨淀湖畔，又为这片富饶的土地画上了神奇的一笔。

一、巨淀湖与巨淀县

由寿光县城向西北约五十里是巨淀湖，古代也作巨淀、钜淀。关于这一湖泊，自汉时起就屡屡载于史书方志。《山海经·海内东经》载："济水出共山南东丘，绝钜鹿泽，注渤海，入齐琅槐东北。"此处的"钜鹿泽"即古巨淀湖。《史记·河渠书》在记述了西汉政府堵塞黄河瓠子（位于今河南省濮阳西南）决口后说："自是之后，用事者争言水利。朔方、西河、河西、酒泉皆引河及川谷以溉田；而关中辅渠、灵轵引堵水；汝南、九江引淮；东海引钜淀；泰山下引汶水：皆穿渠为溉田，各万余顷。"《汉书·沟洫志》亦有相同记载。《汉书·武帝纪》记载：征和四年，"上耕于钜淀。"据北魏郦道元《水经注》记载，有多条河流注入巨淀湖："巨洋水（今弥河）自巨淀湖东北流……淄水又东北。马车渎注之，受巨淀。淀，即浊水（今北洋水）所注也……巨淀之右，又有女水（即今织女河）注之。"自北魏至元代，随着淄河的长期注入，湖中淤成一道天然堤坝，逐渐将巨淀湖一分为二，但是二湖相通。从外注入的水先在西南之湖沉淀泥沙，然后再流入东北之湖。因元明清时期，二湖始终相通，故史书中多以一湖称之，谓之"清水泊"。《明史·地理志》载："（寿光）又西北有清水泊，即古之钜淀湖也。"

后来由于气候变化，巨洋水、淄水迁徙改道，泥沙淤积，使得湖泊范围逐渐缩小。乾隆时"泊，自西南而东北长五十里，南北二、三十里。"而咸丰年间的《青州府志》又载："（泊）旧在寿光境者十七、八，在乐境者十二、三……今皆在寿光境内，不及乐安矣。"清末民国初期，泊区居民已将二湖分开称之，西南称为巨淀湖，东北称为清水泊，并称清水泊"东西三十余里，南北十余里"。现在清水泊已不复存在，巨淀湖面积亦缩至2.5万亩，属于季节性湖泊。

在鲁北地区的历史中，古巨淀湖曾起过重要作用。这主要表现在两个方面：其一是对临淄和青州在古代成为鲁北地区政治、经济和文化中心起重要作用；其二是促进湖泊周围地区经济的发展[①]。周武王封姜太公于营丘，其中一个重要原因就是控制这一战略要地。太公到达营丘后，莱人立即来争夺营丘，《史记·齐太公世家》记载："于是武王已平商而王天下，封师尚父于齐营丘。东就国，道宿行迟。逆旅之人曰：'吾闻时难得而易失。客寝甚安，殆非就国者也。'太公闻之，夜衣而行，黎明至国。莱侯来伐，与之争营丘。营丘边莱。莱人，夷也，会纣之乱而周初定，未能集远方，是以与太公争国。"可见，营丘地位之重要，是"立国"之地。现在学者关于营丘的位置有不同看法，但从地理形势看，应在临淄附近。营丘的重要，应该说与巨淀湖的位置有很大关系，营丘那时是鲁北地区东西向交通的"瓶颈"，具有"一夫当关，万夫莫开"的地理位置优势。

《汉书》所记武帝躬耕于巨淀，当在巨淀县。据《汉书·地理志上》记载："齐郡。秦置。莽曰济南。属青州。户十五万四千八百二十六，口五十五万四千四百四十四。县十二：临淄，师尚父所封……巨淀，马车渎水首受巨淀，东北至琅槐入海。广，为山，浊水所出，东北至广饶入巨淀。广饶、昭南、临朐，有逢山祠。石膏山，洋水所出，东北至广饶入巨淀……"

---

①王守春，郑滨海，李瑞成，等.巨淀湖的变迁及其在古代鲁北地区历史进程中的作用［J］.管子学刊，1999（03）：81.

巨淀县的设置由来已久。《国语·齐语》记载，为了安定百姓，齐桓公采纳管仲的建议，在齐国开始建县立邑。"桓公曰：'定民之居若何？'管子对曰：'制鄙。三十家为邑，邑有司；十邑为卒，卒有卒帅；十卒为乡，乡有乡帅；三乡为县，县有县帅；十县为属，属有大夫。……'"在今广饶县地面上建制过千乘、琅槐、乐安、钜淀四个小县邑。秦始皇统一六国后，实行郡县制，将齐国改为临淄郡，今广饶为临淄郡所辖。西汉时期，今广饶地面共有五个小县邑，为齐郡和千乘郡所分辖。据学者考证，巨淀县在位于今广饶县的中部，为公元前201年（汉高祖六年）所置，因巨淀湖得名，东汉初废。

二、汉武躬耕巨淀湖

《汉书·武帝纪》载："三月，上耕于巨淀。还幸泰山、修封。庚寅，祀于明堂。癸巳，禅石闾。"皇帝春耕由古代郊祭仪式转变而来。《礼记·祭义》曰："君牵牲，夫人奠盎。"《诗经·周颂》中的《臣工》就是周王耕种籍田并告诫农官的诗。春秋时天子、诸侯于每年春耕时节至籍田执耒耜三推就是耕籍礼，以此表示天子重耕劝农的态度。但史料中最早记载皇帝春耕的始于汉文帝。《史记·孝文本纪》曰："（三年）正月，上曰：'农，天下之本，其开籍田，朕亲率耕，以给宗庙粢盛。'"以后，这个仪式就基本上一直保存下来。明永乐十八年，在北京城南郊建了先农坛，成为明清两代帝王祭祀伏羲神农氏、山川神祇、值年太岁等诸神，还有亲行耕籍礼的地方。

清康熙寿光知县严肇《咏巨淀湖》诗曰："汉武东巡日，秋野水塘坳。游子空回骑，渔翁牧坐茅。问身千古意，身世眼前抛。"巨淀湖畔的民间歌谣亦有："二月二，龙抬头，万岁皇帝试金牛，正宫娘娘来送饭，嫔妃挑担在后头，王公大臣砸坷垃，国老丞相来牵头。"可见，汉武帝在巨淀湖畔躬耕，今天仍存活在当地的历史记忆之中。

那么，巨淀县距长安有数千里之遥，汉武帝又是怎么想起到巨淀湖畔进行春耕的呢？

首先，实事求是地说，汉武帝并不是专程到巨淀湖畔的，这次巨淀湖武帝躬耕只是借了封禅泰山的光。汉武帝虽然政治上雄才大略，但是却极迷信，相信神仙。第一次封禅泰山，他就借机到东海之滨，"宿留海上，与方士传车及间使求仙人以千数。"虽然从未遇见仙人，但是求仙之意终是不绝。征和二年，汉武帝最后一次封禅，又到东海以求会遇仙人。由泰山到胶莱半岛，巨淀湖南畔是必经之路。而封禅大典一般在春天进行，第一次封禅时"山之草木叶未生"，正好是春耕之际，巨淀湖畔又是当时的国家级水利工程，具有示范作用，桑麻禾黍富饶，人民生活较为富裕，在此地顺便举行躬耕仪式是合情合理的。

其次，鼓励农业和水利建设。据《史记·河渠书》记载："东海引巨淀……穿渠为溉田，各万余顷。"东海郡引巨淀湖水灌溉农田万余顷，属于国家级的大型水利工程。汉代自建国时，针对天下多年战争造成的凋敝，西汉统治者采取休养生息的政策，无为而治，鼓励人民积极恢复发展农业生产，遂出现"文景之治"。

汉武帝在巨淀主持春耕仪式，是在西汉巨淀湖水利工程建成之后。这也意味着，这一水利工程有着明显的效益，因而得到武帝的重视。因为当时所建的水利工程有的作用并不明显，反倒是劳民伤财，白白加重了百姓负担。经过多年的开垦耕耘，巨淀湖畔农业经济已经比较发达，人口密集，人民生活较为富裕。《史记·货殖列传》载："安邑千树枣；燕、秦千树栗；蜀、汉、江陵千树橘；淮北、常山以南，河济之间千树萩；陈、夏千亩漆；齐、鲁千亩桑麻；渭川千亩竹；及各国万家之城，带郭千亩钟之田，若千亩卮茜，千畦姜韭：此其人皆与千户侯等。然是富给之资也，不窥市井，不行异邑，坐而待收，身有处士之义而取给焉。"肥沃的土地、良好的灌溉条件，巨淀湖周围地区很大程度上就是齐国"千亩桑麻"的主要分布地区。因此，汉武帝在此地举行躬耕仪式，既有强调以农为本的首要意义，又是对积极发展农业生产的百姓和官员的奖励，也体现了对当时国家水利工程建设的一种关怀之情。

最后，汉武帝躬耕巨淀湖畔还有更隐秘的、更重要的动机，就是威慑、恩抚齐郡。实际上齐国地域始终是汉代皇帝的心头之病。当时，齐、楚、秦三国争锋，秦国取得短暂的胜利，但是很快又被楚人打败，项羽、刘邦皆是楚地之人。刘邦建汉后对齐地多有忌虑之心。汉高祖六年，田肯对汉高祖刘邦进言："夫齐，东有琅琊、即墨之饶，南有泰山之固，西有浊河之险，北有渤海之利。地方二千里，县隔千里之外，齐得十二焉。……非亲子弟，莫可使王齐者。"景帝即位后，御史大夫晁错推行削藩，由是引发"七国之乱"，七国中齐地即有五国：胶西、胶东、淄川、济南、临淄。因此，齐地在汉武帝的心中地位非同一般。《史记·滑稽列传》载，武帝宠幸的王夫人病甚，武帝问她想把自己的儿子安置到何处为王，王夫人说是洛阳，武帝说，"洛阳……天下咽喉，自先帝以来，传不为置王。然关东国莫大于齐，可以为齐王。"在晚年汉武帝借封禅大典，再度巡游齐地，并亲自躬耕于巨淀湖畔，充分体现了齐地从春秋战国以来的重要影响以及由此带给汉武帝的深深的忧患。

第四节　宋代文化遗存——南宋大殿

在东营市广饶县保存有南宋初年的木结构建筑——南宋大殿。严格地说，这个名称并不十分准确，因为南宋时期，黄河口地区属于金国统治，所以，此殿应该叫"金国大殿"才更为合适。南宋大殿实际是当地的关帝庙大殿，坐落于广饶县城内西北隅。大殿原来所属的寺名没有历史记载，明清时期民众称之为关帝庙。据公元1800年（嘉庆五年）《重修乐安关帝庙碑》记载，该庙始建于公元1128年（南宋建炎二年），也就是南宋建立的第二年。因此，此殿虽称作南宋大殿，但是其所反呈现出来的风格特征应该是北宋末期的。庙内明清时期配有春秋楼、三义堂、戏台等建筑，现已全部消失，仅剩三间大殿。我国现存最早的木建筑是山西五台山南禅寺大殿，重建于唐德宗建中三年，也就是公元782年。

梁思成先生曾用十二字来概括中国四个不同历史时期的建筑特征："汉古拙，唐豪劲，宋醇和，清羁直"。北宋木构建筑的总趋向是结构精巧、组合复杂、装饰多样，石雕刻和木雕刻用于建筑的部位日益增多，不同品类按照复杂程度分级，已经形成一种专业工艺。南宋木建筑有较强的地方特色，构架以厅堂型为主，风格雅洁。

广饶南宋大殿有一个最突出的特点——全木结构，一个铁钉都没有，它是按照榫卯扣起来的。关帝庙大殿"面阔三间，进深三间，单檐歇山绿琉璃瓦顶的木结构建筑。殿高10.39米，东西面阔12.63米，南北进深10.70米，坐落于1.12米的台基上。其构架方式为六架椽屋，乳栿对四椽栿，用三柱，用材按宋例为六等材，斗栱重昂五铺作。檐柱间有侧角升起，斗栱与两山相同，后檐略有变化，前檐五铺作重栱出双下昂，里转五铺作重栱出双抄。后檐外转五铺作重棋出单抄单下昂，当心间45度斜出补间铺作一朵。传缝节点间使用蜀柱、叉手、托脚、丁华抹颏棋、合楷等唐宋建筑形式的构件。梁栿卷刹规整，具有明显而独特的早期木构建筑特征。殿内梁柱的构架方式与北宋著名建筑专著《营造法式》中记载的厅堂建筑相同。"①

关帝庙大殿保存完好，规模雄伟，其木质构架基本上保持原样，后世未经更换，是山东省现存最早的木结构建筑，为研究我国宋代建筑技艺提供了珍贵的实物资料。鉴于其宝贵的历史、艺术和科学研究价值，该殿在1996年被列入第四批全国重点文物保护单位。

第五节　明清文化的辉煌

一、瞰海锁浪铁门关

铁门关遗址，位于今东营市利津县城北35公里处的前关村。《利津县志·光绪卷》载："铁门关在县北七十里丰国镇（按：现汀河村），金置，明设千户所，以资防御，有土城遗址。"《中国古今大辞典》中说："铁门关在山东利津县北……形势雄伟。"黄河夺大清河入海后，又多次决溢泛滥，在20世纪四五十年代铁门关被彻底淤埋地下。

铁门关地区早在金代之前，就是产盐重地。姜太公分封齐地后，大兴渔盐之利，"渠展之盐"名闻天下。渠展，据今人考证，今天的利津明集、滨州市沾化区杨家、垦利区宁海、东营区六户一带，就是"渠展之盐"的中心区域。20世纪50年代以来，利津县的南望参、东营区六户、广饶县大码头一带，先后出土了大量东周时期的制盐器物"将军盔"、漏器、盛器等，充分证明了这一点。铁门关正在这一区域的中心地带。此后，一直到明清时期，这里始终是重要的产盐区。明人李舜臣的诗歌，"千村夜暖人皆足，万灶春回室已盈。好在三千勤管烛，莫随徐福海中行"，描绘出了渠展之盐的勃勃生机。

金初，铁门关地区濒临大海，有一自然海沟，船能在此靠岸，因为有丰

---

①参见东营市博物馆资料。

富的盐储，外地小商船、渔船不时在此停泊，逐渐形成了货运码头。金代统治者发现了此地重要的经济地位，为扼海滨之要，在此修筑了土城，方圆约5华里的城墙由土坯垒成。城的东西南北各有一个大门，门上布满密密麻麻的铁环铁钉，故人称"铁门"。金代统治者在此管理当地盐业，收取盐税，因此，人们称这里为"铁门关"。当时，土城里有一座龙王庙，庙门高悬"庆献龙宫"金字牌匾（现存利津县文物管理所），城内有百余户人家，主要是商户和盐户（以晒盐为生的人家）。

当时的铁门关还比较偏僻，与外界没有很多的联络，并不繁华热闹。传说有一年，南方的一队商船在海上的大风暴中迷失了方向，夜晚风急浪高，眼看着船就要被海水吞没，千钧一发之际，一盏耀眼的红灯出现于西方，船队惊喜万分，竭尽全力朝着红灯前进。渐渐地风小了，浪静了，船队竟然靠岸了，那盏红灯也看不见了。后来他们才知道此处是铁门关，他们认定是铁门关龙王庙内的龙王爷大发慈悲，及时高悬"神灯"，救他们出海涛浪波。于是，船长们赶紧到龙王庙烧香上供，磕头许愿，并且重修了龙王庙。从此，"铁门关是神关"像风一般迅速传开，前来停泊的船只日益增多。陆地交通也有了官路，大清河直达中原腹地，河海通运，铁门关的经济日益繁荣。

据利津赵安亭先生考证，铁门关遗址应有两处，始建于公元1193年（金代）的铁门关在今利津县北小牟里村东，至明代中后期，因大清河尾闾改道陆续迁至现汀河村东南前关村。两处相距10千米。

铁门关在明清时期达到鼎盛，"东达青莱，北连山海，舟车辐辏，烟景迷离。"（《利津县志·康熙卷》）至公元1677年（清康熙十六年），这一区域的三处盐场并为永阜盐场，盐产量位列山东八大盐场之冠。道光年间的进士张铨诗云："盐滩四百冠山东，盘布星罗广池中""今夕方池成雪海，明朝平地起冰山"，足见当时这一沿海地带的盐业之盛。得益于贯河通海之便利，此时的铁门关舟楫如梭，商贾辐辏，食盐经大清河远销鲁西北、豫、苏、皖等省区。昔扬州东门有利津门之称，一度是大清河之盐的聚散地。清初利津诗人刘学渤有一首咏东津的诗《东津即事》："济流千曲赴东津，万壑朝宗汇海滨。岸阔潮平飞野鹜，帆悬风静照游鳞。青齐车毂争先渡，吴越艨艘列异珍。此地由来似都会，千村河润泽斯民。"东津是铁门关下游的一处渡口，此诗虽题为咏东津渡，但是用来咏铁门关也极为合适。

明清时期，政府对铁门关的地位非常重视。明隆庆年间，有位叫甄敬的兵备副使来利津视察防务，时铁门关海防同知署刚刚在牡蛎嘴落成，曰大清河公署。甄敬《大清河公署新成》曰："高栋层轩枕碧流，新城别馆倍清幽。停骖不厌询田夫，锁印何妨对海鸥。历历帆樯来远岸，萧萧渔笛下前洲。吏情兼得江湖兴，拟向沧溟万里游。"明清时期，府一级行政区设知府一员，同知一员。知府为正四品，同知为正五品。同知是知府的佐官，分驻指定地点，执掌某一方面的事务。大清河同知署亦称武定府海防同知署，设在牡蛎嘴海口，与铁门关毗邻，正五品的官员督导事务。这充分说明了铁门关在当时重要的地理位置形势及经济地位。

这样的繁华之地不能没有丰富的文化生活。除去早已建成的龙王庙、土地庙、关帝庙外，在明代建立百年时，一位名叫朱庄的商人提议在铁门关建一座戏台，并率先捐银圆一箱，众商客和渔家纷纷响应。石料、木料来自胶东，木匠、石匠、画匠皆是精工良匠。一年后，铁门关双层戏楼在龙王庙对面竣工，关帝庙和土地庙分列两旁，"三庙一戏楼"组成了一个宽敞的院落。明清时期铁门关戏楼名噪一时，方圆百里甚至上千里的戏班子都纷纷前来献艺，鼎盛时每年演出不下200天。

公元1874年（清同治十三年），铁门关第三次大修。在这次维修中，一些外商纷纷捐款。捐款者的名字刻在一尊2米多高的石碑（现存于利津县文物管理所）上。

清代，"铁门锁浪"被称为"利津古八景"之一，备受世人青睐。清代在此为官的李应甲写过一首《海门春浪》："乘流鼓楫极沧溟，海涨春云如望青。晓月忽开千树眼，五山烟岛厂东局"，真实描绘了铁门关雄伟的气势及壮丽的自然景观。

铁门关的兴衰同黄河有密切的关系。当时的黄河并不从利津入海，在此地入海的是大清河。大清河水深岸阔，极宜行船。但是，公元1855年（清咸丰五年）黄河在今兰考铜瓦厢决口，改道东流，夺大清河入海。这彻底改变了铁门关的命运，带给铁门关以灭顶之灾。

原来的大清河槽深可达二十多米，但是到公元1883年（光绪九年），"两岸高者高水不满四尺，低者仅二三尺。"（陈士杰奏折）这时，黄河夺大清河入海已28年。张铨在公元1855年（清文宗咸丰五年）后曾策马行走在铁门关前，他未曾想到，黄河夺大清河入海才仅仅数年，曾称雄渤海、奇伟壮观的铁门关就已显颓势，水浅泥深，舟楫难行。渔民和商贾们脸上写满了惊恐，就连那久经风浪、设备精良的外国商船，也赶快趁大风逃入渤海湾。他的《永门竹枝词四十首》中有一首描述了这种情况："黄流直下铁门关，水浅泥深解容颜。一夜洋船大欢喜，惊风收入太平湾。"几年后，丁忧在家继而辞官的张铨始终放心不下铁门关，他数度造访，几番流连。"丰国场边问旧营，前朝几度设屯兵。至今明月荒城畔，铁马金戈夜有声。"（《永门竹枝词四十首》之三十五）曾经重兵屯守的铁门关，如今荒凉凋败，繁华不再。诗人痛心黄河的贪婪，却又深感大自然的造化之功："年来海若欲东迁，东去潮声向日边。葭浦芦湾三万顷，果然沧海变桑田。"黄河夺走了铁门关的辉煌，却也给这里带来了万顷芦苇，千亩良田。

自公元1855年（清咸丰五年）6月，黄河夺大清河河道，由利津铁门关北萧神庙以下牡蛎嘴入海，至公元1904年（清光绪三十年），铁门关多次遭决口的黄河水淹没，黄河水泥沙含量巨大，铁门关的地上建筑物逐渐被沉没的泥沙掩埋，不但海上交通断绝，盐场也逐渐被黄河淤造为农田，兴旺很久的铁门关从此便衰落下来。居民有的陆续迁走，未走居民易商为农，围绕铁门关旧址逐渐形成村落。1942年，地上建筑物只露戏楼的上层和庙宇的房脊。1955年1月黄河再次决口，铁门关全部淤埋地下。1957年，铁门关被定为省级重点文物保护单位。1973年文物普查时，因地上已无建筑物，故又改为"铁门关遗址"。铁门关究竟始建于金代的何年何月，现在很难考证。

利津县政府非常重视铁门关的历史价值，准备建设铁门关城文化体验区，复建铁门关，再现"铁门关"辉煌的人文历史，将铁门关城同凤凰古城糅合在一起，形成"关""城"一体的旅游景区，集中展现、传承利津县历史文化、黄河文化、传统龙凤文化、黄河口民俗文化，让游客充分领略黄河故道上曾经的繁荣景象。

二、护渔佑商萧神庙

明清两代，黄河口地区盐业兴盛，又有大清河之水脉，河海通汇，运输业繁忙。那时，航海技术落后，海上运输风险很大。因此，海上人家对萧神格外尊崇，各地都设庙祭祀。在今天河口区的六合镇庙一村，曾经有一座很有名的庙宇——萧神庙，现在当地人称其为"老爷庙"，不过，庙宇早已毁坏，遗址上也已经芦苇丛生。清代利津"四大贤"之一的张铨曾经写过一首《竹枝词》："萧王庙上走群灵，天外孤灯照北溟。鼍作鲸吞风雨夜，迷航遥识定盘星。"这首《竹枝词》说的就是萧神庙的传说。

萧神是传说中的水神，职司平定风浪，保佑行船平安。赵世喻的《狂欢与日常——明清以来的庙会与民间社会》认为："宋元时代产生的、属于江西地方性水神的萧公和晏公，因为被朱元璋视为在关键性的鄱阳湖之战中保佑了他的胜利，分别被封为水府侯和平浪侯，成为几乎遍布全国的大神。"因此，各地纷纷立庙奉祀，进香祈福。人们希望萧圣神君能够消灾避祸，救苦救难，故而将其尊称为"老爷"。久而久之，萧神庙被叫成了"老爷庙"。

在清代，此处萧神庙曾经作为黄河入海口的重要地理标志，其名称在史书中也多有记载。《清实录》德宗实录卷记载："光绪十五年十二月下，戊子利津县韩家垣地方，新河通畅，请筑堤束水，俾全河由此归海……于该处两旁，添筑大堤，束水中行，并于萧神庙以下河身，截筑土埝，以免两行力弱，易致停淤……"①

据考证，萧神庙原址于明代中期前成陆。因为铁门关是大清河尾闾河海联运的重要码头，因此，萧神庙在当时香火鼎盛，远近闻名。

萧神庙的具体建筑年代已经失传，但民间有这样一段传说。大约清朝乾隆年间，萧神庙还是一座孤岛，四周被浩渺的海洋包围。某日傍晚时分，一艘从浙江宁波驶来的大商船在海上遭遇了猛烈的暴风。狂风怒号，巨浪滔天，仿佛要将整艘船撕裂成碎片。就在船上的人们绝望之际，不远处突然出现了一盏光芒四射的红灯，全船的人霎时惊喜若狂，奋力划动船桨向红灯驶去。令人奇怪的是，随着逐渐接近红灯，风浪也逐渐平息，红灯的光芒也逐渐黯淡，然而，当他们回望时，却发现远方风暴依旧肆虐。

天色微亮时，幸存的人们惊讶地发现，他们的大船竟然停靠在一个小岛上。他们在岛上焚香祭拜，感谢神灵的庇佑。第二年，船主率领船队在小岛上修建了一座宏伟的庙宇，并命名为"萧神庙"。庙宇高大雄伟，面朝东方，庙门上方的匾额上镌刻着"萧神庙"三个鎏金大字。每当风急浪高或者雪雾弥漫时，庙宇上方就高高挂起红灯，指引着远近船只平安停泊。人们非常感谢神灵的庇佑和指引，至晚清时期庙宇内还香火鼎盛，庙宇也不断得到修葺和扩建。

---

①中华书局.清实录［M］.北京：中华书局，1987：719.

黄河入海口两侧是天然的避风良港。由于此域的海水含沙量较高，其他海域波浪滔天时，此处却是只闻海风呼啸，浪涛很小。然而，随着清咸丰五年黄河改道从萧神庙附近的牡蛎嘴入海，这片海域逐渐变得荒凉。铁门关的颓废和萧神庙的日渐荒败也见证了这片海域的沧桑变迁。

公元1866年（清同治五年），有陈氏五兄弟在此地垦荒定居，以庙为邻，耕田渔猎，繁衍生息，当地逐渐形成村落。村庄因庙而得名，后俗称"老爷庙"。至晚清民国时期，老爷庙已经发展为近海的重要村落。1942年春，中国共产党清河区委和清河行政公署迁至老爷庙村，设立抗日根据地。同年6月9日，军区党委和行署决定重建耀南中学，校址设在庙内及周边民宅。1947年，治黄过程中因缺乏砖石料，不得不拆除庙宇，用其砖石筑堤防洪。1964年夏，该村及原耀南中学校址被黄河洪水淹没。次年春，利津县政府拨款将老爷庙村与其他五个村庄合并，在河滩新建村落，命名为"六合村"，原老爷庙即萧神庙仅留有一座高台遗址。

三、文学艺术名家辈出

明清时期，黄河口经济高度繁荣。经济的发展带来了文化上的昌盛。这一时期，出现了许多著名的诗人和学者。有的可以称得上文学家族，如广饶的李中行及其三个儿子，父子四人均有诗名，并且都有专集传世。徐太拙，是当时著名的布衣诗人，清人张维屏的《国朝诗人征略初编》和现代著名历史学家邓之诚的《清诗纪事初编》以及钱仲联的《中国文学家大辞典·清代卷》，均载有其传记。利津县虽然在历史上发展较晚，金代始设县，但是借铁门关之有利条件，利津县在明清两代发展迅速。特别是文化上，利津非常重视文化教育，明清两代仅进士就有三十多位。著名学者有我国古币学泰斗李佐贤，同时他也是一位诗人和书画家。此外，还有著名诗人张铨，其《竹枝词》被称为黄河口风俗的真实写照。历史学方面，程余庆的《史记集说》在史记学文献中可算名作。一个小县短时期内在多个学术领域取得如此成就，这是不多见的。

（一）李舜臣及《愚谷集》

李舜臣（1499—1559年），字懋钦，一字梦虞，号愚谷，又号未村居士，乐安县（今广饶县）李鹊村人。明嘉靖二年（1523年）以会元（会试第一）成进士，官至太仆寺卿。李舜臣曾因反对"兴大礼"得罪皇帝，受廷杖。李舜臣于明穆宗隆庆三年（1569年）赐祭葬之故里，并随有石羊、石虎、石马、石柱、华表等物，显达乡里。李舜臣墓位于李鹊镇李鹊村，距县城12里。

李舜臣才识渊博，尤精经学，对汉儒关于经、史的注释，悉心探究，颇有独见，所著诗文不务华丽，专尚风味，诗细文赅，一时称为名品。他与知名文士章丘李中麓、庆阳李梦阳齐名。他一生著作甚富，见于文献记载的有：《愚谷集》《梦虞诗稿》《诗序考》《尚书说》《礼经读》《易读外编》《春秋左传考例》《户部集》等19种。当时著名文学家王世贞曾出版其文集，评其文章特色为"意至而言，意竭即止，大要不使辞胜意"，"词语体裁，约之简奥，而指事类情，各极其则，诚少则好矣"。嘉靖二十五年（1546年），他编辑《乐安县志》，其体例及史料考证多为明清时期诸《乐安县志》所遵循。

《四库总目提要》记载："……集诗四卷，曰《部署稿》，曰《金陵稿》，曰《江西稿》，曰《归田稿》。文六卷。前有王世贞、孔天允二《序》。诗格雅饬，而颇窘于边幅，所长所短，皆在于斯。文皆古质，而稍觉有意谨严，或铲削太过，故王世贞尝有体制纤小之讥。然于时北地、信阳之学盛行于世，方以钩棘涂饰相高，而舜臣独以朴直存古法。其序记多名论，而《西桥逸事状》一篇，触张璁、桂萼之锋，直书不讳。文山之日，天下咋舌，抑亦刚正之士矣。"

（二）李焕章及《织斋文集》

李焕章（1613—1688年），字象先，号织斋，生于广饶县大王镇李桥村的书香门第。其父李中行是万历进士，焕章与兄含章，弟斐章、玉章均为名士。李焕章曾任镇江知府，家中藏书丰富。他自幼聪颖好学，广泛涉猎经史子集，学识渊博。明亡后，他放弃仕途，专心诗文，作品气势磅礴，被誉为奇人。清代文学家蒲松龄的《聊斋志异》中，有以李焕章为原型的故事《李象先》。李焕章不仅学识渊博，更以文学才华闻名，是当地有名的秀才。

李焕章的少年时代正值明王朝衰落，面临内外忧患。在父亲李中行的熏陶下，他立志成为忠诚于国家和民族的人。明亡后，他因悲痛欲绝而决定不再应举，选择漫游四方，寻求心灵寄托。他遍访名胜古迹，饱览山水风光，并通过研究古诗文辞来排解忧愤。他的足迹遍布了大半个中国，到过浙江、广东、广西、安徽、湖北、湖南、河北、河南、山西等省。漫游的经历丰富了他的学识，扩展了他的视野，使他的文笔愈发豪放。他与当世名流学士交往广泛，如同邑的徐太拙，同郡的薛凤祚、丁耀亢，济北的张尔岐、王士祯，江南的周亮工等，更与著名思想家、学者顾炎武结为莫逆之交。后来，当得知挚友顾炎武去世的消息时，李焕章悲痛欲绝，以文遥祭亡灵。李焕章以他的才华和坚韧诠释了对故国和挚友的深厚情感。

李焕章不仅博学多才，且品德高尚，操行卓越。他废寝忘食地编修《临淄县志》，三个月内完成，却坚辞县令的贵重馈赠。《山东通志》修完之后，方伯施泰瞻有意召他为幕僚，但他极力辞谢，直到对方放弃。康熙十八年，清朝发布"博学鸿儒科"诏书，各地官员争先罗致明朝遗老，但李焕章坚决拒绝应试，赋诗《志不二朝》以明志。李焕章一生勤奋写作，二十九岁丧妻之后独居四十余年，这在封建社会较少见，生活虽然艰苦，但他从未间断写作。晚年，他在故乡的织水之畔修建了一间茅屋，名曰"织斋"，专心致志于读书撰文。近七十岁耳聋后，他更加专注于著文、为诗，勤奋不懈，直至终年。正如他自己在《织斋诗》自序所言："自耳聋后，听声聆音如隔重垣，诗也文也愈放胆为之，年垂老而不倦。余之为诗文，盖恃余聋也。"

清康熙三十年（1691年），李焕章因劳累过度与世长辞。他一生著有大量诗文，有《老树村集》《龙湾集》《无学堂集》等，凡百余万言。康熙三十一年（1692年），诸城名士李澄中合诸集而刊削之，定为《织斋集钞八卷》。《四库全书提要》存其书目，并评价其文"跌宕排奡，气机颇壮，而汪洋奔放，一泻无余"。其后裔李振甲于公元1887年（光绪十三年）出版《织斋文集》，约十万余言，仅占原著的十分之一二。另外，清代著名诗人王士祯校有《李诗集遗·遗诗织斋集》一卷传世。

（三）著名诗人徐太拙

徐太拙（1597—1657）[①]，原名徐振芳，山东乐安（今山东省广饶县稻庄镇段河村）人，生于明朝万历丁酉年（1597年），卒于清朝顺治丁酉年（1657年）。他饱学多识，但身处明清两朝交替之际，仕途坎坷，政治抱负难以实现，只好以诗明志，其诗激越悲切，是著名的明朝遗民诗人。

[①] 根据《续修广饶县志》卷23李焕章《故诗人太拙徐公暨配王安人冯孺人合葬墓志铭》一文明确记载："公生万历丁酉某月日时，卒顺治丁酉某月日时"，万历丁酉年为1597年。

1. 生平及经历

徐太拙的祖父徐凤清是明朝的太学生，父亲徐详曾任太常省察。太拙自幼聪明过人，13岁时随姻亲李中行参加祭祖活动，他代读祭文，声音洪亮，边读边改，让来宾赞叹不已。19岁时，他考中秀才，文章出众，得到督学的赏识。然而，30岁时参加乡试，因触犯宦官魏忠贤而落榜，之后两次应试也未能成功。仕途的坎坷促使他深入研究古文诗词，与李焕章等人结成诗社，以唐宋诗人为榜样，主张"文必秦汉，诗必盛唐"。他刻意仿古，终于成为当时有名的诗人。一次，他题诗于龙山驿馆，诗被兵备道吴廷简发现，大为赞赏，并寻找题诗之人。得知太拙遭遇陷害后，吴廷简为他洗清冤屈，两人交往甚密。在吴廷简祷天祈雨时，太拙为他写下数千言的《祷雨辞》，文辞流畅，气势磅礴，令吴廷简对他更加器重。

崇祯十年，徐太拙以才华出众补遗才，得到督学汪渐磐的欣赏。山东巡抚邱祖德等慕其才名，邀他入抚署，待为上宾。席间，他即兴作诗数十首，提剑起舞，激昂悲歌，赢得了众人的赞叹。后其因诗名远播，被聘至长安等地。一日，左金都御史田惟嘉遇徐太拙于街，徐不回避，田怒而问之，得知是徐太拙后赶紧下马谢罪，欲聘他为幕宾，但徐太拙婉拒。最终，徐太拙眼见明朝衰落，携家南行，漫游名山大川，致力于诗歌创作。

徐太拙虽未成就功名，但对明王朝忠诚不渝。当李自成逼近北京，明朝危在旦夕时，他欲上疏皇帝献救国之策，却受阻于权臣。李自成攻破北京后，徐太拙向史可法献策复兴明朝，但是明朝大势已去，难以实现。徐太拙与丘磊友善，丘磊升为总兵后聘其为参军。清兵入关，二人图谋抗清，徐太拙写下"申包胥在终复楚，鲁仲连生不帝秦"的诗句。后总兵间争权夺利，丘磊被杀，家人被囚。徐太拙奋力营救，虽被刘泽清下狱，却慷慨陈词，终使刘泽清释放丘磊家人，彰显了其贤明义气。

明亡后，徐太拙因被清廷猜嫌，隐居涟水县国屯村（位于今江苏省）。鄢陵中丞郑二阳曾称赞徐太拙说："乐安以小邑濒海，奈何有徐太拙？"南昌孝廉伍达行是天下名士，有"几日徐夫子，于今始及门"句，极力推崇其为人。丁酉年（1657年）夏，太拙病危，诸子请留遗言，太拙笑答："死即死矣，更复何言，我未闻太白、少陵、空同、沧溟临终时，犹恋恋为儿女语也。"逝世后，即葬于涟水国屯村。

2. 徐太拙与望社的关系

徐太拙迁居安东之后，与望社成员交往密切。那么，徐太拙是否加入望社呢？经考证，徐太拙亦是望社成员。

望社是明末清初活跃于山阳（今江苏省淮安市）的著名诗社。李元庚《望社姓氏考》记载有成员30人，为下文论述方便，现列名单于下：李挺秀（字颖生）、黄申（字甫及）、靳应升（字璧星，一字二娱，号茶坡）、郭为珙（字子骏）、张玙若（字伯玉）、沃起龙（字荀伯）、卞为鲸（字友龙）、胡从中（字师虞，号淑子）、嵇宗孟（字子震，号天放）、陈台孙（字阶六，号越庵）、张镇世（字尔尝）、沃起凤（字仪仲）、潘取临（字大也）、程涞（字潍东）、张养重（字虞山）、阎修龄（字再彭）、张新栋（字鞠存，号淮山）、杨方（字大千）、陆求可（字咸一，号密庵）、徐转迅（字动盈）、陈谷骏（字尔燕，号石菴）、程淞（字娄东，号寓菴）、马骏（字图求，号西樵）、赵朗（字天醉）、李孙伟（字远令，号巨平）、张新栋（字季望）、倪之煌（字天璋，号纯如道人）、邱象升（字曙戒，号南斋）、邱象随（字季贞）、阎若璩（字百诗，号潜丘）。葛恒刚《望社成员考》又考证出6人：潘尊贲、邱眺、王默生（默生为号）、卞为豹、张鸿烈、尊王（仅存其号）。郭宝光《清初山阳望社研究》又考证出一人：范良（字眉生）。笔者据文献考证，徐太拙亦为望社成员。

徐太拙（1597—1657年），字太拙（亦作"大拙"），明末清初山东乐安（今广饶县）人。少负才名，闻名梓里。"天启七年副榜，崇祯九年补遗才。游京师，名动公卿。喜谈兵，尝客总兵丘磊、刘泽清军中。李自成破中州，叩阙上书，不得达。清军入关，南下投史可法，不能用。以大臣荐官后军都督府都事，榷清江税。北都之覆，起义旅淮上……变乱后，徙家安东，古涟水也。"《四库全书提要》记载："徐太拙诗稿，国朝徐太拙撰。振芳，字太拙，山东乐安人。是集凡分三种：一曰《雪鸿草》，一曰《三素草》，一曰《楚萍草》。所作奇气坌涌，时出入于李贺、卢仝之间，而竟陵、公安之余习未尽涤除，故往往失之纤仄变徵之声。酸吟激楚，其学谢翱而未成者欤！"邓之诚《清诗纪事初编》卷二评徐太拙诗曰："格律浑成，才情奔放，特多凄凉激楚之音。盖沧桑之际，密有所图，终于无成，而不肯枉屈，信乎豪杰之士也。提要乃以楚音短之，岂非聋瞆！"①可见，在明清数以万计的诗人中，徐太拙是一位有创作特色的诗人。徐太拙诗稿散佚较多，据其同乡挚友李焕章《徐太拙先生传》记载，徐太拙有《喝月草》《雪鸿草》《三素草》《楚萍草》诸集。《四库全书提要》中缺《喝月草》。邓之城《清初纪事初编》"徐太拙"条下记载："徐太拙诗稿三卷……此本有《湄溪》而无《雪鸿》，度其诗散佚者多。"湄溪是徐太拙故乡的一条著名河流，古称湄水，徐太拙曾于湄水溪畔跟随李中行读书，并作有大量诗歌。李中行为李焕章的父亲，官至左参政，李氏与徐氏是姻亲。李中行曾于崇祯九年（1636 年）为徐太拙诗集写过序言，未注明何集，据李焕章《徐太拙先生传》所述，此集应该是《湄溪》诗集，是徐太拙最早的诗集。因为李焕章所作传记中记载的《喝月集》从时间推断，是在徐太拙补遗才、游长安期间所作。而李中行"发太拙笥，得近诗一册，读为终，击节惊叹"，是徐太拙补遗才之前在湄溪读书期间之事。今藏于中国社科院图书馆的《徐太拙诗稿》中即有《湄溪草》，而缺《雪鸿草》②。其裔孙徐三曾经四十年搜集，得诗五百余首，公元 1933 年（民国二十二年），经著名学者成荣光等编辑刻印出版，定名为《徐太拙先生遗集》。笔者有幸得到一本《徐太拙诗集》③，是其后人 1989 年以民国二十二年本为底本所刻印，共辑有诗歌 515 首，从中可以证明徐太拙确为望社成员。

先看下列诗歌：

《同璧星、虞山宿再彭斋中限韵》："楼回霜栖瓦，窗开月到帏。狂经乱离减，泪为古今挥。此地吾将老，非君孰与归。同心沮溺侣，早晚过柴扉。"

《璧星、虞山、再彭楼坐，喜余至，赋诗见赠，次韵酬之》："为寻知己约，拾级上层楼。海日鸿流影，篱霜菊送秋。有朋开白社，何酒不青州。词赋千秋事，闲人许共谋。"

《秋夕酒余楼坐，同靳璧星、张虞山、阎再彭、释粆限韵》："菊傲不受霜，霜上羁人发。饮酒不能消，登楼足开发。高寒浣俗肠，突兀对僧骨。

①邓之城.清诗纪事初编［M］.上海：上海古籍出版社，2012：178.

②张兵.清初山左遗民诗群的分布态势与创作特征［J］.西北师大学报（社会科学版），2001（03）：13.

③此书为徐太拙后人1989年据民国二十二年本刻印，属于家族藏本，没有标注出版社。本文所引徐太拙诗歌，全部出自该书。本文中所涉及的其他徐太拙的资料，凡是没有具体注明出处的，也均出自该书。

荧荧篝一灯，影静魂飞越。相视澹无言，端坐以待月。"

《秋日同靳茶坡坐阎容庵嘉树轩听琴步张虞山韵·十年前四子同赋秋心》："洗耳流泉绿树阴，青苔石上静听琴。秋怀十载无依泊，一曲招还天外心。"

上述诗中的靳应升、张养重、阎修龄是望社的盟主，在望社中德高望重，徐太拙同他们多次聚会酬唱，足以说明徐太拙与望社关系之密切。从第四首诗可以看出，靳应升等三人1647年合刻《三子秋心集》时，徐太拙亦同时作过与"秋心"有关的诗歌，有没有结集，目前没有发现史料记载，笔者不敢妄断。望社成立于1647年秋天①，《三子秋心集》的刊印被认为是其成立时标志。从诗中推测，此诗作于1657年，徐太拙正是在这一年去世的。也就是说，从1647年望社成立，一直到徐太拙去世，徐太拙都与望社及其主要成员保持着密切的交往。

如果说以上诗歌仅仅说明徐太拙与望社关系密切的话，那么下面这首诗歌则可以直接证明徐太拙的望社成员身份：

《九日同王默生、郭子骏、陈尔燕、程潍东、张虞山、陆咸一、阎再彭、马西樵、徐动盈社集靳璧星草堂限韵，赋得〈羞将短发还吹帽〉》："凌霜屐齿踏残苔，正好重阳客又来。元亮清贫能载酒，孟嘉老健尚登台。西风破帽吹将去，满座愁颜一笑开。濡墨张颠惭沮甚，不堪影照菊花杯。"

这是重阳节望社成员的集会之作。每年的重阳，是望社固定集会的日子。望社成员以"九日"为题的诗作特别多，如邱象随的《九日酬张鞠存招曲江楼登高不赴》，马骏的《九日尊经阁登高》《九日郡楼同靳茶坡、徐动盈作》，胡从中的《九日》《九日淮郡尊经阁登高》等，都是重九集会的作品。徐太拙此诗诗题中的9人均为望社成员，此次集会是望社集会无疑，尤其是着意点出的"社集"二字，足以证明诗作者的望社成员身份。自称为"客"，只是作者的自谦之辞。徐太拙是1644年迁居山阳安东（江苏省淮安市涟水县）的，又比靳应升等人年长，深受他们推重。《山阳耆旧诗》录有靳应升《赠山左徐太拙》一诗："茶坡草堂河之隈，山东豪客涟水来。入门一揖惊蒿莱，肝胆照人无嫌猜。是日重九黄花开，与君握手登高台。掀髯大笑声如雷，诸

---

① 葛恒刚《望社创建时间及其文化意蕴》（《青海社会科学》，2008年第6期），推定望社创立时间为1647年秋天。

子慷慨歌莫哀……"① 可见对徐太拙之欣赏敬重。《望社主要成员的生平和创作》一文将此诗中的"徐太拙"定为"东平廪生",这是不正确的。根据诗中所记,无论是性情气质还是外貌特征,均与史料中的徐太拙契合。另外靳应升还为徐太拙的《三素草》作过序:"先生以山左豪杰雀起诸生间,鸿才博学久矣,雷闻域内……正义侠肠,皎然如日……古人中亦铮铮者矣。"李含章、李焕章兄弟为徐太拙所作传记亦云:"太拙为人豪放卓荦,睥睨一切,非其意,即王公贵人亦不顾","口无旧唾,胸无俗韵","伟丰仪,须髯如戟,倜傥多大节","丰颐伟乾,髯垂垂似神仙中人"。这些足以证明,此诗中的徐太拙就是乐安的徐太拙。流寓山阳多年的著名诗人方文有一首《同李非文登孤竹山因悼其友徐太拙》:"青州有徐叟,风雅隐江淮。百首君能记,千秋名不埋。独怜淹逆旅,谁与殡枯骸?今夜闻遗咏,因之一怆怀。"李非文与徐太拙同邑,《徐太拙诗集》中有两首《送李非文》诗。明时乐安隶属青州府,这些都说明靳应升所赠徐太拙即是徐太拙。

另外,《徐太拙诗集》中还收录了《赠默生》《秋夕同王默生、张虞山饮靳璧星草堂限韵》《题邱季贞西轩》《和沃荀伯韵》《董公祠同李平子题天醉唐肯堂限韵》《淮上赠范眉生》《枚里遇赵天醉》《题范眉生幽草轩》《送李颖升归隐云台山》《寿胡母・孝廉胡天放母也,以正月十三日诞。天放专读异书,为诗文奇奥不与人同,故及之》诸诗,诗中所提到的王默生、邱季贞、沃荀伯、赵天醉、范眉生、李颖升、胡天放均为望社成员。上面《九日同王默生、郭子骏、陈尔燕、程潍东、张虞山、陆咸一、阎再彭、马西樵、徐动盈社集靳璧星草堂限韵,赋得〈羞将短发还吹帽〉》一诗中提到的郭子俊、陈尔燕、程潍东、陆咸一、马西樵、徐动盈诸人,也均是望社成员。再加上靳应升、张养重、阎修龄3人,仅仅从现存资料就可知,徐太拙同望社成员中的16人有集会酬唱活动,其中有14人是李元庚《望社姓氏考》所载录的,这足以证明徐太拙与望社之关系以及其成员身份。

值得怀疑的是,范良编《诗苑天声集》,为何在后面的"望社姓氏录"里遗漏徐太拙等人呢?徐太拙为范良《幽草轩诗集》作序曰:"丁亥(公元1655年)秋,余过淮与望社诸子谈诗甚欢,忽忽八载,今复过淮寻旧盟,则

---

① 转引自《望社主要成员的生平和创作》。http://bbs.gxsd.com.cn/forum. php?mod=viewthread&tid=359409

见风雅视当年倍盛矣。诸子为余言，近得范眉生，秉兼人之恣，乘方新之气，其诗有三唐遗意，固以大张吾军。"由语意推知，范良于1655年加入望社，二人也可能就在此年相识。徐太拙的《淮上赠范眉生》和《题范眉生幽草轩》也是此时所作。此后，徐太拙即开始了他的漫游之旅。范眉生《楚萍草序》云："丙申（公元1656年）秋半，太拙先生自关中来，客余山馆者累月，饮酒赋诗无虚日。"1657年徐太拙即去世。可见，两人相识虽然不长，但是交情可算深厚。范良《诗苑天声集》成书于顺治己亥年（公元1659年），书前罗列"海内订正诸先生姓氏"名单，计509人，并专门开列望社一目，计有30人。李元庚对于这30人是否就是望社成员之全部也有疑虑，故言："望社姓氏考，世有传本，吾家旧有之庚第，未知所考者，即此三十人否也，抑此三十人专指吾淮在望社者言与？"《四库全书提要》云："卷首列参订姓氏凡五百九人，亦断无是事。"可见，范良列这两份名单时态度是有极大不同的。为什么范良列参订名单如此张扬，而列望社姓氏却又如此谨慎呢？《诗苑天声集》成书时，望社活动依然很活跃，成员之间时有聚会酬唱，范良不会这么快就记忆模糊。笔者认为，这个问题得从望社的性质谈起。严迪昌先生分析："史称吴头楚尾的徐淮、维扬地区，在清初是个遗民密集的文化'场'……当时这一襟江临海地区，从心存回复的遗民志士们眼中看来，还是个进能联络河北、山东义民，以与秦晋关中一带秘密集聚的反清力量相沟通，退也可和东南沿海的残明军事集团为呼应的战略要地……尽管不清楚'望社'在秘密组织抗清力量中发挥多少作用，可它所起到的掩护流亡志士的'风雨茅庐'的功能却仍有案可稽。"[①]据史料记载，顾炎武、毛奇龄、万寿祺、阎尔梅、方中通等都曾得到过望社的庇护。在政治文化高压之下，望社为了其成员的安全，不刻意宣扬它的成员，亦在情理之中。这也就是为什么望社活动具有一定的隐秘性，史料记载少的原因。特别是公元1652年（顺治九年）严禁"立盟结社"之后，望社逐渐由"遗民结社"向"诗酒文社"过渡，复明的希望破灭，朝廷又禁止结社，更没有心情为成员存名立传了。而望社成员也都淡化自己的望社成员身份，这从成员众多却没有一份名单传世可见一斑。范良是1655年才开始与望社交往的，所以有些人是否为望社成员，他也许不能确认，但是在范良心底，望社是有着重要地位

---

①严迪昌.清诗史［M］.北京：人民文学出版社，2011：97-98.

的，所以在存录望社成员姓氏时才会谨小慎微。

徐太拙从渤海之滨的乐安迁居山阳，正是看到了山阳诗人间潜存的抗清力量以及这里的抗清氛围，这与他的志向是相通的。他于山阳定居，不是为了寻诗觅友，而是图谋抗清大业。邓之城所言"沧桑之际，密有所图"即是此意。只是"当时天意高难问，终古江流恨有声"，天不遂人愿，死亦犹憾！

3.徐太拙诗歌作品

徐太拙一生饱经忧患，在坎坷动乱中，他曾漫游了祖国的名山大川，足履大江南北，吟咏赋诗，抒发忧国忧民之情，其中不乏传世之作。他曾放舟大江、浮游洞庭，览滕王阁，登黄鹤楼，题有"江声动地通夔府，烽火连天达夜郎"句；至黄州，题有"霸业三分争赤壁，文人两赋重黄州"句。他的诗作，分别收集在《雪鸿草》《三素草》《楚萍草》《喝月草》诗集中。其中《喝月草》早已散失失传。其裔孙徐三曾，少壮时即留意搜集其诗作，积四十年存储，仅得五百余首。民国二十二年，经成荣光、成贤书等编辑刻印出版，定名为《徐太拙先生遗集》。

《四库全书总目》评徐太拙诗曰："徐太拙诗稿，国朝徐太拙撰。振芳，字太拙，山东乐安人。是集凡分三种：一曰《雪鸿草》，一曰《三素草》、一曰《楚萍草》。所作奇气坌涌，时出入于李贺、卢仝之间，而竟陵公安之余习未尽涤除，故往往失之纤仄变微之声，酸吟激楚，其学谢翱而未成者欤！"

徐太拙不仅精于诗，还善于书法，有楷书《高王观世音经》存世。

（四）金石学家李佐贤

李佐贤（1807—1876年），字仲敏，号竹朋，山东省利津县左家庄人，清朝末年文化名人，以精通古钱币学著称于世。

李佐贤自幼聪颖过人，勤奋好学，学识渊博。公元1828年（道光八年），他一举夺得乡试解元，之后更是步步高升，会试中进士，被选为翰林院庶吉士。他的才华与努力得到了朝廷的认可，在京城为官多年之后，公元1846年（道光二十六年）任福建汀州知府，公元1852年（咸丰二年）致仕还乡。

在京城的日子，李佐贤并未满足于仕途的安稳。在国史馆，他遍览古籍，抄录了大量的资料，为日后的研究积累了宝贵的素材。他对金石书画、砚石印章的研究造诣颇深，能够剖析微茫，辨其真伪，是著名的钱币学家、金石家、鉴赏家。

李佐贤对古钱币，可谓情有独钟。出仕之前，他常常游历齐鲁邹滕故都间，随地访求古币及有关学问，不断丰富自己的见闻。他的藏品日益丰富，对古钱币的研究也日益深入。在京城，李佐贤更是如鱼得水。他与同好鲍康、刘喜海等人结为金石之盟，互相投赠，积累了大量的文字和实物资料。他的藏品之丰富、学问之渊博，使得他在金石界名声大噪。

李佐贤并未止步于此，他倾尽毕生心血，编著了《古泉汇》这一巨著。该书共64卷，17册，收录古钱拓本6000余种，钱范75个，是研究古钱币的珍贵史料。他的这一成就，不仅在国内得到了极高的赞誉，甚至连日本的钱币学家都赞不绝口。

除了古钱币，李佐贤对书画也有深入的研究。他收藏研究书画，四十年不遗余力，编辑了《书画剪影》等著作，记录鉴定了自东晋至清乾隆的名家书画。他的鉴赏眼光独到，收藏品质量上乘，为后人留下了宝贵的文化遗产。

（五）风俗诗人张铨

张铨（1795—1872年），字寅阶，号翼南，利津县盐窝镇左家庄人。他性格敦厚，为人诚实，不善于交际。然而，他对学问的热爱却从未减退，尤其在青少年时期，他对唐诗的热爱到了痴迷的程度，展现出了卓越的文采，其诗作在同辈中享有极高的声誉。

公元1835年（道光十五年），他成功考中进士，开始了仕途生涯。最初，他在刑部担任主事，后来逐步晋升为员外郎、刑部郎中。他在京城的十余年中，一直尽心尽责，为百姓谋福利，清正廉明，查清了许多疑案，纠正了不少冤案和错案，赢得了广大民众的赞誉。

公元1846年（道光二十六年），他出任江苏常州知州，始终坚守公正，关心百姓疾苦。在任期间，他除了处理公务外，其余时间都在吟诗学习，对人际交往并不热衷。然而，仕途的艰难让他在1859年选择了辞官还乡。回到家乡后，他将更多的精力投入诗作中。他一生创作了上千首诗，尤其擅长竹枝词，诗风清新脱俗。晚年时，他著有《爱山堂诗存》若干卷，流传于世。

张铨的诗中，竹枝词尤具特色。他勇敢挣脱了传统形式的桎梏，勇于创新，积极从民歌中汲取灵感，满怀激情地描绘黄河口一带的独特风土人情。他的作品风格深受唐朝刘禹锡竹枝词的影响，含蓄而深远，隽永而动人，令人回味无穷。他写了四十余首竹枝词，字里行间洋溢着对家乡的无限深情。

特别是他的《永门竹枝词》，契合当地民风而感于哀乐，记录了黄河口的社会历史、经济文化诸多方面的真实情况，储存了大量的珍贵史料。

黄河夺大清河入渤海之前，永阜大盐场坐落在大清河两岸，沟渠纵横，盐池棋布，到处是白皑皑的盐堆，像连绵起伏的冰山。张铨自幼生活在这方土地上，为物阜民丰、获渔盐之利的家乡深感自豪，在他的四十首《永门竹枝词》中，描写永阜大盐场景象与展现盐民生活状况的就有八首之多。

利津北部靠近大海，煎海煮盐历史悠久，战国时为齐国"渠展之盐"重要产地。张铨的《永门竹枝词》中写道："渠展盐池尚有无，阴王古国莽榛芜。齐桓一去三千载，谁向寒潮问霸图。"从这诗词可以看出，此处是否为渠展之地，当时尚无定论。到1975年开挖褚官河时，发现了南望参古窑址，考古界认定为东周遗址，挖掘出来将军盔等文物，即古时煮盐器物，由此方才得出定论。

《山东盐务志》载，早在元明时期，利津建有永阜、丰国、宁海三大盐场，康熙十六年丰国、宁海并入永阜场，有滩池四百四十六副，这种情况在张铨诗中也有生动描述："盐滩四百冠山东，棋布星罗广斥中。煮海熬波笑多事，今人真比古人工。"从张铨《永门竹枝词》，还能看出清代盐法的利弊与变革。清代盐法，大率沿袭明代制度，实行"专商引岸制"，凡列名于纲册的商人，可占据一地为专销食盐之"引岸"。引盐利高，嘉庆道光年间盐场之盐每斤不过十文，经盐商运到各地后可卖到五六十文，赚利数倍之多。盐商在当时是最富之人，常"报效"朝廷，官府遇有大庆典、大军需时，盐商亦要捐输，盐院的开支亦由盐商供给。朝廷则允许引商增加盐价并在引数之外加带无税的盐斤。这导致盐价上涨，民负加重，私盐充斥，上下交病。张铨描述此混乱情况："盐坨万点乱山尖，海泛防兵岁岁添。一夜西人席卷去，阳沾滨乐尽私盐。"

张铨生活在道光、咸丰、同治时期，阅历丰富，淡泊名利，对民生尤为关注。他的《竹枝词》中这样写道："劝郎莫离灶户家，长依灶户即生涯。挑沟得钱侬换袄，晒盐得钱侬戴花。"张铨这首竹枝词，写出了家乡男女间的朴实情感，记录了永阜大盐场兴盛时期的盐民生活和地方风情。大凡竹枝词，不论出自南方或北方，几乎都具有诗风明快、诙谐风趣的特点。这首诗清新流畅，读起来朗朗上口，诙谐风趣，展现出一幅鲜活的灶户儿女生活画面。

张铨的《永门竹枝词》以诗存史，举凡地方古迹、风土民情、社会百业、历史变迁等皆有所展现，生动描绘了这一时期的家乡风貌，形象地体现了黄河口地区深厚的历史文化底蕴。

（六）史学家程余庆及《史记集说》

程余庆（生卒年不详），字椒园，号广文，今垦利区董集乡杨家庙村人。道光二年（1822年）副贡，选任寿张县教谕，修治学政卓有成效。致仕后，精心治学，著有诗文、史论若干卷，尤以《史记集说》为艺林所重。

程余庆自幼喜读《史记》，有关该书的评论都悉心作了旁注和笔记。成年后，广集诸说，逐一考证，"去其浮阔，存其切当"，历数十寒暑，编成《史记集说》。全书由音注、训诂、讲义考误、论事、论文组成。公元1839—1840年（道光十九年至二十年），程余庆为《史记集说》写了两篇序言，阐述自己考证《史记》的观点以及编著《史记集说》的宗旨。程余庆认为《史记》是一部杰出的纪实史书，班彪、班固对司马迁和《史记》的指责是违背史实的悖论。《史记集说》完稿后，程余庆因为穷困潦倒，没钱出版，临终前将手稿交后代家藏，抱憾辞世。

公元1890年（光绪十六年），时任利津知县的钱镕读到《史记集说》的文稿之后，赞叹不已，并精心为之圈点勘误、校刊作序，虽然他自己经济也很困难，但仍然于公元1918年（民国七年）将《史记集说》交上海交通图书馆出版成书。据"文旅垦利"的资料，现在此书于中央民族大学图书馆、陕西师范大学图书馆和垦利博物馆各藏有一套。

第六节　佛教碑雕

自从佛教在东汉传入中国以后，经中国文明与智慧的融合与转化，发展出佛教艺术辉煌成就，如云冈、龙门、麦积山以及敦煌等地的佛雕，俱为世界人类文明的瑰宝。北朝时期，佛教在中原盛行，留下很多佛碑和菩萨雕塑。此后的隋唐时期，三教合流，佛教得到极大程度的发展，各地大力兴建寺庙，雕塑佛身，或超度亡灵，或祈福于来世。东营市出土的佛雕造像，大多数属于北朝至隋唐时期，雕刻精美细致，达到了非常高的艺术水准，这也从侧面反映了此时黄河口地区经济文化的发展以及佛教的兴盛。

一、魏碑的杰出代表——马鸣寺碑

在书法史上，魏碑代表了一个非常重要的阶段，特指南北朝时期北朝的碑刻书法作品。现存的魏碑字体皆为楷书，故有时亦称之为"魏楷"。魏碑原初亦称"北碑"，因北魏在北朝诸国中立国时间最长，后世遂以"魏碑"泛指整个北朝的碑刻书法作品。东营市的马鸣寺碑在魏碑中有较高地位。

马鸣寺始建于公元440年（北魏太平真君二年），坐落于今广饶县大王镇后屯村，是当时颇有名气的佛教寺院。自北周"灭佛"后，寺院逐代衰落，后废毁。

马鸣寺碑属马鸣寺遗址首件出土遗物。碑文题记为公元523年（正光四年），为悼故根法师而立。今碑面虽已剥蚀，但字体刚劲，粗犷有力，大显魏书风采，具有极高的书法研究价值，是我国魏碑中较珍贵的石刻作品。此碑呈三角尖顶，高1.67米，宽0.87米。碑额上方竖阴刻"马鸣寺"三字，临下正书阳刻"魏故根法师之碑"。此碑确切的出土时间不详，但在清代已被高度重视。此碑于清中期开始有断纹，咸丰、同治年间断裂为三截。公元1902年（光绪二十八年）邑举人宋其端曾跋其拓片，世人方知此碑由大王桥村一青年藏存，后被县令强令交出，置于县治书院。新中国成立初期，后屯村建学校，此碑砌入校舍墙基得以幸存。1981年调县文物部门，1984年调山东省石刻艺术博物馆收藏。

作于明代的《乐安县志》虽有关于马鸣寺的记载，但无碑文记录，可见此碑在明代尚未被人注目，至清代中期始被人所重视。碑文叙述了根法师"禅念求道，终生莫缀""授讲后生，四方慕义、云会如至""造径数干，布满口素，刊建圣颜"等事迹。同时还记录了根法师"春秋五十五；以正光四年二月三日，殂于寺"，碑文中记载了根法师的府籍是华泾人。由于碑首已损，字迹不辨，根法师原姓已无从查考。

清人杨守敬《激素飞青阁平碑记》评马鸣寺碑："魏碑多隶体，而亦多寒瘦气，求其神韵之佳者极少，此独跌宕风流，尚在《萧娴碑》上"。康有为《广艺舟双楫注》评曰："《马鸣寺碑》侧笔取姿，已开苏（即苏东坡）派，'在、汶、北'等字，与坡老无异。"又于碑评第十八文中利用抽象的比喻，说明了《马鸣寺碑》特定的艺术意境，评曰"《马鸣寺》若野竹过雨、轻燕侧风"。而梁启超更为推崇，评其碑"极峭紧而极排，两者相反而能兼之，得之未曾有也"。梁启超津门故居修复，世人纷纷提供史料，72岁高龄收藏家徐先生家藏一册梁启超童年手临《马鸣寺碑》字册。其字册是梁氏早年精心临摹之本，纸洁墨浓、神气凝练，笔笔皆忠实于原碑，即使半边残字，也照临不苟。从临碑中即可窥梁氏赏"《马鸣寺碑》之神俊"，是其生平酷嗜此碑之真实写照。

此碑书体独具一格，字体结构茂密，左抑右昂、通碑横侧生姿，点画丰腴厚浑，如棉里裹铁，方笔为主，方圆兼备，对比富于变化，含刚柔相济之妙；用笔神采飞扬，古朴俊姿，浑厚苍劲而又潇洒飘逸，在北魏碑刻中独树一帜，因此碑重出较晚，唯近代金石书法家对其有所评论。

二、广饶张郭造像

张郭造像大约制作于隋代，出土于广饶县原小张乡张郭村，现收藏于东营市博物馆。造像呈方圭形，为一佛二菩萨的组合，通高2.64米。主佛像身高1.52米，手部残缺。佛像头顶螺髻，面容方圆，双目微吊，下颌略显突出，肩窄而稍微下溜，肩胛部宽阔圆润，体态含胸，腹部微微凸起。胸前束以小衣带，结为雅致之结，外披袈裟，薄衣之下身体轮廓隐约可见。衣襟轻轻搭在左臂之外，整体立于覆莲台上，显得庄重而肃穆。其圆形项光分为4层，从外至内，依次为浅雕的缠忍冬、同心圆光环、放射状轮光以及莲花，层次分明，寓意深远。左右两侧的胁侍菩萨，高达1.05米，头戴平顶高花冠，内饰忍冬纹，服饰华美绝伦。

胁侍菩萨像上还各凿有一龛，内均供奉一佛二菩萨，表现形式虽略同，但细节之处却有所区别。两组菩萨呈对称之姿，更添和谐之美。造像顶部装饰有浮雕翼龙，其前右爪紧握藤枝，下垂的曲饰与顶部的项光相映成趣。高浮雕的花座之上，雕有七身盘膝坐佛，其上方两边又各浮雕伎乐飞天三座，帛带飘直，均露出足部，更显灵动之姿。整体观之，此造像形体丰满，纹饰简练而又精致，人体比例适中，世俗化特点较强，从造像题材布局、人物刻画看，已经趋于唐初的风格，为研究北朝晚期至唐初的佛教造像发展史提供了珍贵资料。

张郭造像的佛头曾被盗走，后来中国艺术研究院美术研究所研究员金申先生在北京无意发现，几经周折终于物归原主。

三、皆公寺造像

皆公寺造像出土于广饶县原小张乡南赵村，现收藏于东营市历史博物馆。

这尊造像高达50.5厘米，石质坚硬，呈现为一种深沉的黄褐色，整体形状如同半只小船。佛像雕刻精美，展现一佛二弟子二菩萨五身像的壮观景象。主佛像头顶高髻，其上镶嵌着璀璨的宝珠，面容丰盈圆润，双目微闭，似乎正在沉思，小嘴薄唇，双耳长垂至肩。内着僧祇支，外披袈裟，右手轻抬，二指微曲，左手则轻抚膝盖，安坐于方形台之上，赤足踩踏着覆莲台，显得庄重而神圣。项光素面桃形，边缘微微凸出石面，更显其立体感。主像的两肩处，各浮雕有一摩羯鱼，形象生动。左右两侧，则各浮雕有一弟子，面容圆润，颈部短而有力，双手交叠于腹前，赤足立于花蒂台上，仿佛在默默侍奉着主佛。

两侧的菩萨，身高均为20厘米，头顶戴着精美的花瓣形宝冠，冠内刻有化佛的图案。宝缯从冠顶垂下，轻轻搭在肩上，为此增添了几分飘逸之感。菩萨的面容方圆适中，端庄而慈祥。她们内着圆领兜裙，外披华丽的披帛，庄重中又带着一丝优雅。左右手腕上戴着双镯，对称地弯曲在胸前，一手勾握着饼形饰物，一手提着领帛带，姿态优雅而自然。她们的整体体态婀娜多姿，赤足立于圆形台上，显得其轻盈而神圣。这两尊菩萨像，无论是从雕刻的细腻程度，还是从艺术表现力上，都堪称一绝。她们的存在，不仅为这尊造像增添了更多的艺术价值，也让人对佛教文化有了更深的了解和感受。

碑顶之上，浮雕着一位半身盘臂的化佛，其下身化为圆盘形状，被上方的两位飞天轻盈地托举。这两位飞天，头戴遮耳帽，上身裸露，展示了矫健的身姿，下身着露脐兜脚裤，裤上的纹理呈现螺旋式，更显其动态之美。她们手持宝珠，对称而设，仿佛在守护着上方的化佛。下方的两位飞天则双手持排箫，一奏一止，音乐仿佛随风飘荡，营造了一种宁静而神秘的氛围。

台基前，浮雕一裸身盘坐的力士，头手并用，顶举着佛脚的莲座，充分展现其坚韧不拔的力量。在力士的两侧，各有一护法狮，它们对称地回首相向，仿佛在守护着这片神圣之地。而在下两角，各浮雕着一持剑天王像，头戴战盔，身披覆膊和战裙，足穿战靴，呈现威武而庄严的姿态，也是对称而立，更添庄严气势。

这尊造像以整石作高浮雕，其创意之深刻，内容之均衡协调，画面之层次分明，都令人叹为观止。在雕刻技法上，各种刀法运用极为娴熟，使得作品内容表现得非常自然圆润，充满生命力。主佛像为阿弥陀佛，中唐后信奉甚广，其袈裟衣纹线条流畅，采用漫圆雕的手法，特显薄衣透体，给人以轻盈之感。飞天们的面容似童相，又着兜脚裤，雅趣雍容，姿态优美，仿佛是从上苍翩然而至，帛带飘飘如翩跹而舞，栩栩如生，人们仿佛能听到它们在风中飘动的声音。菩萨的衣纹稀疏柔和，不像前期那样繁复刻板。肢体多采用"S"形，富于变化，特别自然生动，这也是唐中期菩萨立姿的突出特征。碑中的摩羯鱼，作为古印度神话中的怪兽，通过佛教经典、印度与中亚的工艺品等渠道传入我国。至唐代，摩羯鱼的形象不仅出现在佛教造像中，更成为人们生活中部分器具的图案艺术素材，为人们的生活增添了无尽的艺术魅力。

整尊造像，无论是雕刻工艺还是艺术表现力，都堪称一绝，不仅造型美观大方，内容丰富，题材新颖，而且构图相得益彰，雕造工艺细腻精湛，不愧是盛唐时期佛教造像中的珍贵艺术作品，为研究我国佛教及美术史提供了宝贵的实物资料。

第七节　孙子文化

对不熟悉黄河口的人来说，这里可能有些偏僻，但是，这里却先后出现了两位对中国古代文化有重大影响的人物：孙武和欧阳生。孙武，后人称为"兵圣"，所著《孙子兵法》享誉世界，直至今天仍对兵学及现代企业等的发展产生着深刻的影响。欧阳生，汉代"欧阳尚书学"的开创者，对《尚书》的传承和弘扬贡献巨大。以《孙子兵法》所代表的"兵学"和欧阳生所开创的"尚书学"，在今天都已经发展成为专门的学科。这里，我们仅对孙子文化在黄河口的新发展以及"欧阳尚书学"在两汉的传承情况作简要分析，期待以后有更深入的研究。

由于年代久远，孙武除去名垂千古的《孙子兵法》之外，并没有祠堂庙宇之类表明他的生平经历。他的故里在哪里，哪里的水土孕育了这位伟大的兵法家？当文化开始成为一种生产力的时候，曾经有几个地区同时来争夺这位历史名人的故里，"广饶说""临淄说""惠民说""博兴说""莒邑说"纷纷出现。《孙子兵法》的创作地也成了人们争夺的目标，苏州宣称是《孙子兵法》的诞生地。现在这个问题已经基本形成共识：孙子的故里在东营市广饶县，《孙子兵法》是齐文化的结晶。广饶孙子研究中心的赵金炎先生倾其三十年的时间和精力，通过细致的考证分析，为厘清孙子的真正故里以及《孙子兵法》的兵法思想的孕育地，作出了突出贡献。当一些历史迷雾被逐渐澄清的时候，人们开始重新审视《孙子兵法》的价值。

自21世纪伊始，东营市紧随全球经济的脉搏，成功地将孙子研究的重心从传统的古籍探究与故里之争，转向"孙子兵法在经济领域的和平应用"。这一转变，更加注重孙子军事谋略思想及兵学文化思想在实际应用中的研究，致力于塑造一个鲜明的孙子文化品牌。此举不仅推动了全市的经济与文化建设的蓬勃发展，还极大地促进了旅游业的开发，为东营市注入了新的活力与魅力。

《孙子兵法》作为一部跨越时空的军事宝典，不仅受到国内外军事理论家的推崇，更在现代企业文化建设中找到了广泛的应用空间。而在孙子的故乡——东营市，大王集团的成功实践，无疑是将孙子军事思想发扬光大的一个典范。

《孙子兵法》之《计篇》开篇即言："兵者，国之大事，死生之地，存亡之道，不可不察也。"大王集团的领导们深刻领会这句话，将其转化为企业治理的核心理念："企业者，国之大事，死生之地，存亡之道。"他们深知，企业的兴衰关乎国家的繁荣与稳定，关乎每一位员工的生计与福祉，因此，必须始终坚守立党为公、兴企为民的初心与使命。在《孙子兵法》中，对将帅的领导才能有着极高的要求："将者，智、信、仁、勇、严也。"作为将领，要具备才能、诚信、仁爱、勇敢、威严等优质素质。大王集团深谙此道，在选拔和任用干部时，始终坚持德才兼备、有胆有识、开拓勇进、诚实守信、严于律己的原则。他们相信，只有具备这些优秀素质的领导者，才能带领企业走向更加辉煌的未来。

同时，《孙子兵法》也强调："上下同欲者胜。"将兵要同心同德，围绕一个共同目标，上下齐心协力，这样才可能夺取战争的胜利，否则就是"各自为政"，后果只能是溃不成军。这一战略思想，在大王集团得到了充分的体现。他们始终把"人本管理"放在一切工作的首位，注重激发员工的积极性和创造力，让每一位员工都能感受到企业的关怀与温暖。在这样的企业文化氛围下，员工自然能够齐心协力，围绕一个共同的目标，以企业为家，共同推动企业不断向前发展。

可以说，大王集团的成功，正是孙子军事思想在现代企业文化建设中的一次成功实践。他们不仅将孙子的智慧应用于企业治理和领导队伍建设中，更将其融入企业的核心理念和文化精髓中，使之成为推动企业持续发展的强大动力。

第八节　吕剧文化

吕剧，可以说是山东省的"省剧"，初期被称为"化装扬琴"或"琴戏"。它源于黄河三角洲，发源于民间说唱艺术"山东琴书"，并在山东、江苏和安徽的部分地区广为流传，经过长时间的演变，最终才形成"吕剧"。

早期的吕剧班子影响力较小，常常穿梭于乡村，在田间地头为民众表演。直至1910年前后，吕剧才逐渐从乡野搬上了正式的舞台。1953年戏曲改革，山东省戏改组正式将其定名为"吕剧"。同年，山东省吕剧院成立，更是将吕剧推向了一个新的高度，使其不仅在山东地区广受欢迎，更是享誉全国。2007年10月中旬，吕剧的故乡——山东省东营市，举办了首届吕剧文化艺术节，这一盛事不仅展示了吕剧的艺术魅力，更进一步推动了吕剧文化的传承与发展。

在光绪初年的广饶县，即旧时的乐安，北部沿黄地区的农民因避灾荒常常背井离乡。他们携带着坠琴、节子板等乐器，踏上外出卖艺求生的道路。起初，他们主要以演唱琴书小段为主，偶尔即兴创作一些风趣的小故事，一边表演一边歌唱。随着时间的推移，这些艺人们开始从民间小调和戏曲唱腔中汲取灵感，丰富自己的表演内容和形式。比如，东寨村的张兰田、张志田兄弟，曾远赴安徽的凤阳，向当地的戏曲艺人学习，凤阳歌对琴书的表演艺术影响极大。

在长期的演出实践中，这些艺人不断创新，努力寻找自己独特的艺术风格。一些擅长歌唱的艺人，经过长期的琢磨改造，逐渐发展出了别具一格的唱腔。在公元1900年（光绪二十六年）的冬天，以东路琴书艺人时殿元为首的同乐班，进行了一次大胆的创新尝试。他们将传统曲目《王小赶脚》改编为化妆演出，巧妙地用竹、纸、布扎制出栩栩如生的驴形道具，并施以彩绘。演出时，一位演员身绑彩驴，模拟骑驴的姿态，另一位演员则手持鞭子，模仿赶驴的动作。同时，还有艺人演奏坠琴、扬琴和竹板等乐器，为演出增添音乐氛围。演员在音乐的伴奏下，载歌载舞，将故事情节生动有趣地展现在观众面前。这种新颖别致的表演形式，让《王小赶脚》的首次化妆演出取得了巨大成功。由于演出中首次使用了驴形道具，群众亲切地将这种戏称为"驴戏"。此后，时殿元又陆续将其他琴书篇目改编为化妆演出，所到之处都受到了群众的热烈欢迎。然而，艺人们觉得"驴戏"这个称呼不够雅致，于是他们自称为"化妆扬琴"。时殿元等人因首创化妆扬琴而名垂青史，成为吕剧这一艺术形式的主要创始人，为后世吕剧戏曲的发展奠定了坚实基础。

在常年的流动演出中，化妆扬琴艺人不断借鉴吸取其他剧种的优点，不断进行改革，使其逐渐从简单的化装演出发展成为比较完整的戏曲形式。吕剧的剧目逐渐丰富，从原先的"对子戏"和"三小戏"逐渐拓展到了更为宏大的本戏和连台本戏，表演的形式与内容都得到了极大的丰富。演出的场所也从简单的露天就地盘场子，逐渐升级到了茶园、剧场等更为专业的舞台。

1917年，广饶县的化装扬琴艺人张凤辉等人率先迈出了勇敢的一步，他们进入济南市进行演出，为吕剧的发展开启了新的篇章。此后，更多的剧班也纷纷效仿，进入济南城表演，将吕剧的魅力带到了更广阔的天地。有的剧班经常活动在烟台、青岛等地，甚至远赴东北的大连、长春和哈尔滨等城市进行演出，使得吕剧的影响力得到了进一步扩大。在这些城市中，黄家班、同乐班、庆和班及共和班等剧班表现尤为出色，赢得了广大观众的喜爱与认可。可以说，这一时期的吕剧发展势头强劲，无论是剧目的丰富性还是演出的规模与影响力，都达到了前所未有的高度。

此后吕剧的发展过程历经波折，特别是抗日战争爆发后，遭遇了前所未有的困境。原先在济南城演出的剧团因战争的影响，演出质量逐渐下滑，导致班社规模缩小，艺人们的生计也变得异常艰难。许多艺人不得不选择返回家乡另谋出路，剩下的艺人勉强继续维持着艰难的演出生活。抗战胜利后，原本以为吕剧能够迎来转机，但现实却更为残酷，演出状况不仅没有好转，反而变得更加萧条。许多艺人被迫改行，寻找新的生活出路。然而，幸运的是，解放后化装扬琴得到了政府的关怀与支持，获得了新生，并被正式命名为"吕剧"，这标志着吕剧开始进入了一个新的发展阶段。此后，吕剧在政府的扶持下逐渐恢复了往日的活力，艺人们也重新找到了展示自己的舞台。

吕剧的传统剧目丰富多样，大多是几本的小戏，便于演出，主题思想积极，伦理性强，表达了劳动人民追求婚姻自主和家庭和睦的朴素愿望和美好理想。吕剧的连台本戏较少，多根据鼓词、小说和琴书的脚本改编，如《金鞭记》《金镯玉环记》等。小戏如《小姑贤》《王小赶脚》《姊妹易嫁》《拾玉镯》《借年》等，富有浓厚的生活气息，剧情贴近现实，唱词风趣幽默，善于运用生动的群众语言来表现不同的人物性格，伦理性强，具有朴素的扬善贬恶的教化功能，具有强烈的感染力，深受人民群众的喜爱。如《小姑贤》中的婆婆，刁钻霸道，看到儿子和儿媳妇恩恩爱爱，心里十分气愤，为了突出她的这一性格，剧情设计了让儿媳妇做饭这一情节，婆婆有一段唱词是这样的："为娘专吃蹊跷饭，贱人就得去做它。到厨房大锅刷得明似镜，小锅刷得光滑滑。锅前头给我熬稀饭，锅后头再把那个黏粥插；锅左边做上菜豆腐，锅右边浇汤又酸辣；锅上边溜上干豆角，切上半斤大葱花；当中间里有点空，你给俺，溜上个，八斤半的大地瓜。一个锅做上十二样，在那黏粥锅里泡壶茶。做熟了用勺子搅三搅，扒三扒，还不许给我掺和了它。"这段唱词一气呵成，演唱音调急促，语言是地道的黄河三角洲方言，加上演员的精彩表演，把一个嚣张跋扈、胡搅蛮缠的婆婆演绎得入木三分。

东营市近年来对吕剧文化的传承与弘扬给予了极高的重视，这种重视不仅仅停留在口头上，更是通过一系列实实在在的行动展现出来。为推动吕剧艺术的发展，先后成立了广饶县吕剧团和利津县吕剧团，这两个剧团如同吕剧艺术的两只翅膀，为吕剧文化的传承提供了坚实的助力。

1984年，东营市文化局组织了一批热爱吕剧、有志于吕剧研究的文艺工作者，他们深入农村，走访那些年长的吕剧艺人，用心聆听他们的艺术经历，搜集那些珍贵的吕剧史料。这些文艺工作者如同辛勤的矿工，从历史的矿脉中挖掘出吕剧艺术的宝藏。1985年冬天，东营市举办了一场盛大的"吕剧史料座谈会"。这次座谈会邀请了20多名吕剧老艺人，他们都是吕剧艺术的活化石。老艺人们围坐在一起，回忆着过去的演出经历，分享着他们对吕剧艺术的热爱与执着。1986年春天，东营市又邀请了14名老艺人进行访演录像。这些老艺人虽然年事已高，但他们的表演依然充满魅力。他们的唱腔、身段、表情，都让人感受到了吕剧艺术的独特魅力。录像的完成，为吕剧艺术留下了宝贵的影像资料。

在这些工作的基础上，1987年东营市编纂完成《东营市吕剧音乐集成》书稿，1988年底又完成《吕剧起源与发展东营市史料汇编》。这两部书稿是吕剧研究方面的重要成果，它们不仅记录了吕剧艺术的发展历程，也展示了东营市在吕剧文化传承方面的努力和成果。在编纂过程中，山东省文化和旅游厅的有关领导、山东省吕剧界的许多专家和名演员如李渔、郎咸芬等都给予了热情指导和帮助，他们的支持和参与让这两部书稿更加完善、更加具有权威性。

1991年3月，东营市举办首届吕剧会演。这场汇演会聚了全市的吕剧精英，他们通过精彩的表演，展示了吕剧艺术的魅力。这场会演不仅让东营市民更加了解和喜爱吕剧，也为吕剧艺术的发展注入了新的活力。

1994年，东营市以广饶县吕剧团为基础，成立"东营市吕剧团"。这个新的吕剧团继承了广饶县吕剧团的优良传统，同时也不断探索和创新，为吕剧艺术的发展注入了新的动力。

2009年，东营市在吕剧的故乡——东营区牛庄镇举行了首届"东营市吕剧文化节"。这个文化节不仅展示了吕剧艺术的魅力，也促进了吕剧文化的交流和传播。通过这个文化节，更多的人了解并喜爱上了吕剧这一独特的艺术形式。

除了积极培养新一代吕剧艺人，扩大吕剧剧团规模，东营市更在剧目的传承与创新上取得了令人瞩目的成果。新编的吕剧剧目丰富多样，各具特色，像《油城人家》《暖阳》《华八情》《情归》等作品，都是东营市吕剧艺术的新篇章，它们生动描绘了黄河口，特别是胜利油田石油工人崭新的时代风貌。2023年，东营区还推出建区以来的首部大型原创吕剧《油城壮歌》。这部剧作两次在胜利宾馆精彩上演，赢得油城居民的热烈掌声和一致好评。它聚焦于油地融合的主题，深情描绘了油地居民之间深厚的情谊，他们像鱼和水一样密不可分，共同协作，为建设家园、扛起国家能源安全的重任而努力奋斗。这样的题材，不仅具有深刻的历史内涵，更有着强烈的现实意义。这些新编的吕剧剧目既保留了吕剧艺术的传统魅力，又巧妙地融入了现代元素和创新思维。它们让吕剧这一传统艺术形式在新时代焕发新的生机与活力，为东营市的文化事业增添了浓墨重彩的一笔。

近年来，东营市一直在不遗余力地推进"吕剧文化之乡"的建设，打造"吕剧文化之乡"这一文化品牌。为实现这一目标，市里专门成立吕剧保护传承发展中心，并引进十多名专业人才，他们为吕剧的传承和发展注入了新的活力。同时，市里还出台一系列人才成长激励机制，为吕剧人才提供了更广阔的发展空间。为更好地传承吕剧文化，东营市还积极探索线上线下相融合的教学方式。线上，他们推出吕剧"云课堂"，让更多的人能够通过网络学习吕剧；线下，则积极推动"吕韵沃土深植"等公益文化服务项目，让吕剧文化更加深入人心。此外，东营市还积极引导和扶持庄户剧团的发展，让这些基层剧团成为传承吕剧文化的重要力量。同时，他们还在中小学中持续开展"吕剧进课堂"活动，通过丰富多彩的教学活动，吸引了1200余名在校中小学生加入校园吕剧社团组织。更有5000余名孩子接受了吕剧传统文化的普及教育，让吕剧这一传统文化在孩子们心中生根发芽。

值得一提的是，东营区黄河中学的吕剧戏歌《吕剧之乡唱吕剧》荣获2022年"中国少儿戏曲小梅花"集体节目称号，充分展示了东营市在吕剧文化传承方面所取得的显著成果。

第九节　民俗文化

要了解黄河口民俗，必须先了解黄河口地区的居民概况。黄河口自古便是移民的汇聚之地。从明朝初期，直至20世纪末的漫长岁月里，来自四面八方的移民以不同的规模纷纷涌入这片土地，为黄河口注入了源源不断的人口活力。他们的到来，不仅丰富了黄河口的人口构成，更带来了各地独特的文化和民俗习惯，使得这片土地呈现出多元而包容的文化风貌。

20世纪五六十年代，国家开始在黄河口地区进行大规模的军垦，筹建了国营广北农场和军马场。伴随着胜利油田的开发，来自天南海北的石油兵也在黄河口落地生根，黄河口的地域文化和民俗习惯更具有了海纳百川、兼收并蓄的特点。在1969年11月，北京石油学院迁至东营并更名为华东石油学院，大批教职员工和大学生的到来，更是为当地的文化事业注入了新的活力。他们的工作、学习与生活，为这片土地带来了新鲜的文化血液，推动了东营文化的蓬勃发展。

对黄河口民俗文化的现状研究，可以有效挖掘发扬其中积极向上的、能促进当今经济社会文化发展的东西，摒弃那些落后的、阻碍经济文化发展或者经过长期讹变已经没有实际意义的陋习，从而激发黄河口人昂扬向上的气质，促进城乡和谐社会的发展。

一、民间舞蹈

黄河口地区在开发之初，地理环境恶劣，加上人员多是移民，所以民间舞蹈大都带有其他地区民间舞蹈的影子，但是又融入了独特的黄河口元素，劲健、泼辣，粗犷、豪放。黄河口地区民间舞蹈种类繁多，有的已经传承了几百年，目前有的舞蹈种类面临失传的危机，亟须政府投入资金进行专项抢救性保护。

（一）虎斗牛

"虎斗牛"起源于东营市利津县大北街村，已经流传了200年之久，在黄河口一带享有盛誉，现已载入《中国民间舞蹈·山东卷》，并被选入东营市首批非物质文化遗产名录。

紧靠黄河边的利津县城是一座有着800多年历史的古城，也是移民之地。先民多是从山西洪洞、河北直隶枣强一带迁徙而来。东、西、南、北四街及其四关组成了这座小城的基本格局。最繁华的当数西街，衙、塾、铺、号依次排列，名门望族皆聚于此，因此经济实力也比其他街雄厚，每逢年节闹花灯，扮戏文，热闹无比。与西街毗邻的北街是穷苦人家居住最多的一条街，无钱办花灯会，节日里也就冷冷清清的。

据"虎斗牛"第四代传人李积柱老人介绍，"虎斗牛"的创始人是王继先，他在外地学过扎虎头的技艺，他看到每次年节别处热闹非凡，而穷苦的北街却冷清无比，于是就想搞点活动，弄点动静热闹热闹。他先是扎了两个虎头，用黄布做成虎衣，和同伴饰演老虎，在街上相互打斗，引得围观者连连叫好。后来，经过表演者的不断改进，演变成了情节完整、寓意深刻的以耕牛救主为主题的民间舞蹈，并正式得名"虎斗牛"。这里面还有一个民间传说。不知哪年哪月，在中国北方某地山区，一只饥饿的老虎出山寻食并与牧童、耕牛遭遇。为保护牧童，耕牛与老虎展开了殊死决斗。当吓昏过去的牧童醒来时，只看到草毁树折，老虎与牛遍体鳞伤，老虎死死地咬住牛的脖颈，耕牛一只锐利的犄角深深插入老虎的咽喉。后来，人们在牛虎搏斗的地方修起两座坟茔，一为义牛冢，一为恶虎坟。"耕牛救主"的传说就这样流传了下来。"虎斗牛"的舞蹈情节就是吸取了这个传说而成的。

"虎斗牛"舞蹈分为"饿虎寻食""虎猴相戏""牧童放牛"和"耕牛救主"四部分，一般需要8个演员，舞蹈演出了老虎的凶残与威猛，耕牛的沉稳与勇敢，宣扬了不畏强暴、勇于抗争的主题。

随着开场锣鼓的震天响动，一只饥肠辘辘的老虎缓缓走出山林，寻找食物。它的步伐虽然缓慢，但威仪不减，那种无人能敌的霸气展露无遗。它通过跳跃、转身、猛扑和迅闪等一系列动作，将老虎的威武、高傲和凶猛展现得淋漓尽致。

紧接着，一只好奇心旺盛的小猴登场，它并不认识老虎是何方神圣，竟上前与老虎嬉戏。老虎则故意放慢动作，好似在逗弄小猴，小猴与老虎的这场互动，使得剧情达到了第一个高潮。伴随着锣鼓声，扮演小猴的演员运用一连串的筋斗、旋转、猛扑和侧翻等京剧中的武打动作，将猴子的轻盈、灵动、乖巧和机智表现得淋漓尽致。而老虎则在一旁默默配合，不动声色，最终却将小猴一口吞下。此时有一个难度较大的动作，进入虎腹中的小猴要把整个身子贴在扮演虎尾的演员上身，不露双脚，否则，老虎就成了6条腿。

吞吃了小猴的老虎暂时退场至一边休息，牧童赶牛上场。穿红袄着绿裤，身披蓑衣，头戴草帽，一手摇动牧鞭，一手拿着短笛，或俊扮，或丑扮，视演员而定。锣鼓轻敲，笛音悠扬，小牧童与牛儿间展开了互动，仿佛是一首美妙的田园诗。他时而灵巧地跃上牛背，又时而像小鹞子般轻盈翻下，每一个动作都展现了牧童的纯真与活力。每一个细节都让人看得津津有味，尤其是牧童的精湛功夫，更是让人叹为观止。这段意境比较舒缓，体现了该舞蹈张弛有度的特点。

整个舞蹈把正义与邪恶、胆量与智慧、不畏强暴、勇于抗争的主题体现得淋漓尽致，表达了人们对正义必定战胜邪恶的愿望，表现了劳苦大众善恶分明的鲜明立场，展现了劳苦大众的聪明才智。从20世纪20年代到40年代，参加演出的村民因演出技艺高超且不断创新，至今为后人所称道。

改革开放后，为拯救这一传统民间舞蹈，政府对演出队伍给予了大力支持，为其购买了乐器和服装、道具，并邀请专业演员对其进行指导，增强了舞蹈的观赏性和艺术性。大北街村还制订了演员培训计划，着手建立传承机制。

"虎斗牛"具有浓郁的黄河口移民文化色彩，动物和人物在造型、服饰、伴奏等方面都有河北、陕西等地域文化的影子。在"虎斗牛"的表演中，虎的形象宛如一只放大了的陕西民间布老虎，虎头相较于虎身略显硕大，但依旧不失其独特的美感。除能够活动的下颌和眼睛外，其余部分都巧妙地以绘画的形式呈现，色彩鲜明而富有张力，造型夸张而富有卡通韵味。它既展现了虎的凶猛，又流露一种可爱的气质。虎身是由一整块黄色的布料精心缝制而成，上面绘制着简练有力的褐色条纹。而虎尾则是由细竹丝精心编织而成的，既挺括又柔软，既能伸直又能弯曲，上细下粗，长度超过两米，除了方便表演之外，还兼具打场子的实用功能。与虎相比，耕牛的造型则显得更为逼真。那牛头仿佛真的一般，直角突出，眼睛鼓胀，全身通黑，既朴实无华又透出威武之气。至于小猴与牧童的扮相，则完全是从京剧中借鉴而来，充满了浓厚的戏剧韵味，让人感到仿佛置身于一出精彩的戏曲之中。

（二）短穗花鼓

短穗花鼓发源于广饶县陈官乡，它是我国民间艺术百花园中的一朵奇葩，入选全国第二批非物质文化遗产。

陈官短穗花鼓源于明清，道光年间广为流传。旧社会，艺人用其乞讨，流浪四方，师徒、兄弟或父子组队演出。流浪生活使艺人们练就了绝技，交流比赛鼓技，形成这独特的民间舞蹈。其动作奔放舒展，特色在于用鼓槌之穗而非鼓槌击鼓。两根短杆系着短鞭，鞭上猫耳朵系灯笼穗，表演时随风飘舞。花鼓在腰间活动，需用高超技巧用鼓穗击鼓。

短穗花鼓的击鼓套路多达三四十种。其原形是一人打鼓，一人伴唱，唱腔都是乡味十足的民间小调，唱久了艺人们也能即兴表演，随口就来。

陈官乡陈官村张家是当地的花鼓世家。20世纪初，张延水在长期的乞讨生涯中练就了一身花鼓绝技，并不断改进技巧，翻新花样，提高表演水平，成为当时名震鲁北、胶东一带的民间艺人。1956年，张延水的徒弟李宏曾以表演"短穗花鼓舞"先后在我省首届民间艺术会演和华东地区文艺会演中两次夺魁。著名舞蹈家张毅曾到陈官乡学短穗花鼓，短穗花鼓濒危，老艺人去世，继承人少。到20世纪80年代，全国舞蹈家协会会员李守信与张延水的儿子张洪祥共居三月，学习技艺。张洪祥将短穗花鼓精华毫无保留地传予李守信，使其载入《中国民族民间舞蹈集成》，永久流传。

短穗花鼓难度高，流传少。张洪祥兄弟曾培养5名女徒，3人外嫁，剩大徒张淑兰和二徒张玉梅嫁本村。张洪祥兄弟去世后，陈官乡文化站站长张兆海挑起继承发展重任，积极创新，改进演出形式，把原来一人打镲说唱、一人击鼓表演的传统，改为一人唱或两人对唱，多人以锣、镲、唢呐和大鼓等伴奏，数人乃至几十人集体表演的形式，更适应广场表演的氛围。短穗花鼓从原来的乞讨工具变为今天的庆祝工具，人们用鼓声舞步来歌唱幸福的生活及对更加美好未来的憧憬。

（三）金钱灯

"金钱灯"是利津县崔林村的民间舞蹈，道具由金黄纸剪成铜钱图案的盒子制成，内放蜡烛，光芒四射，故名。舞蹈动作轻稳、庄重、抒情，节奏严谨，队形变换新颖，画面绚丽壮美，独具特色。据传，"金钱灯"为崔家祖传技艺，先祖崔印贯因考取举人却未得官府录用，愤而编排此舞，既嘲讽封建社会的现实，也为家乡人民提供文化娱乐。

"金钱灯"的音乐主要是由锣鼓点组成。全舞共分3个程式："风调雨顺""引灯曲""九龙翻身"。参加演出"金钱灯"的人数可多可少，但最少不低于9人。"金钱灯"有一套传统的表现形式，服饰与戏曲的古装有点相似，男装英武中透着憨厚，女装俊俏秀美文静。

表演开始，男女演员亮出金钱灯，乐队奏起"风调雨顺"曲牌。锣鼓声中，演员成队上场，领队跑"跳四门"致贺词。人多时摆"福"字，人少时则由一演员拿"福"字亮相，寓意祝福。随后跑场子，变换队形，如"走元宝""五股穿心"等，均按规则衔接，图案美观，动作整齐。

"金钱灯"的艺术风格可概括为"颠如浪，颤如簧，行如云，停如墙"。颠是基本特点，需上身稳，下身如船颠簸；颤则要求舞步轻快，小腿有弹性，持灯随颤步摆动；行需稳快如云飘，如行云流水；停则造型稳健。这些特点共同构成"金钱灯"独特的艺术魅力。

"金钱灯"舞法中的上肢动作尤为关键，演员需灵活摆动小臂和手腕，主要动作包括挽灯、顶灯和错灯。挽灯需以右手舞灯成"∞"或"一"字；顶灯要求肩带臂动，灯在脑前开并成"一"字形；错灯则是手持灯上下错动，需与下肢动作相反且配合默契。这些动作充分展现了民间艺人的高超艺术才能，须准确无误，以呈现优美的画面和节奏。

近年来，"金钱灯"不断改革发展，成为黄河口人们赞扬劳动致富的艺术形式。村民认为看灯能更好地感受今天的幸福生活，越看生活越有奔头，前辈艺人也表示幸福玩灯灯更明。"金钱灯"这一民间舞蹈艺术受到越来越多群众的喜爱。

二、民间工艺

民间工艺是群众的、生活的、民俗的艺术，是经济和文化的双重载体。在旧社会，民间工艺就是民间艺人赖以谋生的饭碗。中华人民共和国解放后，在党和政府的关怀下，民间工艺得到大幅度发展。但是，改革开放后，随着经济的飞速发展，现代工业品对民间工艺的冲击非常大，很多的民间工艺后继无人，面临失传的危险。东营市自建制之初，便注重民间工艺的发掘和保护，并使其与当地老百姓的经济发展相联系，使黄河口的民间工艺焕发出夺目的光彩。

（一）黄河口刺绣

刺绣是中国古老的手工技艺之一。根据《尚书》的记载，4000多年前的章服制度，就规定"衣画而裳绣"。黄河口是个移民地区，各地的刺绣艺术互相影响，丰富多彩。

绣鞋垫，在过去曾经是各个地区女性最重要的女红之一。尤其是农村，种地之余或是冬闲，女人凑在一起，或纳鞋底，或绣鞋垫。鞋垫的花样很多，如果谁心灵手巧，能够创作出新的好看的图样，大家就争着拿来当样品描。现在，农村经济发达了，大部分人都穿成品鞋用成品鞋垫，很少有人再做鞋和绣鞋垫了。但是，在黄河口地区，仍然有很多女性，尤其是那些上点年纪的农村女性，依然喜爱在冬天绣鞋垫。

在黄河口大大小小的集市上，随处能看到卖鞋垫的。有的是已经绣好的，有的是印好图案，你只把丝线买回去，照着花样绣即可。尤其是在农闲季节，村村户户的妇女无不绣个十双八双甚至二三十双。绣好的鞋垫摆在床上，花花绿绿，各种花卉图案都有，充满喜庆和幸福。

（二）黄河口剪纸

剪纸，在黄河口地区有着"窗花"的亲切称呼，它是我国传统民间艺术中的瑰宝。自古以来，剪纸艺术在黄河口一带尤为盛行，特别是广饶、利津等西部地区，历史积淀深厚，剪纸技艺传承久远，形成了别具一格的地域特色。旧时的农村，媳妇们剪纸的技艺水平常被用作衡量其灵巧与否的标志，她们自然而然地成了剪纸民俗的传承者。黄河口剪纸与黄河流域其他省份的剪纸艺术血脉相连，又展现了渤海湾区域特有的粗犷与豪放。"小枣树，耷拉枝，俺家有个好妹妹。人又好，手又巧，两把剪子对着铰。

河这边铰个蝴蝶，河那边铰枝荷花，扑啦扑啦过河了。"这首在黄河口地区广为传唱的民谣，生动地展现了当地人们对剪纸艺术的深深喜爱。

黄河口民间剪纸的题材广泛，包括动物、花卉和人物等生活中喜闻乐见的事物。艺人们巧妙地运用谐音、象征等手法，创造出富有寓意的艺术画面，如"龙凤呈祥""事事如意""喜鹊登枝""连年有余"等。民间的巧手凭借丰富的想象力，以形传神，把精巧和创新以及美好的寓意融于一体，寄托着人们对美好生活的向往。他们熟练运用阴剪和阳剪的手法，巧妙搭配黑白色块，既有规矩又不拘泥于传统，剪出粗犷而精巧、简约而不单调、质朴而灵秀的艺术画面。

改革开放后，黄河口的民间艺术家更是在剪纸立意和技巧上用心琢磨，创作出了许多反映新时代面貌、胜利油田文化特色的经典作品，多次在省级及国家级剪纸大赛中获奖。这些作品不再满足于单一的题材和画面，而是多重组合，生活场景、工作场景、地域特色文化品物叠加在一起，使得剪纸有了丰富的情节和深厚的内涵。

（三）编织工艺

黄河口地区盛产柳树、芦苇和蒲草等，这些都是编织工艺的好原料。黄河口地区编织工艺历史悠久，出现了很多编织工艺村，涌现了很多技艺高超的编织艺人。今天，在黄河口的集市和城里的农贸市场上，仍能见到他们现场展示技艺的身影。

1.广饶棒槌花边

数十个特制的小棒槌在艺人们的手中来回穿梭、左右翻滚、上下跳跃，织出一件件构图新颖、线条流畅、玲珑剔透、秀丽多姿的花边工艺品，这就是闻名中外的广饶棒槌花边。

棒槌花边是广饶县的传统手工工艺品，已有上百年的历史。棒槌花边的制作工序十分复杂。首先，将花边的图纸轻轻铺展在圆盘形的草垫之上，随后，用金属别针细致地固定在图纸的各个关键部位，以确保编织时的位置和方向准确无误。其次，在棒槌的顶部精心缠绕棉线，将线头轻轻拉出，稳妥地固定在图纸的指定位置。艺人们手持小棒槌，依照图纸上精美的图案形状，以金属别针作为支点，巧妙地运用棉线进行扭绞、缠结，编织了独特且华丽的花边。这些产品不仅具有夸张而华丽的欧洲艺术特色，同时也彰显了细腻精密的中国传统艺术风格，每一件作品都充满了独特的魅力与风情。

棒槌花边原是欧洲传统的手工花边。在古代，欧洲民间巧妙地利用鱼骨作为别针，将其扎在垫子上，然后采用羊脚骨作为绕线管，精心编织了精美的花边。随着时代的变迁，这项工艺在19世纪末传入了中国山东省。1895年（清光绪二十一年），烟台的妇女开始学习并掌握了这种绕线管制作花边的技艺。由于绕线管在当地被称为"棒槌"，因此在中国，这种花边便得到了"棒槌花边"的雅称。进入20世纪，棒槌花边得到持续的发展。根据产区和产品风格的不同，棒槌花边可分为青州府花边和烟台棒槌花边两大类。广饶县的棒槌花边便属于青州府花边，因为当时广饶县归属青州府管辖。棒槌花边的早期作品大多为长条形、纹样似雕刻的楼梯等栏杆纹饰，所以棒槌花边被广饶群众称为"栏杆"。如今，棒槌花边已经成为中国传统手工艺中的一颗璀璨明珠，展现了中西方文化交融的深厚底蕴和无穷魅力。

广饶县的棒槌花边工艺别具一格，与常见的刺绣和花边技艺有着鲜明的差异。其核心生产工具是数十对小巧的木质棒槌，每根长约3寸，粗细与筷子相仿。这些棒槌一头精心缠绕棉线，另一头则系着一串珠子，它们不仅起到稳定棒槌的作用，还能使棉线保持适当的张力。根据花边设计的复杂程度，工匠会灵活选择使用多少对棒槌。棒槌花边拥有丰富的针法，如密龙、介花、方结、梅花果和六对抄等，每一种都有其独特的艺术效果。工匠巧妙地运用这些针法，通过细密对比、明暗交错、回旋穿插等手法，编织了各种绚丽多姿的花边图案。棒槌花边主要分为满花和镶拼两大类。满花作品以精细的棉线编制而成，整个图案以带形的"密龙"为主体，这些密龙回旋穿插，构成各种别致的花形。在编织过程中，艺人们注重的是花纹的形似而非逼真，追求的是装饰性和夸张变形的艺术效果，不受视觉、角度和比例关系的限制。这使得满花作品具有遍体透空的视觉效果，整体呈现了浮雕般的立体感。镶拼工艺则是将精心编织的花边与麻布绣花巧妙结合，共同构成一幅美丽的画面。所选择的麻布和绣花颜色与花边相得益彰，形成和谐统一的视觉效果。在绣花方面，工匠采用雕平绣技法，布线颜色统一，绣花针路凸显，呈现立体感。其间点缀着少数掏眼和扣锁工种，犹如夜空中稀疏的星星，点缀在绣花之上，营造了虚实相生的艺术效果。这种镶拼工艺使得花边作品呈现清淡素雅、恬静大方的气质，给人以宁静和舒适的感觉。当与花边连缀成套时，更是显得高雅而名贵，充满了艺术价值和收藏价值。每一件镶拼作品都是工匠心血的结晶，它们以独特的魅力，展示着广饶县棒槌花边工艺的精湛技艺和无限创意。

2.利津柳编

柳编制品作为我国民间广泛流传的手工艺品，以至于有"编筐、编篓，家家都有"的民谣。这种工艺之所以如此普及，其根源在于原料的丰富易得。在北方，人们常用柳枝、柽柳枝、桑条、荆条和紫穗槐条等材料来编筐编篓编篮子，这些原料在盐碱地和沼泽地均可轻易获取。柳条柔软易曲、粗细匀称且色泽高雅，经过艺人们别出心裁的设计，可以编织成各种既朴实自然又造型美观、轻便耐用的实用工艺品，深受人们喜爱。

黄河冲积的沙土地带很适于柳树的生长，充足的自然资源使柳编工艺得以长久地发展。利津柳编制作精细，有较高的实用价值和观赏价值。目前主要的产品，除传统的家用品种外，新增方盘、柳箱、花篮、面包篮、餐具架、端盘、吊花篮和提篮等，产品达数百个品种。由于他们编织的柳编制品样式新颖、坚固实用，深受消费者喜爱，产品畅销省内外，甚至远销国外。

3.苇编

黄河口地区滩涂面积广大，很适宜苇子的生长，碧绿的芦苇铺天盖地，一片连着一片，苇编具有得天独厚的条件。黄河口的苇编主要有广饶的苇席和利津的苇帘。

广饶苇编，其核心产品为苇席，其历史可追溯至明代，至民国时期则取得显著的发展。据1935年《续修广饶县志》记载，苇席的编织技艺在当地普及程度极高，无论老少，皆能娴熟掌握。大码头与西刘桥乡的北塔，在晚清时期便已成为民间知名的苇席交易中心。

广饶苇席的编织技艺精湛，成品严密紧凑，纹理清晰可见，四角方正，编道规整。其特性光滑柔软、美观轻便，且能兜水不漏，结实耐用，因此深受群众喜爱。在广饶的大码头、西刘桥等乡镇，人们的日常生活与苇席紧密相连，无论是床上铺的、晒粮晒棉用的，还是婚嫁时特制的铺床席、对席（图案像两席联为一体，取"成双成对"之意），甚至是春节时换新席以祈吉祥，都离不开苇席的陪伴。

利津苇帘则是另一知名民间传统工艺品，产品粗细均匀，不仅具有竹的坚韧与挺拔，而且呈棕黄两色交融，既美观又大方，其编织技艺之精湛，令人赞叹。苇帘的编织过程包括选料、剥皮、刮节、刷洗、编打5个环节，每一环节都需精心操作，以确保成品的光滑洁净，无断节，无污秆，整体平整且疏密一致，透明度高。自1973年起，利津县开始加工苇帘并出口，主要产品有窗帘、餐帘和大立帘等。这些苇帘产品轻便美观、精致耐用、光泽柔和，深受外商喜爱。

如今在东营市的集市上，还有老人在编蒲鞋，一边编一边卖，买者在买鞋的同时可以细细地欣赏蒲鞋的编结过程。

（四）齐笔

齐笔是广饶县大王镇盛产的毛笔的统称，它与浙江湖笔、安徽宣笔、河北衡笔并驾齐驱，被称为"中国四大名笔"。其中，齐笔的制作被认为是技术水平含量最高的。齐笔历史悠久，早在2000多年前的春秋战国时期广饶就有了"齐国笔乡"的美称。

齐笔的制作过程极为讲究，从精选原料到最终成品，每一支毛笔的诞生都需要经过一百余道烦琐而精细的工序。这些工序的每一步都凝聚着匠人的智慧和汗水，也成就了齐笔独特的品质。齐笔的特点是笔锋丰颖尖锐，笔身丰硕圆满，修削整齐，软硬适中，既坚劲有力又美观耐用。它的四德——尖、齐、圆、健，是评判一支好笔的重要标准。笔锋聚拢时末端尖细，易于展现细腻的笔触；笔尖压平后毫端整齐，使运笔时力度均匀；而"圆"则代表着笔毫饱满，书写时能够随心所欲地转动；"健"则是指笔的弹力，使笔触更富有生命力。

齐笔之所以能够传承至今并仍然享有盛名，与其严格的选材标准和精湛的制作工艺密不可分。从选料到成笔，需要经历浸、拔、梳、并、连和剔等多达一百五十多道工序，每一道工序都需手工完成，对技术要求极高。其中，有一个特殊的环节被称为"水盆"，这是因为该环节大部分工序都需要在放有石灰的水中完成。笔工长期在石灰水中劳作，手臂常常受到侵蚀，但正是他们的辛勤付出，才使得每一支齐笔都蕴含着深厚的文化底蕴和匠人的心血。制笔艺人们在各道工序上严格谨慎，不断创新，使得齐笔刚柔相济，用起来得心应手。两千多年的时光流转，齐笔不仅传承了儒雅内敛的孔孟文明，也渲染着这片土地朴实淳厚的文化氛围。

在广饶县，制笔工艺的生产模式一直以家庭作坊式为主。过去的文成堂、文山堂和育兴笔庄等老字号，皆工匠学徒众多。如今，这里的制笔传统依然延续，几乎家家户户都有制笔工匠。专门的制笔人家有六七百户之多，其中不乏几代传承的制笔世家。制作工艺在师徒之间代代相传，不断创新发展。

可以说，齐笔不仅是广饶县的一张文化名片，更是中华传统文化和民间工艺的重要代表。它承载着深厚的历史底蕴和丰富的文化内涵，也见证了制笔艺人世代相传的匠心与智慧。

第三章　石油文化

第一节　胜利油田发展概述

　　胜利油田位于黄河的三角洲冲积平原上，勘探开发区域涉及山东省的德州、滨州、济南、东营、淄博、潍坊、烟台和青岛等地，并已延伸至渤海近海，其主体面积约2.6万平方千米，是我国重要的世界闻名的石油生产基地，在地质上它属于渤海湾盆地，济阳坳陷区，成油条件优越，油藏类型多，油气资源富集，是典型的复合式油气田，它的开发和建设对于高速发展我国石油工业，改变我国的燃料构成和燃料工业布局，促进我国国民经济的发展，加速社会主义现代化建设具有非常重要的意义。

一、艰苦创业，荒原上建油田

　　1961年4月，华八井喜获工业油流，标志着胜利油田的发现，也揭开了华北地区和渤海湾盆地石油开发的序幕。从荒原开发会战，到建成我国第二大油田，胜利人始终传承践行的"铁人精神"已被列入中国共产党人精神谱系，激励着更多青年人不畏艰难，勇往直前。

　　在我国石油开发初期，一大批爱国知识分子放弃国外或大城市的生活，怀着爱国救国的强烈愿望，在列强侵略封锁的情况下，克服重重困难，披荆斩棘、筚路蓝缕、艰难前行，奔赴荒凉艰苦的开发前线进行石油勘探、开发。如果没有他们当初的爱国救国精神，就没有中国近代石油工业举步维艰的发展，所以说，这种精神是中国现代石油工业产生和发展的动力。在坚守人们为祖国献石油的初心时，也承担推动中国石油工业发展的使命，这是必须完成的光荣且重要的政治任务。其中埋头苦干是石油文化的奠基之石，是火种，是源头，更是全中国人民的共同精神财富。经过几代石油人苦干实干、艰苦卓绝的奋斗，彻底打破了中国贫油论。

在最艰难的时期，老一辈地质家和矢志开发祖国石油资源的创业者满怀爱国热情，克服难以想象的困难，为胜利石油的早期勘探钻井倾心血、洒汗水，在条件异常艰苦，没有任何石油工业建设基础的黄河入海口留下深深的足迹。

天然石油的潜在资源丰富，生产成本低，只是勘探周期较长，投资较多。而像中国这样的大国，要长远地、根本地解决石油能源问题，需要大量开采天然石油资源。中华人民共和国成立伊始，就在国民经济第一个五年计划中指出，石油工业在我国资源情况不明，因此需要大力勘查天然石油资源，积极发展石油工业。

二、保证重点，汇聚"为油而战"的力量

1955年7月30日，第一届全国人民代表大会第二次会议决定成立，石油工业部全面加强石油工业的生产建设工作，根据国家确定的方针，石油工业部把发展天然石油放在首要地位。胜利人肩负为油而战的神圣职责，在中华人民共和国成立后勘探发现并建成了胜利油田，有力支援了国家的经济建设。

1959年11月，石油工业部召开全国石油局长领导干部会议，总结石油工业发展中的经验，分析所面临的严峻形势，统一思想认识，确定了1960年的工作部署，余秋里在会议总结报告中提出，在国家把较大的物力财力优先投入主要方面的情况下，要把石油搞上去，就要在石油工业内部保证重点，如果工作没有重点，就没有全局性的关键所在，重要方面取得了决定性的成就，即便在其他方面发生了一定困难，全局来讲仍然取得了决定性胜利。这次会议是石油工业历史上一次非常重要的会议，明确发展石油工业的指导思想，确定"集中力量，保证重点"是发展石油工业的指导方针。

事实证明，中国人民完全可以依靠自己的力量勘探、开发、建设大油田。大庆油田1205钻井队在队长王进喜的带领下，靠人拉肩扛，将几十吨重的钻井设备装卸运到井场座位，1205钻井队在打第二口井时，王进喜还带着腿伤，拄着双拐，坚持在工地上指挥打井，在钻进过程中，突然发现有井喷的迹象，王进喜十分清楚，如果一旦发生井喷，整部钻机就有可能陷进地层，还会引起火灾烧毁设备。为防止井喷，需要加大泥浆密度但现场没有搅拌设备，在这紧要关头，王进喜一边命令工人增加泥浆浓度和密度，采取各种措施压制井喷，一边毫不迟疑地甩掉双拐跳进泥浆池，拼命地用手和脚来

回不停地搅动调匀泥浆，两个多小时的紧张搏斗过去了，井喷事故避免了，而王进喜和两名工人身上，却被碱性很强的泥浆烧起了许多大泡。王进喜这种为国家和人民心甘情愿吃大苦耐大劳、临危不惧、不惜牺牲个人的一切的崇高人格，是中国工人阶级优秀品质的鲜明体现。石油会战中，铁人王进喜"有条件要上，没有条件创造条件也要上"的奋斗精神，成为鼓舞会战广大职工不怕困难、艰苦创业的精神力量。

1961年4月16日，这是一个让所有胜利人永远铭记的日子，华八井提前完钻，获得日产8.1吨工业油流。位于东营背斜构造顶部的华八井喜获工业油流，证实了渤海湾东营地区含油的可能性，为在这个区域找到油气田提供有力的证据，进而确立华北平原作为中国石油工业发展战略阶梯的主战场地位，华八井获工业油流使华北平原石油勘探实现了零的突破，由此引发华北石油勘探会战，是中国石油工业发展的里程碑。

根据华北石油勘探出现的新局面，石油工业部迅即作出在东营地区重点勘探的决定，1961年10月下旬，石油工业部将华东石油勘探局的队伍由江苏调到山东，集中力量加强东营坳陷北部地区及黄河以南，广饶县牛庄以北地区的勘探工作，华东石油勘探局与华北石油勘探处合并组成新的华东石油勘探局机关迁至东营，加强了东营地区的勘探力量和领导力量。至此，在黄河三角洲这块肥沃的土地上，石油勘探的工作蓬勃展开，捷报频传。

1962年9月23日，因营二井喷出高产油流，所以将当时对外保密的"广北农场"，改称"九二三厂"。1963年，发现济阳坳陷内最大的油田胜坨油田后，因为油田范围内有胜利村这个地名，此后把在济南坳陷内发现的油田统称为胜利油田。

华北石油勘探会战打开了我国东部渤海湾地区的勘探局面，开辟了继大庆油田之后的重要石油工业生产基地，胜利油田的勘探开发改善了全国的燃料构成和石油工业布局，使华北、华东以至整个环渤海湾地区石油工业状况大为改观。

1964年，石油工业部陆续从大庆、玉门和青海等地调集会战职工队伍两万多人到达东营地区，展开了大规模的勘探会战。坨11井是当时全国日产原油最高的一口油井，也是中国的第一口千吨油井，作为胜利油田的功勋井，成为中国石油勘探开发史上的一座丰碑。

1966年1月，时任全国人民代表大会常务委员会委员长的朱德到九二三厂视察，赋诗《参观胜利油田》，提到"学大庆，赶大庆，胜利必然归你们"。依靠石破天惊的科技力量，"金钥匙"打开了石油勘探开发的新宝藏，不仅使老油田的储量成倍增加、新油田相继发现，也为发展滩海，开辟海上油田提供了坚实的理论基石。

三、不断改革，从胜利走向胜利

1984年和1985年的两年时间里，胜利油田每年原油递增400多万吨，胜利的滚滚油流，不断地助力祖国方兴未艾的改革事业。20世纪80年代初期，胜利油田向日本、菲律宾、泰国、罗马尼亚、巴西、意大利和美国等国出口原油9000多万吨。

2016年，胜利油田面临着后续资源接替不足、成本结构不合理、效益稳产难度大等一系列严峻挑战。这些问题不仅考验着企业的运营智慧，更要求我们在思想观念、体制机制上进行一场深刻的变革。为应对这些难题，胜利油田坚定地选择了以党建为引领，推动油田的改革发展。在这一变革中，胜利油田坚持党的领导和企业治理的有机统一。这意味着党的领导不仅体现在宏观的战略决策上，更深入企业的日常运营和管理之中。党建责任与经营责任的有机统一，使得党建工作与企业的经济效益、社会效益紧密相连，相互促进。

为了更好地发挥基层组织的战斗力，胜利油田将其转化为企业的核心竞争力。这种转化并不是简单的相加，而是通过一系列的制度设计、流程优化和文化培育，使基层组织的活力和创新能力得以充分发挥，从而推动企业整体竞争力的提升。为了实现这些目标，胜利油田进行了一系列的组织架构调整。原本16家开发单位下辖的484个采油矿、队，在2017年被全部调整为115个采油管理区。这一变革大大提高了管理效率和响应速度。管理区被赋予了经营决策优化权、自主经营权等7项权利。这些权力的下放，使得管理区在经营决策上更加灵活和自主，能够更好地适应市场的变化和需求，也激发了管理区员工的积极性和创造力，推动了企业的创新和发展。

2017年，胜利油田全面启动"三转三创"主题活动，即转观念、转方式、转作风，创效益、创一流、创和谐。这一活动旨在引导全体员工转变思想观念，创新工作方式和方法，树立良好的工作作风，从而创造更好的经济效益和社会效益。同时，通过创建一流的企业文化和和谐的企业环境，进一步提升企业的凝聚力和向心力。在这一变革过程中，"一切工作向价值创造聚焦，一切资源向价值创造流动"等新理念逐渐深入人心。这些理念强调了价值创造在企业运营中的核心地位，要求全体员工都要围绕价值创造来开展工作，将有限的资源投入最能创造价值的地方。这不仅提高了企业的运营效率，也为企业的长远发展奠定了坚实的基础。面对资源接替不足、成本结构不合理等难题，胜利油田通过党建引领、组织架构调整、理念创新等一系列措施，成功地实现了企业的转型升级。这一变革不仅提升了企业的竞争力和效益，也为整个石油行业的改革发展提供了有益的借鉴和启示。

近年来，胜利油田党委坚持全面可持续高质量发展的战略导向，科学谋划并实施了"五大战略、三大目标"的规划布局。在深化改革、管理创新等方面，胜利油田党委以空前的力度推进各项举措，通过油公司建设、专业化管理、市场化运营、社会化创效等核心措施，逐步构建起现代化管理体系，有效激发老油田的发展潜力。胜利油田党委紧密结合行业发展实际，明确提出了"价值引领、创新驱动、资源优化、绿色低碳、合作双赢"的"五大战略"。这些战略旨在推动油田在科技创新、绿色发展、人才培养、市场竞争和国际化合作等多个领域取得显著成效，为全面可持续高质量发展奠定坚实基础。在追求经济效益的同时，油田注重履行社会责任，加强环境保护，积极为清洁能源供应和生态文明建设贡献力量。这一目标的制定，体现了胜利油田党委对可持续发展理念的深刻认识和坚定实践。

为实现上述战略和目标，胜利油田党委采取了一系列切实有效的举措。在公司建设方面，通过优化组织架构、完善管理体系、提升运营效率等措施，不断提升其核心竞争力。在专业化管理方面，油田注重培养专业化人才队伍，推动业务精细化、专业化发展。在市场化运营方面，积极参与市场竞争，拓展业务范围，提升市场占有率和盈利能力。在社会化创效方面，积极履行社会责任，推动与当地经济社会的融合发展，实现企业与社会的和谐共生。

胜利油田党委在推进各项举措的过程中，始终坚持以人为本的管理理念。通过加强员工培训、提高福利待遇、改善工作环境等措施，不断提升员工的获得感、幸福感和安全感，激发员工的工作热情和创造力。这种以人为本的管理理念，为胜利油田的全面可持续高质量发展提供了有力保障。深化改革、管理创新、推进重点举措等的实施，不仅为胜利油田自身的可持续发展注入了新动力，也为整个行业的转型升级提供了有益借鉴和启示。

进入新时代，胜利文化以昂扬的精神引领着众多石油人继续坚定地"为国找油"的步伐，形成了以"六个坚守"为代表的文化内涵，包括坚守忠诚担当的政治品格、坚守创新创业的奋斗本色、坚守求实奉献的优良作风、坚守清正廉洁的品德操守、坚守开放共享的时代理念、坚守办实事开新局的价值追求。

当胜利人站在"十四五"更加壮阔的历史舞台上谋篇布局时，这条胜利之路已经被赋予了新的时代内涵和发展路径。到2025年，夯基固本、提质量增效益，推动领先企业建设取得实质性进展。到2035年，持续创新、产业引领，跻身世界领先企业，建成百年油田。在此基础上，持续推进、接续奋斗，全面提升领先水平。新一代胜利人正从前辈的手中接过历史的接力棒，站在新起点，向着"建设领先企业、打造百年胜利、推动高质量发展"的愿景目标奋勇前行。

第二节　石油人的观念变迁

20世纪50年代，新中国的石油资源极其稀缺。1964年1月，国家正式批准组织华北石油勘探会战，开展了继大庆石油会战之后的又一场石油勘探和油田开发建设会战。在东营市西城的油田职工聚居区，生活着从第一批油田开发会战中走来的"油一代""油二代"们，随着大量"油三代"们走出入海口，一代代石油人的观念发生着巨大的变迁。本节内容以口述实录的方式呈现这种文化变迁，被采访者是东营市某高校教师，是"油二代"的一员，采访者是"油三代"中的一员。

一、序："为国找油"的梦想，激励着老一辈石油人上下求索

姥爷是1966年从农村走出来，招工到油田参加"会战"的。听老妈说，胜利油田建立之初的名字是个数字，叫"九二三厂"，当时有保密性质。建厂之初的工作大都是基建方面的，"非常累"。姥爷当时被分到了油田的水电厂，跟姥姥说"天天挖沟，比在村里种庄稼还累"。但是姥姥认为这是"离开农村，不用再土里刨食、看天吃饭"的机会。姥爷一直咬着牙坚持会战。经历会战的艰苦之后，姥爷也养成了"哪苦就把孩子摔哪去"的家风。大舅工作的时候属于直接招工，姥爷让他选了最累的"作业工"工种，那时

候"虽然饿肚子，但是没有人喊叫过，该干活照样干活"。这种坚忍、坚持、不服输的性格深刻地印在大舅、姨妈和妈妈的血液里。石油系统里一直有这种"子承父业"的现象，这代表的不仅仅是一个职位的传承，更重要的是在那个年代，父辈传承给下一代的一种坚守，一辈子做一件事，扎进去就不回头的精神。

从1976年开始，油田有政策让职工"上家属"，就是允许正式职工带着老婆孩子到油田居住生活，妈妈一家从此有了"油田人"的身份，也就此告别地理学意义上的故乡。油田建设初期，生活条件很艰苦，职工天天会战，老婆孩子统称为"家属"，都聚居在农场，也叫"农业点"的地方。1977年9月，姥姥带着四个孩子来到位于山东滨州的马坊农场，有了油田分配的区别于职工的工作：从事种庄稼等后勤劳动。在这里安排农活的主要目的是安置家属，为职工解除后顾之忧。农业点的生产主要是给油田职工供应部分口粮，属于集体生产方式。妈妈家有兄弟姐妹四个，都在农场的幼儿园、小学、初中上学，配套服务初具规模。经过极其艰难的六七十年代建设开发之后，油田的职工的物质生活开始好转，"工资稳定、医保保障力度大、生活福利好"。至于不好的地方，那就是"荒凉"，大多数油田厂矿都彼此独立地建在人烟稀少的荒郊野岭，就像《我为祖国献石油》的歌词一样，"哪里有石油哪里就是我的家"。

二、20世纪80年代：回不去的故乡

四十年来，母亲从出生在油田的"油二代"，到大学毕业后分配到油田石化总厂当工人，到读研后进入石油化工学院当老师，到现在的每一个人生阶段都刻上了深深的石油印记。改革开放的这四十多年，恰恰就是老妈成长、读书、工作的四十年。四十年里，老妈的生活一再跃迁，不变的，是她一直未曾也无法丢弃的"油二代"身份。1981年开始，国家对胜利油田实行原油产量"包干"政策。国务院决定，对石油工业部实行原油产量1亿吨大包干政策。胜利油田作为试点率先推行原油年产量的包干。中国石油石化产业开始进入全产业链快速发展期。采用新的科技理论探寻新的石油资源，更需要激发活力，爱钻研的舅舅尽管只有初中文化，而且成家有了孩子，但依然利用工余时间自学了高中知识，考上了胜利油田职工大学，学习矿场机械。

20世纪80年代初，国家拨款和农业点的生产是能够保障每个职工家庭的

生活的。大家都住在统一建起的平房里，住同一排平房的人就是最亲近的朋友。1985年大舅结婚的时候，"邻居们每家摆一桌酒席帮咱家招待客人，这家的女主人是'主厨'，男主人就是'主陪'，邻里关系特别和睦。"那时到年底油田统一给大家分粮食、猪肉、卫生油（就是棉籽油，因为是机器榨的，更卫生，因此得名，后期就能分更贵一点的花生油了）等生活必需品，统一拉大白菜、苹果分到家家户户，老妈最爱吃的是"国光"苹果，"一分就是两三筐，放在菜窖里，每天上学带一个路上吃，够吃一个冬天"。

妈妈童年的时光就是在给她留下深刻记忆的"马坊农场"度过的，地理学意义上的故乡，妈妈到现在也只回去过两次，"一次是小学三年级寒假，一次是初中二年级暑假，跟父亲回老家给爷爷过七十大寿"。所以对于"籍贯"，妈妈的印象是模糊的，就是农村"黑黑的屋顶""一家一个旱厕"和"不太亲近的爷爷奶奶"。

从小出生、长大的"马坊农场"，是妈妈心里的故乡。随着时代转场，孩子们依次升学、招工离开这里，第一批家属也在老去，1990年前后，职工们分批次带家属定居矿上，油田的农业点不再有后期劳动力的补充，逐渐消失在人们的视野中。

人们往往用省、市、县来表述自己的家乡，对于"油二代""油三代"来说，如果被问到自己的老家在哪里，这是很难解释的事情。对妈妈这个"油二代"来说，地理上的故乡缺少归属感，她记忆深处充满欢乐、无忧无虑的时光都是在"马坊农场"度过的，这个现在在高德地图都搜不到的地方，寄托了她无限的、再也回不去的乡愁。

三、20世纪90年代："优越感"从何处来？

经过20世纪80年代中期的开发建设会战，胜利油田原油产量大幅度增长。妈妈回忆，尽管远离城市，但她从小并没有过多地感受到物质上的贫乏。1990年全家离开农场到矿上定居后，生活质量发生了跃迁，"矿上什么都有"。油田"基地"（胜利油田机关所在地）建有邮局、银行、文化宫、影剧院和职工医院，各个采油厂设有幼儿园、子弟小学、卫生院，后勤配套设施很全，从出生到退休的所有阶段都能做到"自给自足"。

"夏天矿上的冰糕厂自己做冰棍，给工人免费发"，妈妈提起这事总是眉飞色舞，因为去领冰棍是当时上初中的她最喜欢干的活，从家里跑到矿上冰糕房就几百米，"家家都是让孩子去领冰棍"，妈妈提着厂里发的保温桶，"每次都能装满一桶，一次吃不了就等着冰糕化成水喝掉，奶油味特纯正"。"做饭用天然气，又干净又方便"，"冬天家里的暖气很足，用水用电都是免费的"……现在回忆起来妈妈脸上都洋溢着满满的幸福感。作为"油田的孩子"，1995年，妈妈一路从油田子弟小学、中学读到大学，毕业后被分配到胜利石化总厂工作，"子女分配工作"是当时油田职工的福利，"在子弟学校读完小学读中学，没考上大学就念技校，毕业后分配进厂工作"等种种福利，让"油田人"充满优越感。

四、20世纪的第一个十年：不想过那种一眼望得到头的生活

如此安逸的油田生活，终究是随着国企改革的到来画下了终止符。20世纪90年代中期，为了推动市场经济，国有企业大力开展减员增效，最先受到冲击的是依附于油田生存的后勤服务部门。尽管工作在生产一线的妈妈没有受到下岗的威胁，但面对依然安逸的油田工作，她还是选择了考研，因为"不想过那种一眼望得到头的生活"。

图1 2008年中国石油大学（华东）毕业典礼上学校会场张贴的鼓励标语

与妈妈的选择不同，在胜利油田幼儿师范学校读书、毕业后被分配到油田幼儿园工作的姨妈从1988年幼师毕业之后，在油田幼教系统工作了三十多

年，她喜欢这种稳定的、"一眼能望到头"的生活。随着油田生产"寒冬"期到来，2017年国资委下发文件，要求各地加快剥离国有企业办社会职能和解决历史遗留问题，把"三供一业"（供水、供电、供热和物业管理）、医疗、教育、消防、社区管理和市政设施等职能移交给政府管理。胜利油田"三供一业"分离移交工作量占到山东省、中石化近三成，被国务院确定为独立矿区分离移交试点单位。姨妈说，"谁也不会想到工作三十年后身份还会发生改变"，她所在的幼儿园就属于"移交"之列，姨妈说："工作内容没有改变，但管理单位由油田改为了东营市"。对于企业来说，需要轻装上阵专注主业，这是市场经济和公共服务体系的完善带来的巨大变化。

五、千禧之后的"油三代"：去看更大的世界

不会说方言是油田人最明显的特征，油田的第一批建设者来自五湖四海，为了沟通方便，大家都用普通话交流，这一点尤其体现在"油二代""油三代"身上，后代从出生起，就没有学过东营方言。妈妈认为"普通话变成通用语，跟地方的交流必然存在隔阂"。从这个意义上说，油田也就成了教育文化上的孤岛。

胜利油田机关驻地在山东省东营市，东营的初升高政策在山东省内乃至全国都是有点奇怪的。这里面的历史因素，就是油田与地方的差异和隔阂，显然不是一天形成的。"比如学籍在油田的初中生不能报考市一中二中；学籍不在油田学校的初中生不能报考油田高中；学籍在其他区县的初中生不能报考油田高中和市一中。"高中班主任杜老师对此深有感触，"但凡事有例外，除了学籍，每个学生还有户籍。因为国家有在外打工子女可以回户籍所在地中考的政策，东营也必须执行这个政策，如果是户籍在东营市区的学生，即便学籍是油田初中或者区县初中，仍然可以考市一中；如果户籍在油田，即便学籍在东营市，也可以考胜利一中。"在东营这个既普通又特殊的城市，油田和地方的很多东西迥异，教育是其中不能回避的情况之一。如果初中在油田、高中在市区高中的油田学生，10个孩子中有9个会感觉油地"很难融合"。我采访了十多个初中在油田学校上学、父母在油田工作，但高中进入市一中上学的学生，他们这样描述。

"和他们一比，我们好像非常幼稚。""他们觉得我们是特殊群体，和我们有距离感。""价值观不一样，有时候有些事，他们觉得正常，我们就

觉得不能接受。"……

我想油田文化和地方文化的不同在于融合中存在隔阂的深层原因。无论父母这辈的"油二代"还是像我一样的"油三代",姥姥姥爷这辈人本就是迁徙而来的,下一代也不畏惧继续迁徙,所以油田人一直有这种意识——我只是现在在这里而已,有朝一日我会离开的。要"出去读书,去看更大的世界",是许多油田子弟从小听到大的教诲。而几辈都在东营的所谓"地方"上的孩子,相比来说更依赖上一代人造就的熟人社会,他们有那种能走出去就走出去,走不出去就回来的淡定。

随着时代的转场,四十多年的改革开放推动着无数人命运的变迁。以姥爷为代表的"油一代"被国家从五湖四海调来,以母亲为代表的"油二代"或扎根于油田工作、或读研、或"外闯市场",我们"油三代"接受了父辈提供的优质教育资源,又重新散落于五湖四海。无论哪一代人,都是"生活在别处",但这些渐渐消逝的关于油田、农场、矿上的故事,汇聚成了国家得以从石油"贫国"变为石油大国、再至强国的可能性。

第三节　胜利价值观

胜利油田长期勘探开发,不仅积累了宝贵的物质基础,留下了大量石油石化行业的发展印记,同时培育形成了以爱国、创业、创新、开放为时代内涵的价值观。回顾胜利油田60多年的光辉历程,既是一部砥砺奋进的石油奋斗史,也是一部塑魂育人的精神传承史。"苦干实干""三老四严"已成为石油人的文化传统,对党忠诚、矢志报国已成为石油人的不二选择。这不仅是石油石化产业的立身之本、创业之魂,还是整个中国工业战线精神层面的巍巍丰碑,无论过去还是将来,我们都要传承弘扬,不断开创改革发展新局面。新时代催人奋进,新征程任重道远。基业长青需要文化引领,伟大的事业孕育崇高的精神,崇高的精神支撑伟大的事业。胜利文化的建设目的就是从60年发展历程中汲取丰厚滋养,激活深厚文化底蕴,为打造百年胜利提供强有力的精神支撑。

随着科技的飞速发展和社会的不断进步,石油行业正经历着一场前所未有的变革。在这场变革中,胜利油田以其深厚的文化底蕴和前瞻的战略眼光,成为引领石油文化发展的重要力量。

一、技术驱动的变革

胜利油田在技术进步的浪潮中，积极拥抱新技术，不断推动技术创新。他们不满足于传统的钻井技术和采油方式，而是致力探索更高效、更智能的生产方式。通过引进数字化钻井系统和智能采油技术，胜利油田实现了生产过程的自动化和智能化，大幅提升了生产效率。这种技术驱动的变革，使得胜利油田在激烈的市场竞争中立于不败之地，并为整个石油行业的技术进步作出重要贡献。

二、环保意识的强化

在全球环保呼声日益高涨的背景下，胜利油田积极响应，致力实现绿色、可持续发展。他们不仅关注石油的开采，更重视生态的保护和恢复。通过引进先进的环保技术、优化生产流程以及降低污染物排放等措施，胜利油田在实现经济效益的同时，也为生态环境保护作出积极贡献。这种环保意识的觉醒使得胜利油田在追求经济效益的同时，更加注重社会责任的担当，为其树立良好的企业形象。

胜利文化不仅继承了艰苦创业、勇于创新的精神内核，还融入现代的开放、包容、合作的新元素。这种文化的演变，使得胜利油田在面对挑战时更加从容、自信。油田二级企业一直倡导团队协作、鼓励创新思维，为员工提供广阔的发展空间。员工在企业的关心和支持下，积极投身创新实践，不断攻克技术难题。在与外部合作伙伴的交流与合作方面，共同推动石油行业的进步。这种开放、包容、合作的石油文化，为胜利油田的长远发展提供了强大的精神动力。

三、注重履行社会责任，展现国企担当

胜利油田作为大型国企，一直注重履行社会责任，通过积极参与公益事业、关注区域经济社会发展、技术创新和资源投入等多元化方式为当地经济和社会发展提供支持。这种关注社会责任的石油文化，不仅能够提升胜利油田的品牌形象，也增强了企业与社会的互动与沟通。胜利油田实际行动诠释了一个大型企业应有的社会责任感和使命感。在推动区域经济社会发展方面，胜利油田积极参与当地的扶贫工作，通过技术转移和就业培训等方式，

帮助当地居民摆脱贫困。关注教育领域，资助当地学校建设和发展，为孩子提供更好的教育条件。这些举措不仅展现了胜利油田的社会责任感，也为企业的长远发展奠定了坚实的社会基础。

展望未来，胜利油田将继续发挥其在技术创新、环保意识和社会责任等方面的优势，引领石油行业的可持续发展。随着智能化、自动化技术的进一步普及和应用，胜利油田有望在提高生产效率、降低能耗方面取得更大的突破。同时，随着全球能源结构的调整和可再生能源的发展，胜利油田将积极探索与可再生能源的融合发展，为构建可持续的能源体系作出积极贡献。在未来的发展中，胜利油田将继续秉持创新、环保和社会责任的理念，为石油行业的繁荣和发展注入更多的正能量。

习近平总书记在2021年视察胜利油田时指出，"要继承和发扬老一辈石油人的革命精神和优良传统，始终保持石油人的红色底蕴和战斗情怀，为社会主义现代化建设事业作出更大贡献。"胜利油田于2022年3月提出"爱国、创业、创新、开放"的胜利价值观。胜利价值观是胜利文化的灵魂，是全体胜利人的共同价值追求。

爱国是胜利人最赤诚的精神底色。胜利油田被发现的六十多年来，始终坚守"我为祖国献石油"的责任使命，自觉把油田发展与党和国家命运紧密联系起来，以生产原油12.7亿吨的骄人业绩，挺起中国石油工业的脊梁，成为党和国家最可信赖的依靠力量。胜利人的"爱国"，就是始终坚持"胸怀全局、为国担当"，全力加大油气勘探开发力度，加快油气资源战略突破，在端牢能源饭碗中扛起胜利担当。

创业是胜利人最坚韧的精神特质。胜利人以高昂的创业激情为祖国献石油，一代代胜利人始终保持一股干劲、一种拼搏精神、一种顽强毅力和一种不屈性格，为胜利油田持续稳定发展立下不朽功勋。胜利人的"创业"，就是始终坚持"艰苦奋斗、攻坚克难"，加快绿色转型发展，全面推进高质量发展，在新时代新征程中贡献胜利力量。

创新是胜利油田最深沉的精神禀赋，唯有创新方能超越。胜利人求真、求实、求突破，敢闯、敢试、敢争先，在理论上探索，在技术上攻关，在管理上变革，攻克了一系列油气勘探开发世界级难题，创立胜利特色管理模式，走出一条独具特色的胜利创新之路。胜利人的"创新"，就是始终坚持"敢于探索、勇于变革"，自觉肩负科技创新、管理变革的时代使命，在做强、做优、做大国有企业中展现胜利智慧。

开放是胜利人最豪迈的精神气魄。60年来，胜利人胸怀壮阔，逢山开路，遇水架桥，以开放的视野立足胜利，发展胜利，坚持引进来走出去，更加注重内引外联，推进更大范围、更宽领域、更深层次开放合作，在经济社会发展中彰显了胜利作为。胜利人的"开放"，就是始终坚持"合作双赢、融合发展"，更加注重引进来、走出去，推动更大范围、更宽领域、更深层次开放合作，在融入区域经济社会发展中体现胜利作为。

胜利油田将每年4月16日作为"优良传统教育日"，将4月确定为"优良传统教育月"，以不断推动石油人的优秀传统在新时代不断发扬光大，为实现"两个一百年"奋斗目标、实现中华民族伟大复兴的中国梦做出新的更大贡献。①

①对于胜利价值观的阐释引自"中国石化胜利油田"微信公众号。

第四章　红色文化

第一节　黄河口红色文化概况

　　文化作为社会意识的核心内容，是一定社会发展阶段经济与政治的反映。因为社会意识具有相对独立性，所以文化又在一定程度上影响和制约着社会经济的发展。红色文化的产生并非偶然，是马克思主义中国化的具体体现，有着深刻的历史原因和社会背景，是由人民群众创造的、凝聚马克思主义理论和中华民族奋斗精神的先进文化，是物态文化和精神文化的统一。黄河口地区是中国共产党领导的著名的抗日根据地之一，也是全国最早解放的地区之一。黄河口红色文化的形成，既是马克思主义理论广泛传播并得到群众普遍认同的结果，同时也是红色理论与地域文化相互作用的结晶。黄河口红色文化资源内容生动、感染力强，是增强社会主义意识形态凝聚力、建设社会主义核心价值体系的重要资源。

　　黄河入海口包含东营市的三区两县，自新民主主义革命以来就是红色文化形成与传播的重要基地。早在第一次国内革命战争时期，境内就有党的活动，1925年成立的中共延集支部、刘集支部，均属于全国最早成立的农村党支部，其中中共刘集支部保存了中文首译本《共产党宣言》，先进理论的传播助推了革命火种的燎原，黄河口地区涌现出无数仁人志士，他们为谋求革命胜利、民族独立与国家强盛而上下求索。

　　从传统到现代，在中国的发展进入新时代之际，在文化转型的背景下，黄河口红色文化也经历了本体化嬗变。无论是因外来文化冲击作出的应对，还是建立对于民族文化的自信，增强文化认同，红色文化都不应该缺位。黄河口红色文化体系内容博大精深，思想严谨，既是对黄河口传统文化的继承，也是黄河口地区新民主主义时期以来革命与建设实践的成果的集中体现。对于区域的发展来说，如果没有共同的价值观与文化认同体系，也就失去了共同的精神家园，失去了区域发展的凝聚力。梳理黄河口文化的类型，在文化转型的视域下审视发掘黄河口红色文化的内涵，传承黄河口红色文化的历史与现代价值，有助于黄河口人民更加自觉、更加主动、更加自信地推动黄河口地区文化的繁荣兴盛和经济社会的发展。

革命与建设时期留存下来的丰富的红色文化及其物态载体，是极为宝贵的人文精神财富。发掘黄河口红色文化的内涵，传承宝贵的精神财富，重新认识黄河口红色文化的地位及价值，对于区域先进文化建设及经济社会发展具有重要的现实意义。黄河口红色文化是黄河口地区的群众在新民主主义时期、在马克思主义理论指导下不屈不挠、坚忍抗争的先进文化，也包括从实际出发、实事求是、勇于创新的价值取向，集中体现了新民主主义革命、社会主义革命和社会主义建设时期黄河口人民不怕牺牲、艰苦奋斗、无私奉献、爱党爱军的优良传统，是建设社会主义先进文化的重要组成部分。"奋勇争先"的宣言精神和"开拓创新"的垦区精神是黄河口红色文化的核心。

一、黄河口红色文化分布状况

黄河入海口为黄河淤积平原，河网密布，部分沿海地区盐碱状况较重，比较贫瘠，区域南部土地肥沃，经济文化较为发达。黄河入海口地区是中国共产党开展建党活动较早的地区，早在1923年就有广饶籍革命志士经党的早期领导人介绍入团入党。这些认同、接受了先进思想的青年受组织派遣返回家乡，积极发展党员，广饶的党组织逐步发展壮大，中共寿（光）广（饶）小组在1924年成立，隶属中共济南地方执行委员会。支部成立后，在群众中积极宣传《向导》《中国青年》《新青年》等进步刊物，并在广饶县进行党团的秘密发展工作。早在1925年，黄河口地区最早的独立党支部——中共延集支部和刘集支部成立。在这些黄河口地区早期共产党员的影响和带动下，思想觉醒的知识分子、有志青年加入了中国共产党，通过各种形式广泛传播马列主义，抗日战争时期清河区与冀鲁边区合并成立渤海区，这是山东省最大的平原抗日根据地，它东临渤海，西接冀中区，南接鲁中区，北抵天津静海，面积约5.4万平方公里，抗日战争时期发挥了游击战的重要作用，解放战争时期是整个华东的后勤基地。中共清河区委在垦区建立抗日革命根据地后，以原利津县东北部、今垦利区永安镇为中心，肩负了抗日、剿匪、对抗国民党顽固派的任务。抗日根据地的建立打通了与冀鲁边区的联系，成为抗日力量最活跃的地区之一，垦区成为清河区的政治经济文化中心和战略后方基地，垦区抗日根据地以它独特的地理环境和重要的战略位置，成为当时山东六大战略区之一，为清河区、渤海区主力部队以及兄弟部队隐蔽和休养生息，为壮大和发展革命力量，为支援胶东、鲁南等抗日根据地，发挥了重要作用。解放战争时期，根据地为前方抗战提供了经济支持和医疗保障，被称为"小延安"。为了保卫革命胜利果实，迎接全国的解放，黄河口地区的人民积极参军、土改、支前、南下，在解放战争中继续作出了黄河口人民的牺牲奉献。

黄河口红色文化是国家处在危难时的产物。自《共产党宣言》由陈望道在上海翻译印刷并秘密发行开始，先进的思想在广袤的黄河口地区传播开来。五四运动时，黄河口地区的进步学生团体组织青年学生3000多人，在广饶集会，宣传抵制日货、反对日本占领胶济铁路和青岛，呼应北京青年的壮举。1923年黄河口地区就有延伯真、李耘生等先进分子加入中国共产党，1925年中共刘集支部成立，成为全国最早的农村党支部之一，为早期革命斗争及党组织的发展奠定了坚实的思想和组织基础。九一八事变是东三省沦陷的开始，七七事变置中华民族于危难之中，山东大部沦陷，在这民族危亡之际，黄河口建立了清河抗日根据地，黄河口人民翻身斗争、争取自由的革命热情高涨，马克思主义思想在这里得以传播和实践。

二、《共产党宣言》广饶藏本的学术研究史

《共产党宣言》（简称《宣言》）作为无产阶级政党的纲领性文献，阐述的原则、纲领及使命规定了中国共产党的执政属性，奠定了中国共产党初心的理论底色。1920年8月，由陈望道翻译的首版中文全译本《宣言》在上海出版，其中一本传入广饶，像火种一样将马克思主义理论传播到黄河入海口地区。《宣言》广饶藏本是唯一在中国农民中流传、使用和保存的国家一级文物，充分印证了五四运动后马克思主义在中国传播的广度和深度。习近平总书记指出，"《共产党宣言》是一个内容丰富的理论宝库，作出的理论贡献是多方面的，值得我们反复学习、深入研究，不断从中汲取思想营养"。

三．对《宣言》广饶藏本的研究

1985年《宣言》广饶藏本在文物征集中被华东石油学院［现为中国石油

大学（华东）］余世诚教授发现，经多方调研，认为广饶本《宣言》是马克思主义经典著作中直接产生过独特实践价值的特殊"孤本"。其实践价值在于这是唯一在农村党支部使用、传播和保存的马克思主义理论著作，学术价值在于广饶本与上海档案馆藏本相互佐证，打破了"孤证不立"的状态（郭海龙，2021）。《宣言》思想指导了鲁北平原农民的革命斗争，锻炼培养了革命骨干，同时也极大鼓舞、教育了广大贫苦农民（王梦悦，2018）。因为《宣言》中的阶级斗争思想运用到中国革命的具体实践，毛泽东进一步明确了中国革命实质上是农民革命的观点（李成林，2022）。

四、《共产党宣言》广饶藏本传播的现代价值

1. 信仰是中国共产党从苦难走向辉煌的精神支柱

信仰，是内心深处的追求和坚持，特别对于党员来说，正是有了坚定的理想信念，无数的共产党员在实现中华民族伟大复兴的征程中不屈不挠、前仆后继，1933年至1941年间，中共刘集支部四任书记壮烈牺牲。李耘生牺牲前对敌人说："我的遗嘱就是盼望亲人与你们斗争到底！"也正是凭借坚定的理想信念，我们党才凝聚起强大的战斗力，带领中国人民从苦难走向辉煌。要想我们的政党更加坚强有力，需要每一位党员在理想信念上坚定不移。深刻学习理解马克思主义以及马克思主义中国化的成果，坚持学而信、学而思、学而行，把学习成果转化为理想信念，铸牢坚守信仰的铜墙铁壁。

2. 人民情怀是党员干部立身干事之本

根据当年刘子久的回忆，当年刘子久与延伯真、刘雨辉结伴回家，听刘雨辉说过给村里带了一本《宣言》，当时并没有在意，觉得农民也没什么文化，看不懂这样的书，可后来刘子久大吃一惊：他们不仅能看，还能运用到斗争中去！农民真是一支不可忽视的革命力量。需要密切联系群众，把群众安危冷暖放在心上，及时准确了解群众所思、所盼、所忧、所急，把群众工作做实、做深、做细、做透。《宣言》的传播过程印证了"人民群众是历史的创造者"这一唯物史观的重要观点。

3. 奋斗是攻坚克难、奋勇向前的不竭动力

从革命时期的保存传播《宣言》，到建设时期的胜利油田的开发建设，再到改革开放时期的艰苦创业，在东营处处是奋斗者的身影。进入新时代，我们的物质水平和精神生活都得到很大的提升，是不是就不需要再发扬，艰

苦奋斗的精神了？当然不是。我们应当保持一种"永不懈怠的精神状态和一往无前的奋斗姿态"，这在今天更多地体现为一种担当的精神。

五、黄河口红色文化的内涵

独特的自然环境、多灾多难的历史、艰苦抗争的人文精神、兼容并蓄的区域文化性格，共同促成了黄河口红色文化这一独特的文明形态。理解黄河口红色文化，重要的是理解与文化联系在一起的地方和人。一本书、一块地造就了黄河口红色文化的内涵。

（一）黄河口红色文化的核心：奋勇争先的"宣言"精神

1848年2月，《宣言》的发表标志着马克思主义理论的诞生。1920年8月，这本承载挽救中华民族危亡重任的思想启蒙之作在上海秘密出版，对于当时中国先进知识分子认识和传播、践行马克思主义具有重要作用，在中国马克思主义传播史上占据了重要的地位。1926年《宣言》首译本由广饶籍共产党员刘雨辉带回刘集党支部，开始了在黄河口地区的传播，黄河口红色文化的发生在全国居于前列。这本书在黄河口地区的保存与传播提醒着人们，即使是当时国土的大部分都只是在酸楚中播种建立新国家的经验，它也还有卓越的绿洲。奋勇争先、不屈不挠的宣言精神也成为黄河口红色文化的核心，引领着黄河口人民在革命时期砥砺前行，在建设时期自强不息、积极创业。

（二）黄河口红色文化的基调：开拓奉献的垦区精神

1. 以团结抗战为核心的红色行为文化

抗日战争时期，中共清河区委及清河行署领导机关，随八路军山东纵队第三旅挺进黄河口，创建了垦区抗日根据地，建立了兵工厂、被服厂、银行、学校等机构，成为抗战的可靠后方，被誉为"小延安"。垦区根据地发生的大小战斗近千次，消灭日伪军1.2万[1]余人，比较有名的有清水泊突围、北张战斗、攻克三里庄、粉碎日伪军21天大扫荡、解放利津城等战斗，这些战斗大多斗争形势残酷、战斗激烈，战争双方武器装备悬殊，但黄河口军民不畏强暴，当时渤海垦区战斗、生活、生产的状况可以从广泛流传的垦区歌曲中略知端倪。这些革命歌曲以抗战主题为多，有的歌中唱到"日本鬼子调

---

[1]王志民．山东区域文化通览・东营文化通览［M］．济南：山东人民出版社，2012：246.

大兵，一心想把渤海区扫平"，反映出革命形势的险恶，同时也生动刻画了垦区军民的应对策略"抗战沟里是战场，三八大盖送手上"。广大军民在党的领导下积极开展减租减息、反霸斗争和大生产运动，发动群众挖"抗战沟"，灵活运用战略战术，时而主动出击，时而打伏击战，取得了多次战斗的胜利。抗战后期为保卫胜利果实，配合全国胜利大反攻，垦区开展了动员大参军运动。战争的胜利和各种运动的开展极大鼓舞了抗日军民的斗志，统一了思想认识，不仅沉重打击了日伪军，还为解放战争的胜利奠定了思想基础和群众基础。

解放战争时期，"双减"增资、土地改革、"反奸除霸"等运动的开展使广大农民群众在经济上和政治上翻身，并深刻体会到共产党革命战争的胜败与自身利益休戚相关，因为具备了普遍的群众基础，通过支部教育和群众教育的结合，无论党员还是群众都认识到八路军不但是老百姓的队伍，而且是共产党的队伍；不但要打鬼子，而且要建立新中国。广大群众把打败国民党反动派与自己翻身求解放的命运紧密联系在一起，垦区人民发扬革命老区的优良传统，踊跃参军支前，开展了土改、大生产、治理黄河、办教育等各项运动，全国解放前夕，垦区一大批优秀干部南下浙江、四川，到新解放区开展工作，为打垮国民党政权、解放全中国作出了突出贡献，创造了不朽业绩，垦区军民的奉献精神得到充分的发扬。

2. 以"耕者有其田"为核心的红色制度文化

黄河尾闾在入海口地区的摆动致使河道频繁变迁，近海的贫瘠荒碱之地由此变为良田。勤劳的垦区人民勇于开拓，不畏辛劳，在黄河口这片神奇的土地上耕种不辍，但因国民政府无建设垦区的政策，农民人权、地权、财权全无保障，人民生活极不安定；因为生产力薄弱，居民流动性大，早期黄河口地区的发展局面混乱。早在1939年7月，垦区根据地的政权建设就开始了[①]。按照"三三"制建立起来县级抗日民主政权后，区委发动广大群众，积极开展了村政权的改造，为根据地的巩固打下了良好的政权和群众基础。"减租减息"政策的实施为1283户佃农减去租金，为151户贫农减去息金，同时为1561个雇农增加了工资[②]，大量开荒增加生产的运动、自力更生方针的

---

①蔡华，梁海伟．清河平原的记忆［M］．济南：泰山出版社，2015：167.
②蔡华，梁海伟．清河平原的记忆［M］．济南：泰山出版社，2015：169.

贯彻，组织开展的大生产运动、大参军运动，都是在抗日民主政府主导下完成的。至1947年下半年，全区土改任务完成，解决了无地少地农民的土地问题，实现了"耕者有其田"的计划，土改以后，垦区地主富农和贫雇农的土地占有量发生了历史性的变化，广大农民觉悟的提高是垦区军民的开拓意识的发展，一系列土改成果的获得显示了党的政策及垦区民主政府的威望，民主政权更加巩固。

3. 以英雄人物为核心的红色精神文化

垦区具备卓越宣传和组织才能的革命志士也不在少数，如功勋卓著的李耘生、李竹如等人。原中共南京特委书记李耘生多次临危受命，以出色的领导才能组织大型的工人罢工、组建游击队、重建党支部。李竹如是利津县最早入党的共产党员，因具备深厚的文字功底和组织才能，先后在济南创办了《竞进》周报、《新亚日报》，在上海创办并主编《文化报》，1940年担任中共山东分局宣传部部长，兼任《大众日报》管委会主任[1]，作为从黄河口走出去的文化战士，李竹如撰写了大量的评论和文章，在党的宣传、组织战线上作出了卓越的贡献。这一时期涌现出清东军分区政委岳拙园、国民党陆军第八军军长李玉堂、八路军115师第五支队的李毓祯、"北张七十二烈士"等众多革命志士，志士们的斗争精神是激励黄河口人民奋勇前进的强大精神力量。各路英才聚集在这里，驱倭寇、求解放，为黄河口带来了团结抗战的新文化。垦区根据地成为黄河口的经济和政治中心，为夺取抗日战争的胜利发挥了不可磨灭的作用。

垦区的政治经济文化建设推动了黄河口区域、社会的历史变迁，革命与建设改变了黄河口的风貌，黄河口人民的文化生活也由此发生了质的改变。黄河口虽然地处渤海之滨，远离政治和文化的中心，但革命的火种很早就在这里点燃。这里有山东最早的农村党支部——刘集党支部，并且保存有最早出版的《共产党宣言》中译本，成为无比珍贵的革命文物。抗日战争时期，这里成为鲁北抗日的大后方。当时山东六大战略区之一清河区（后改为渤海区）党政机关所在地，其政治中心"八大组"就设在现在的永安镇政府所在地。这里无边无际的芦苇荡和荆棘丛林成为当时垦区人民抗日杀敌的大战

---

① 王志民. 山东区域文化通览·东营文化通览［M］. 济南：山东人民出版社，2012：193.

场，永安镇是当时渤海军区兵工厂、印钞厂、被服厂、《渤海日报》、子弟学校、抗日剧团所在地，被誉为鲁北的"小延安"。

第二节　抗战时期黄河口宣传文化策略

地处东营市南部的广饶县，自古以来就有着深厚的文化积淀。因为靠近胶济铁路，广饶县的子弟比较方便到济南、青岛等较大城市寻找读书机会，交通的便利也为接触先进的理论和思想打下了坚实的环境基础。1926年，在济南求学的女学生刘雨辉将《共产党宣言》首版中文全译本带回刘集，推动了马克思主义理论在黄河口区域的传播。抗日战争时期，黄河入海口的热血儿女播撒青春，燃烧激情，开辟了抗日战争时期山东的重要战略根据地——清河区抗日革命根据地。抗日根据地的建立打通了与冀鲁边区的联系，成为党在清河平原的政治经济文化中心和战略后方基地，也是华北平原抗日力量最活跃的地区之一。早在1938年，中共苏鲁豫皖边区省委在原鲁东工委活动区域成立了中共清河特委，坚持开展游击战争，壮大地方武装，为抗日根据地建设创造了条件①。1940年，八路军山东纵队在清河区建立了八路军清河军区，中共清河区委在黄河入海口区域建立清河区根据地，以原利津县东北部、今垦利区永安镇为中心，肩负了抗日、剿匪、对抗国民党顽固派的任务。习近平总书记在参加十三届全国人大一次会议山东代表团审议时发言强调"红色基因就是要传承"，并且在多个场合强调，要让信仰之火熊熊不熄，让红色基因融入血脉，让红色精神激发力量。位于黄河入海口的清河抗日文艺宣传工作的开展扎实有效，宣传教育异彩纷呈，文化艺术百花齐放，为抗日军民提供了优质的精神食粮。

一、抗日宣传文化活动的开展

在抗日烽火燃烧的清河区，八路军山东纵队是山东抗日根据地的重要军事力量。山东纵队是中共山东党组织在领导发动全省武装起义的基础上发展起来的革命武装。在整个抗日战争期间，在中国共产党的直接领导下，八

---

①中共滨州市委党史研究室，中共渤海区革命史［M］.北京：中共党史出版社，2015：113.

路军山东纵队为坚持山东的抗战和夺取全国抗日战争的胜利作出了突出的贡献。因为部队是在恶劣的战争环境下由山东地方党组织领导组建的，战士来自山东各地抗日武装起义后建立的游击队，是土生土长的八路军部队。面对军政干部缺乏、武器落后、战斗经验不足、内部成分复杂等现实，部队不断进行整编和整训，宣传思想工作的开展在部队建设和根据地建设中发挥了关键作用。恶劣的环境、艰苦的条件、严峻的斗争形势是艰苦卓绝的抗战岁月里的常态，但清河区军民却信念坚定、斗志昂扬，在实践中闯出了成功的宣传工作之路，积累了丰富的对敌斗争经验，在唤醒群众的基础上极大地发动了群众，凝聚起共同抵抗外侮的力量。

（一）宣传工作积极主动，每个团员都是党的宣传员

我们党一贯重视宣传教育和文化工作。当时成立的"鲁宣""耀南"等剧团要求每个同志平时就要主动负起宣传的责任，不管是谁，不坚持进出宣传就会被批评。为了更好地组织和发动群众，清河区委还组建了"青年剧社""醒农剧社""拥军剧社"，各地政府组织了庄户剧团、秧歌队等抗日剧团和农村俱乐部。剧团每到一村，首要任务就是对房东及其左邻右舍、村干部、青年、儿童、妇女等广大群众进行革命宣传。因为宣传方针明确，加以灵活、接地气的宣传方式和严格的宣传纪律，宣传工作的开展及时而有效。

（二）宣传内容覆盖党的政策及政治形势，覆盖面广

在清河抗日根据地创建初期，山东的主要山区已被国民党顽固派军队掌握了，清河区军民处于"只能广泛发动人民群众，进行灵活的游击战"[①]的形势，面向广大群众所做的宣传工作包括多个方面，如宣传抗战道理，用平直朴实的语言告诉广大群众为什么要团结抗战；宣传军事、政治形势，告诉老百姓当前面临的国际国内矛盾；宣传和老百姓切身利益相关的减租减息政策，发动反霸斗争，揭露日伪的残暴罪行，揭露国民党反动派投降敌人、反共反人民的罪恶行径，动员参军参战、鼓励生产等。大多演出围绕动员抗战、参军、参战、生产、减租减息、破除迷信、弘扬民族气节、改造二流子、学习文化、加强军民团结、揭露日伪罪行等展开，内容丰富，教育意义显著。

---

① 罗荣桓.谈山东抗日战争//常连霆主编，山东党史资料文库（第16卷）
　［M］.济南：山东人民出版社，2015：3.

（三）宣传形式多样，个别宣传和文艺宣传结合

以文工队员为主的个别宣传往往采用和群众交朋友、拉家常，也采用小型的演讲会，既演节目又宣传形势和政策，采用的方式群众和战士都乐于接受；以宣传队为主的宣传采用的形式多样，如每到一地都写标语，有时会配上生动活泼的插画，同时结合讲演、学校师生演剧、编唱抗日歌曲等方式广泛进行抗日救国宣传。文艺宣传的主要形式是举办各类文艺晚会，演出频率高，一般一周演出一次，节日期间更多。间或有慰问演出，既利用战斗间隙到后方党政机关、医院、报社、印刷厂等组织进行慰问，也包括学校的广大师生。面向广大指战员，剧团的人员还会在演出间隙分散到连队教唱歌，开展群众性的文化娱乐活动，如排演小节目、提供文娱素材等，帮助军民解决实际生活中遇到的问题。灵活多样的群众文艺宣传活动起到了激发斗志、昂扬精神的作用。

（四）宣传活动过程广泛征求意见，做到及时纠偏

一般宣传队或者剧团每天休息前会以分队为单位召开5分钟左右的检讨会，检查当天的宣传工作开展，遇到的问题会提出来大家集思广益提出解决办法，做得不合适的地方第二天纠正，这个工作反思会虽然时间短，但很有效，对于把握正确的工作方向、采取更合理的工作方式、提高队员的工作能力都有极大的促进作用。另外在演出后第二天及时征求观众的意见[1]，派出队员到观众中听取批评，有的剧作者甚至在演出时混在观众里检验戏的效果，听取现场观众的议论，回来后召开全体会议听汇报，然后进行总结，吸取好的意见，对演出进行改进。

（五）宣传内容时效性强，剧本创作生活气息浓厚

人类社会发展历史上，每一次大的社会变革，都离不开舆论引领和理论指导[2]。抗战初期，主要是宣传党的抗日救国十大纲领和抗日民族统一战线政策，揭露日本帝国主义的侵华暴行，发动群众武装起来抗战。《论持久战》发表后，持久战和抗日战争要经过战略防御、战略相持、战略进攻三个阶段

---

[1] 中共东营市委党史研究室，中共滨海市委党史研究室.烽烟滚滚唱英雄——渤海区革命文艺工作史料集［Z］.东营：东营市新闻出版局准印证（2005）第8号：11.

[2] 山东沂蒙党的群众路线教育基地教材编审委员会.根脉：沂蒙根据地十五讲［M］.北京：中共党史出版社，2016：245.

的思想可以说是连根据地都是家喻户晓的，广大干部群众受到很大的鼓舞和教育，对于动员边区居民坚持持久抗战起了重大的作用。对于剧团而言，因为演出中敌人严密封锁，所以外来剧本不易得到，而且外来剧本配合任务也缺乏时效性，所以许多文艺团体的剧本是自己创作的。没有专业的创作人员和创作班子，反而使创作来源于生活和战斗实际，实践出真知，由于部队和剧团天天和群众在一起，对群众的生活和思想及情绪比较熟悉，所以配合任务及时、生活气息浓厚，创作的节目很受群众欢迎，起到了良好的宣传动员作用。

（六）主动排除困难，为人民服务的自觉性强

抗战时期成立的多个文艺团体在成立之初的活动都是围绕着为劳动人民服务、为党的政治任务服务、为抗战服务而展开的。文艺团体为工农兵服务的自觉性大大提高，贯彻党的文艺工作方针的目的更加明确，编演节目的水平也显著提高。在演出条件比较简陋的情况下，舞台、灯光、服装、化妆都是采取土办法，舞台临时搭建，后台用高粱秆围起来，大部分道具因陋就简，使用高粱秆等容易找到的材料置办道具。布景和服装主要靠借，因为演出大多在野外进行，没有音响设备，演员就大声喊台词，常常会喊哑嗓子，尽管如此，团员的演出丰富了群众战士的战斗生活，因为演出的政治性强，方式容易被接受，所以作用大、效果好。

二、宣传文化工作开展的经验

（一）教育和演出方式结合，更易打开工作局面

无论在敌占区还是根据地，群众对于党的部队不够了解时，工作局面的打开尤其需要有力的宣传。群众的顾虑是对于事物没有全面认知，如果国民党特务加以谣言传播，就更不容易争取群众的支持。文艺宣传工作的威力就在于能够以灵活的方式唤醒群众。如先进行诉苦教育，以提高群众的阶级觉悟、激发对敌人的仇恨，群众懂得道理后，支持部队的积极性就被调动起来。文艺演出可以通过感性方式获得群众情感上的支持，如《白毛女》《血泪仇》等剧目表现的是旧社会把人变成鬼，新社会把鬼变成人的故事，群众能够在观看演出时完全被剧情吸引，随着剧情的发展愤怒、流泪、欢笑、鼓掌，这些文艺创作的及时演出，宣传了党的工作方针，既破除了群众顾虑，又争取了群众有力支持。

保卫家乡求生存的切身要求，是开展宣传工作的基础。1943年，为了适应革命形势，贯彻"敌进我退"的方针，宣传战士个个能文能武，脱下军装就成了武工队员，腰别匣子枪，穿过封锁线，开展敌后工作。有的战士通过做家属工作，动员家属到敌伪据点劝丈夫要"身在曹营心在汉"，多做好事就给记"红豆"，做了坏事就给记"黑豆"，打败侵略者后就清算。通过讲故事、说快书、演节目等多种形式发动和团结群众，改造伪政权。因为反映现实斗争的作品生活气息比较浓厚，连队战士看起来听起来感到格外亲切，教育作用也会格外明显。宣传人员也切身体会到，要提高剧目好演出的质量，必须深入实际、深入生活，同战士群众同甘苦、共命运。

（二）坚持区域文化特色和扎根区域宣传工作实践的方法，具有良好的宣传教育效果

抗战时期部队的宣传队经常在农村活动，和民间艺人及歌手接触较多，队员们每行军到一个地方，只要工作允许，就抽空打听当地的民歌手，学唱民歌。并且边学唱边记谱，进行民歌采风兼以创作。《茉莉花》《画扇面》《大姐赶集》《拜年》等艺术作品就是来自当地群众。通过向驻地民间艺人学习，宣传队员们不但从中汲取了营养，而且丰富了创作素材、锻炼了自己。

在斗争形势最为严峻的时期，咬紧牙关、熬过困难的思想政治教育环节尤其重要。抗战时期清河区宣传工作的重点放在两个方面：一是在党内进行气节教育，要求党员为了战争的胜利，不怕流血甚至牺牲，保守党的秘密，永不叛党；另一方面学习优秀共产党员在形势极其恶化的情况下坚持工作，被捕后大义凛然的事迹，对支部逐个进行教育，纯洁了党的组织，密切了党群关系，党的战斗堡垒和党员先锋模范作用凸显，动员广大群众保卫党的组织，在思想上、组织上坚定了抗战胜利的信心。

（三）宣传作品题材广泛，战斗性和群众性结合发挥巨大威力

除《解放日报》《大众日报》等刊物上刊载社论、评论文章传递斗争形势、指引斗争方向之外，抗战时期部队的文艺团体也起到战斗队的作用，面对敌人的节节败退，前线喊话成为文工团的任务，是部队对敌的政治攻势主要内容。战场上听不见枪炮声，但喊话声此起彼伏，起到了很好地瓦解敌军斗志的作用。在前线组织的唱歌、说快板、大鼓书等文艺活动，内容也围绕劝敌弃暗投明展开。

文艺作品的创作是群众性的，内容紧紧围绕每个阶段的重大政治任务

进行。如为动员军民粉碎蒋介石发动内战创作的歌曲有《保卫咱们的吃穿》《保卫山东》《和平幸福才保险》等。战斗结束后部队伤亡较大时，急需文工团来鼓舞士气，由此编写的剧目《杨勇立功》，在每次战斗结束后为部队演出收到了热烈欢迎。日本连续推行"治安强化运动"，民族矛盾日益激化，日伪之间矛盾重重，非正义的野蛮侵略更加激起了民族仇恨。在敌人大肆清剿的日子里，斗争形势严峻，宣传战士分为三个工作组：一是部队工作兼开展对敌政治攻势工作组，一个是游击区群众工作组，一个是敌占区工作组。团员放下道具，拿起枪炮，成为能干的武工队员。大家同群众一起做夹壁墙，利用土炕挖道窝，以对付敌人的"清剿"。依靠群众建立严密的情报网，到处是武工队员的"眼睛"和"耳朵"。群众送情报的积极性高，送情报准确及时，风雨无阻，连妇女和儿童都重视情报工作。在群众的支持下，武工队员对夜间到各村祸害群众的特务队和白天到各村催粮的汉奸进行袭击捕捉，敌人就不敢轻易外出活动。因为得到了群众的拥护，党的干部战士有了群众的保护，在斗争中受伤时群众的炕头就是医院的病床[①]。清河区革命斗争的实践雄辩地证明，只有紧紧依靠群众，才能站稳脚跟，夯实对敌斗争的基础。

（四）宣传工作不拘泥于形式，短小精悍的宣传内容更适合战士群众需要

在部队行军过程中开展文艺宣传活动，尤其结合实际演唱部队行军中的好人好事，是受到战士群众普遍欢迎的。节目及时编排、短小精干，演出时不需要道具，站在路边可随时开展，增强了宣传工作的灵活性和时效性。宣传人员搜集材料快、创作编写快、排练演出快，起到了战斗作用。在攻打田柳庄战役之前，杨国夫司令员再三强调，攻打田柳庄是清河区抗日军民对敌人进行大反攻的第一炮，任务艰巨光荣。宣传战士在战前宣传时就使用了"打开田柳庄，活捉马成龙"的口号，突击编写创作话剧，通过宣传及时指明战斗方向，战士看了摩拳擦掌，发誓要将田家庄打下来；火线上，战士们发起强大政治攻势，用大鼓书、山东快板进行战地喊话。从实际效果看，宣传的标语往往以揭露日军烧重伤兵的日文标语最有效；对伪军的宣传以写上"身在曹营心在汉"的关云长画最有效。宣传标语内容直击人心，对瓦解敌

---

①北京八路军山东抗日根据地研究会渤海分会.渤海抗日根据地回忆史料[M].北京：中共党史出版社，2013：1177.

军起了非常重要的作用。

三、清河区文艺宣传策略的价值意蕴

"作始也简，将毕也巨。"为了最大程度地动员人民群众参军参战、支援前线，在党的领导下，清河区文艺宣传工作的开展由简及巨，采用丰富多彩的宣传方式及通俗易懂、风趣幽默的宣传风格，对于维护和巩固抗日民族统一战线，对敌开展政治攻势，促进东营党组织的壮大，推动山东抗日根据地的建设起到重要作用。经过持续深入的动员，黄河入海口在政治、军事、经济、文化等方面都产生了质的飞跃，清河区战士群众斗志昂扬，精神面貌焕然一新，作为革命的主力军积极投入战斗，全力支援前线抗战，为抗战胜利作出了不可磨灭的贡献。

（一）夯实群众信仰根基

清河区建立之初，部队的战士构成成分复杂，"有文化程度较高的大学生，也有中学、师范等小知识分子，而大多数农民战士则处于文盲半文盲状态"①。1938年中共中央针对山东大部分地区可能沦为日本占领区的危险，为反击日伪的文化摧残，清河区委和各级组织利用报纸刊物等方式开展了针锋相对的反伪宣传，如创办《血花》《群众报》《清河妇女》《战地妇女》《青年人》《群众画刊》《清河职工》等刊物。这些报刊的发行如滴滴甘露，将先进的理论散播到根据地的角角落落，滋润着清河区干部群众的心田，让大家汲取理论营养，自觉地提高自身觉悟，增强斗争勇气；又如嘹亮的号角，带动了更多的清河区人民投身于求大众解放的革命洪流中，同日伪顽匪做坚决的斗争，为战争的胜利奠定了坚实的信仰根基。

（二）彰显军民爱国主义情操

民族存亡之际，抗战宣传策略的实施彰显了黄河口人民国家至上的爱国主义情操。抗战初期，黄河口人民的对敌斗争遇到了挫折，在胶济铁路两侧的关键区域与敌正面交锋连续失利。在八路军第一纵队司令员徐向前等领导的部署下，1939年改变对敌策略，山东纵队在清河区抗日根据地坚持平原游击战争，通过挖"抗日沟"、垒"抗日墙"等灵活的作战方式以己之长避敌

---

①江华.追忆与思考——江华回忆录［M］.杭州：浙江人民出版社，1991：180.

之强、攻敌之弱，有力地打击了侵略者。在当时的条件下，要坚持在清河区开展平原游击战争，必须改造平原地形，普遍发动群众挖"抗日沟""护庄沟""交通沟"，建成纵横交错、四通八达的抗日沟网，筑成能攻能守的地下长城，以便于保存自己、打击敌人。而清河区改造平原地形，挖抗日沟的工程繁巨，仅广北根据地在1941年即挖抗战沟500余公里[1]。可以说没有群众的支持，四通八达的抗日沟网是无法构建起来的。宣传队伍向人民群众反复宣传党的"坚持抗战，反对投降、坚持团结、反对分裂、坚持进步，反对倒退"等党在抗日根据地所实行的各项方针政策。文艺宣传工作极大地调动了群众参与生产的积极性，激发了黄河口人民的爱国热情，在战争的关键时刻，发挥了难以替代的作用。

（三）凝聚敢于牺牲奉献的力量

清河平原近百年来屡遭帝国主义、封建主义的蹂躏，广大黄河口的人民对侵略者、剥削者的刻骨仇恨凝聚成反侵略、反剥削的力量，在党的正确主张领导下有了明确的方向和现实的行动。1943年11月，日军纠集军团军及伪军2.6万余人对清河区进行了规模最大、手段最残酷的拉网合围大"扫荡"，史称"二十一天大扫荡"[2]。在日伪猖狂捕杀革命者的严峻斗争形势下，是否坚持平原游击战，能否为山区革命力量提供支持，抗战胜利的关键都集中到了能否广泛发动群众、紧紧依靠群众这个根本点上[3]。在部队不断受到日伪的"扫荡""蚕食"的时刻，宣传工作的效果显现出来，根据地军民的顽强战斗意志，使日本一次次的新"扫荡"均告破产[4]。抗日战争的光荣历史充分证明，在共产党制定的符合最广大人民利益的宣传路线方针指导下，根据地军民在失败中坚定信心，在挫折中振奋精神，形成了战胜一切敌人的强大力量。

抗战时期宣传工作的有效开展有力推动了清河区抗日根据地的巩固和发展。清河区军民在极端艰苦的环境中不断以坚决而有为的军事行动打击日本

---

[1] 中共滨州市委党史研究室，中共渤海区革命史［M］.北京：中共党史出版社，2015：133.

[2] 中共滨州市委党史研究室，中共渤海区革命史［M］.北京：中共党史出版社，2015：163.

[3] 尹健.泽被桑梓：黄河口红色文化育人价值探析［J］.中国石油大学胜利学院学报，2018，32（02）：89.

[4] 徐向前.历史的回顾（下）［M］，北京：人民出版社，2016：656.

侵略者①，其间宣传工作始终立足于反映人民呼声，满足人民对革命政策信息的需求，赢得了来自广大群众的拥护和支持。毋庸置疑的是，文艺宣传工作绝非简单的"传播技巧"问题②，清河区党组织组建了一支政治素养高、工作能力强、组织机构稳定的宣传工作队伍，为山东抗日根据地群众运动的巨大胜利提供了根本前提和坚实基础。只有正确地认识过去，才能更好地创造未来。新时代我们也应该从中汲取宝贵经验，在党的领导下，按照习近平总书记指出的"牢牢把握舆论工作的主动权和主导权"的要求，坚持区域文化特色结合扎根地方宣传工作实践的方式方法，为实现"两个一百年"奋斗目标、实现中华民族伟大复兴的中国梦不懈奋斗。

第三节　黄河口红色文化的传承发展

红色文化的传承与发展对于国家的重要性是不言而喻的，红色文化融入民族的血液和灵魂，是国家发展、民族振兴的重要支撑。黄河口拥有优质的红色文化资源，《宣言》中文首译本的保存与传播让这片土地红色文化的发展居于国内前列；艰苦环境下渤海垦区的革命与建设塑造了黄河口红色文化的凝聚力和崇高的价值取向，黄河口红色文化既有一脉相承的基本内涵，又有与时偕行的创新和发展。黄河口地区处于国家黄蓝战略交汇区，经济社会正处于快速的发展之中，现阶段文化事业和产业的发展相对薄弱，黄河口红色文化的价值内涵尚未被充分认识，优质红色文化资源的挖掘与传承是充分发挥文化引领作用的有效途径。

一、黄河口红色文化的现代价值

尽管黄河口红色文化有其地域性，但它也与沂蒙精神、西柏坡精神、延安精神一样，是民族精神和时代精神的结晶，其价值既有一定历史条件下的特定内涵，又有与时俱进、价值永恒的普遍意义。

黄河口红色文化的现代政治价值主要体现在为民谋利、鼓舞人心的凝聚力上。《宣言》传入伊始，黄河口人民的革命行为就是在党的政策指导下的

---

① 金冲及.山东抗日根据地的独特历程［J］.抗日战争研究，2017（01）：10.

② 俞凡，郝小书.筚路蓝缕，九转功成：中国共产党在山东抗日民主根据地的群众动员工作［J］.东岳论丛，2021，42（08）：13.

自觉行为。新时期党的执政理念应始终紧紧围绕群众路线，坚持将群众利益放在首位，以人为本，才能最大可能地调动群众参与建设的积极性，稳固执政根基。面对多元文化的挑战，区域红色文化应该而且必将在社会主义市场经济和现代化的实践中发扬光大。弘扬《宣言》精神和垦区精神能够为地域精神文明建设提供根本的着力点和新思路，从制度上保障转变社会风气，使物质文明、精神文明、政治文明协调发展，为新的文明形成作出贡献。

黄河口红色文化的现代经济价值主要体现在文化产业的开发上。黄河口红色文化的保护和开发已经得到黄河口地区社会各界的广泛关注，但其文化内涵的发掘和文化品位的提升还有待提高。只有具有深刻文化内涵的市场开发行为才能产生持久的吸引力和竞争力[①]。极力打造黄河口红色文化品牌，可以更广泛地展示黄河口红色文化的深层魅力。

黄河口红色文化的现代精神价值主要体现在坚定理想信念、培养人们的民族精神和时代精神上。在经济社会发生巨变的近现代，黄河口红色文化一方面经受了巨大的挑战，显示出强大的生命力，另一方面也得到了新的磨炼、丰富和发展。在构建社会主义核心价值体系、构建中华民族共有精神家园方面，中国特色社会主义文化建设尤其应把地域红色文化的培育和弘扬作为重中之重。传承黄河口红色文化有助于提高黄河口地区人民对民族精神重要性的认识，自觉地用"奋勇争先、开拓进取"的精神激励自己的意志和行动，同时还有助于强化凝聚民族精神、加强地域认同的时代感和紧迫性。

二、黄河口红色文化的育人价值

（一）坚定理想信念

奋勇争先的宣言精神和开拓奉献的垦区精神是党领导黄河口人民进行革命和建设时所积累的精神财富的结晶，它渊源于黄河口人民的优良传统，具有民族性和先进性的特征。共产主义崇高理想的传入给了黄河口人民战胜困难的无穷力量，是中国共产党优良革命传统的浓缩，同时也反映了民族精神的核心。具有崇高的理想和坚定的信念，是黄河口人民在抗日战争和解放战争中克敌制胜、勇往直前的强大精神动力，在新时代具有激励和导向的作

---

① 魏本权，汲广运. 沂蒙红色文化资源研究［M］. 济南：山东人民出版社，2014：109.

用，始终鼓舞着一代又一代黄河口人克服艰难险阻，勠力齐心建设着这片黄河入海的土地。黄河口红色文化蕴涵的信仰因子，在革命战争时期就是成千上百万的黄河口人民共同奋斗的目标，更是社会主义建设时期凝聚黄河口人民的思想基础。

（二）增强情感与文化认同

黄河口红色文化融合了爱国主义、民族精神及社会主义核心价值观的主要内涵。在黄河口地区，无论从事什么行业的人，对于曾经在这片热土上奋斗、流血、牺牲的先辈，都有极强的情感认同。人们尊重敬仰那些为理想信念上下求索的人，感悟在烽火连天的岁月里艰辛跋涉的先知先行的不易，更感恩为今天美好生活不惜牺牲一切的先烈。中国共产党人和广大人民群众在黄河口大地上书写的奋勇争先、开拓奉献的英雄史诗，令后来人倍感钦敬和自豪。

在情感认同的基础上，黄河口红色文化的产生与发展也进一步彰显了人们的文化认同。文化认同的基础是价值认同，也就是革命的行动满足了人民大众的主体需求，这是产生文化认同的根基。黄河口红色文化从产生之时就坚持以最大多数人的利益实现为奋斗目标。从较早的"吃坡""觅汉增资""砸木行"①等革命行动开始，党领导的革命无不是从黄河口人民的最根本利益出发，为大多数人的解放而奋斗的。这种文化认同是凝聚黄河口人民的精神纽带，是黄河口红色文化延续的精神基础。

（三）凝聚力量形成筑梦合力

在黄河口红色文化的形成、发展及传播过程中，宣言精神和垦区精神是凝聚黄河口共产党人及人民群众理想和追求的精神力量，这种精神力量犹如能量巨大的磁场，吸引着黄河口千千万万的先进分子和人民群众为崇高的理想牺牲奉献，为革命和建设事业倾情付出，可以说广大人民群众的自觉、积极参与是党的力量不断发展壮大的源泉。所谓民齐者强，同心聚力的行动是

---

① 中共广饶县委党史资料征集研究委员会.中共广饶党史大事记［M］.北京：中共党史出版社：1993：55—60.
"吃坡"是指在党组织的领导下带领贫苦农民掐地主家麦穗分给贫苦农民以缓解饥饿；"觅汉增资"是指党组织领导穷苦农民开展提高工钱的斗争；"砸木行"是指在反抗苛捐杂税的斗争的基础上，广饶县委领导广大群众痛打和驱逐了木货行里的收税官员。

构筑中国梦，创造共同未来的最强力量，"任何一个时代的思想文化和价值体系归根结底都源于那个时代的生活和实践过程"①。共同理想引领共同的行动，集中反映了黄河口人民群众的意志和愿望，有助于党和群众达成认识上的一致和行动上的统一，从而在战火纷飞的年代取得最终胜利，在国家建设时期维护经济社会的稳定，在民族崛起之际能够砥砺前行。

新民主主义时期黄河口人创造的黄河口红色文化，是在马克思主义理论的指导下，对中华民族传统文化优秀因子的继承和发扬，也是黄河口人文化自觉自信的体现。黄河口红色文化一路栉风沐雨，砥砺前行，负载着黎庶的厚望，伴随着历史的沧桑。中国的现代化建构的现代文明秩序中，政治的文明是不能缺位的。在越发倡导文化多元化的今天，黄河口红色文化作为区域内的优秀文化资源及政治果实，理应发挥其育人价值，为新时代民族崛起、国家强盛发挥凝心聚力的作用。从信仰传入到理性思考，从信念坚守到付诸实践，在新时代大门开启之际，具有奋勇争先、开拓奉献精神的黄河口人自觉投身于"黄蓝"两区建设，需要不断从文化基因里寻找取之不尽、用之不竭的"活水"，更要让这文化之水源源不断地流淌下去，以贤人润德，泽被桑梓。

三、大学生对黄河口红色文化的了解程度

2021年6—8月，著者以网络调查方式面向东营市域内高校在校生发放黄河口红色文化调查问卷，共收回有效问卷108份。该问卷设计的主旨是对域内高校大学生对学校所在地红色文化的了解程度做出评估。

关于黄河口红色文化。针对"是否了解黄河口区域（山东东营附近）的红色文化"的问题，有50.93%的学生回答"不算了解"或"未曾了解"，仅有8.33%的学生认为自己"非常了解"。说明域内大多数青年学生对于当地的革命人物、典型战斗和文物遗存不甚了解。

关于黄河口革命人物。在"知晓以下哪些革命人物？"的问题上，对于本地在革命斗争年代作出过巨大奉献的英雄人物如李耘生、李竹如等人，仅有25%的学生选择"知晓"，有37.4%的学生回答"不了解"。对于黄河口地

---

①张建忠.论社会主义核心价值观的文化结构［J］.思想政治教育研究，2016，32（5）：31.

区具有典型代表性的《宣言》首版中文全译本的传播故事，有62.96%的学生不了解。

关于了解红色文化的积极性。回答"是否主动了解过学校所在地红色文化"的问题时，73.15%的学生回答"是"，针对"当代年轻人有没有必要去了解我国各地的红色文化"问题，有90.74%的学生认为"非常有必要"或者"有必要"了解我国各地的红色文化。这说明学生有意愿接受区域红色文化教育。关于红色文化传播与传承的方式方法。有67.59%的学生对"红色文化的传播与传承应与现代技术相结合"持"非常同意"的态度，这说明对年轻受众而言，采取喜闻乐见的方式传播红色文化，是具有一定的受众基础的。

关于了解红色文化的途径。在回答青年人了解区域红色文化的途径的问题时，其中"网上资料""影视资料"的选择最多，分别是74.07%和76.85%，这说明对能够可视化呈现的资料，利用便捷的融媒方式传播，会让大学生更容易接受。

针对"当代黄河口红色文化的传承有何更好建议"问题，大学生提到了"应加强文化与旅游宣传的联系""让红色文化走进校园""应当实事求是地传承红色文化""与时代发展相结合""利用网络平台宣传"等建议，甚至有学生提出应该"在学校开设相关课程，让青年人多多了解""举办红色活动，传递给下一代""与现代科技结合，加强自媒体宣传""走进校园，组织参观黄河口红色文化发生地，举办观影活动"等贴近学生学习生活实际的建议。这些建议是高校教学课程设置中需要重点参考的内容。

四、黄河口红色文化传播传承对域内群众的影响

（一）培育一批农民革命者

早期《宣言》的传播往往是在知识分子、进步人士之中，但是，像在刘集这样，在贫困农民中最早地传播，并且用于指导革命实践的情况并不多。《宣言》在这里的传播还培育出了像刘良才、刘考文、刘世厚等一批农民革命者。这些都显示了《宣言》传播过程中农民思想的变化。这一点非常宝贵。中国的国情决定了：革命要胜利，就需要去团结农民力量，坚持工农联盟。毛泽东在《新民主主义论》一文中指出，"农民问题，就成了中国革命的基本问题，农民的力量，是中国革命的主要力量"。斯诺在中国采访后指出"谁赢得了农民，谁就赢得了中国"。因此，宣言在东营的传播，培育出

一大批农民革命者，为中国共产党的发展和革命的胜利奠定了坚实的基础。

（二）较早建立了一批党组织

1925年，延集支部和刘集支部成立，东营地区也成为山东最早建立农村党组织的地区之一。1925年春，中共延集和刘集支部相继成立，到1928年，广饶县委成立，已经发展了多个党支部。尽管在"白色恐怖"之中，但是党组织数量并没有减少。可以说，这与《宣言》的传播密不可分。刘良才最早将《宣言》思想运用到农民运动中，带领农民开展农民运动。他带领觅汉找地主理论，要求增资。在与地主的斗智斗勇后，增资斗争取得胜利。1930年，广饶县委领导农民开展了"砸木行"斗争，"砸木行"是广饶党组织第一次公开领导的与反动派的正面斗争，也使劳苦大众第一次认识到团结起来的力量。

（三）率先开展农民运动，指导全面抗战、土地改革

延集村、刘集村是农民运动的先行村。受到先进思想的影响，1938年1月，广饶率先建起了第一支抗日武装力量，八路军鲁东游击队第九支队，带领群众打响对日的反击战。东营地区积极开展土地改革。通过土改，翻了身的农民积极性被充分调动起来。他们纷纷参军以支援前线。当时，在东营地区就有2万青壮年参军，还有3.1万人随军支援前线，群众喊出了"要人有人、要粮有粮、要物有物、要钱有钱"的口号，纷纷参军以支援前线。这都是在先进思想传播的影响下，农民思想变化带来的行动的变化。

五、传承黄河口红色文化的可行性

从地理位置看，黄河口红色文化具备良好的传播基础。2009年国务院批复《山东省黄河三角洲高效生态经济区发展规划》，2011年国务院批复《山东半岛蓝色经济区发展规划》，标志着黄河口地区的开发建设正式上升为国家战略，成为国家区域经济协调发展的重要组成部分。东营市作为黄河口区域的中心城市，是唯一纳入国家"黄蓝"战略的城市。作为京津冀协同发展城市和环渤海区重要节点城市，东营市在原有道路、机场等交通设施的建设上又陆续开发建设京沪高铁第二通道和环渤海高铁，与外界的交流更加便利，具备良好的文化传播条件。

从人文因素看，黄河口红色文化具备重要的传承价值。中共刘集党支部作为全国最早的农村党支部之一，拥有《宣言》现存最早的中译本，有着

生生不息的红色文化传承传统，在刘集支部旧址基础上建立起来的《宣言》纪念馆以及在垦区建起的渤海垦区革命纪念馆，是红色物态文化与精神文化的结合，具有重要的文化旅游价值。在中华民族伟大复兴发展的历程中，黄河口红色文化中"奋勇争先、开拓奉献"的精神内涵，始终是动员和鼓舞黄河口人民团结奋斗的旗帜，是黄河口人民生生不息和发展繁荣的重要精神支柱。凝结在黄河口红色文化中的人文因素，是区域社会发展中光耀古今的火炬，在潜移默化、润物无声中释放着无穷的力量。

六、传承黄河口红色文化的途径

（一）以品牌建设为抓手，扩大黄河口红色文化的影响力

黄河口红色文化因其发生地域的特殊性，具有稀缺、独特和不可复制的特点。红色文化史料的收集与提炼、红色文化品牌的塑造、红色文化内涵的挖掘与提升，能够赋予黄河口红色文化旺盛的活力。

（二）以发展红色产业为载体，释放黄河口红色文化的生产力

一方面，政府应推进黄河口红色文化与旅游市场的深度融合，创建并申报高品质、高级别的红色景区，做强做大黄河口红色文化旅游；另一方面，政府应积极发展红色文化影视产业，还原重大历史事件和历史人物，充分展示黄河口红色文化的内涵，提升黄河口红色文化的形象及经济效益。

（三）以学校教育为基础，培养黄河口红色文化的传承人

优秀文化的传承离不开人，弘扬区域红色文化不是一时一事的权宜之计，是学校教育长远而持久的任务。首先，学校应注重在校园文化建设中渗透黄河口红色文化的元素，以红色文化促进校园文化建设，唤起学生的区域文化认同；其次，学校应优化学生校外实践活动资源，鼓励学生主动参与社会实践，参观黄河口红色文化基地，在实践中感受黄河口人民奋斗的成就和感人事迹，将民族情感转化为爱国行为；最后，学校应整合校内外红色教育资源，使学生在各发展阶段都受到红色文化的熏陶与感染，增强教育的人文内涵，激励学生继承优秀红色文化传统。

对于区域的发展来说，如果没有共同的价值观与文化认同体系，也就失去了共同的精神家园，失去了区域发展的凝聚力。黄河口红色文化作为区域文化的重要内容，是推动区域经济社会发展的重要动力，能够起到引领前进方向、凝聚奋斗力量的重要作用。发掘黄河口红色文化的内涵，传承黄河口

红色文化的历史与现代价值，有助于黄河口人民更加自觉、更加主动、更加自信地推动黄河口地区文化的繁荣兴盛和经济社会的发展。

第四节　黄河口红色文化的可视化呈现

一、选取红色记忆中的典型物、事、人

（一）物：《宣言》在东营的传播与实践

不同地域各有其独特的文化气质。《宣言》现存最早中文全译本的保存与传播，印证了黄河口人民在新民主主义革命的早期就已经接触了马克思主义理论，这里的红色文化发生时间居于国内前列。《宣言》现存最早的首译本是为数不多的在农村学习、使用、保存的版本，在保存、传播、实践过程中有着许多感人至深的故事，蕴含了许多精神特质，能够启迪今天的我们。重温历史，追寻初心，青年一代需要更好传承红色基因。

随着马克思主义在中国的广泛传播，早在1923年，东营地区就有了党的活动，延伯真、李耘生、刘子久、耿贞元、颜世彬相继入党，成为东营地区最早的五名共产党员。《宣言》现存最早的首译本是在济南早期党组织流传的一本，由共产党员延伯真、刘子久和刘雨辉三人带回刘集，交给了当时刘集党支部书记刘良才，成为刘集支部的学习材料。刘良才文化程度不高，但是理解能力很强，常常用贴近百姓的语言传播《宣言》。正是通过这样生动形象、贴近百姓的语言，《宣言》很快在农村得到传播。1927年，第一次国内革命战争失败后，革命的形势越来越严峻。1930年11月，刘良才领导了"砸木行"运动后，身份暴露，被党组织调到潍县担任中心县委书记，临行前，他把这本《宣言》转交给刘集党支部委员刘考文保存。但是在1932年，中共苏维埃共和国临时中央政府在王明"左倾"教条主义路线的指导下，山东各地发动游击战和武装暴动。由于暴动是在错误思想的指导下展开的，所以大部分暴动以失败告终。特别是博兴暴动失败后，距离博兴30多公里的广饶笼罩在"白色恐怖"之中。国民党反动派大肆搜捕共产党人，刘考文在被捕之前，就将《宣言》中文首译本交给了忠厚低调，不易被敌人发现的党员刘世厚，并嘱咐刘世厚要好好保存。因此，尽管在"白色恐怖"之中，刘世厚将这本《宣言》用油纸严实包好，有时装进竹筒里，有时埋在床铺下，有

时藏在屋山墙上的雀眼里，一次次躲过了敌人的搜捕。1937年9月，日军始进犯山东，对刘集村进行了多次"扫荡"，甚至1945年1月火烧刘集，刘集村3/4的村民房屋全部被烧光，已经逃出村庄的刘世厚，想起了这本《宣言》，冒着生命危险返回屋里，从屋山墙的雀眼里将这本书了救出来。现在《宣言》现存最早的中文首译本的封面有一个缺角，这也成了东营地区党员和群众敢于斗争，坚持革命的烙印。直到1975年，刘世厚将他用生命守护了半个世纪的《宣言》献给了国家，现在作为国家一级文物，保存在东营市历史博物馆中。

（二）事：血战三里庄[①]

清河区的成立可以追溯到1938年5月。当时为了加强鲁东地区的抗日斗争，中国共产党在鲁东工委所辖地区的基础上，成立了清河区。清河区的范围包括小清河两岸及胶济铁路张店至昌潍段两侧各县，地处山东省中部，地理位置优越，交通便利。它北临黄河，西起济南，东至寿光、益都，南接鲁南地区。这一地理位置使得清河区在抗日战争中具有重要的战略地位，不仅是连接华北和华东的交通枢纽，还是抗日战争中中国共产党在山东地区的重要阵地。1937年12月24日，日军轰炸长山城，马耀南率军在黑铁山起义，组建山东抗日救国军第五军，连战连捷，声名大振，1938年6月16日，该军改编为八路军三支队，军队发展到5 000人。起义领袖之一的廖容标率部分军队南下，开辟沂蒙山革命根据地，山东军区将清河军区一分为二，鲁南各县另外成立淄博特区。1944年初，清河区与冀鲁边区合并为渤海区。渤海区最辉煌的时期，面积5万平方千米，辖41县市，总人口1 100万人。在抗日战争时期，渤海区党政军民团结一心，沉重打击了日伪军势力，拔掉日伪据点200多个，解放县城25座，歼敌2.6万人，形成了稳固、广阔的大后方。解放战争时期，渤海区又成为华东战场最有力的大后方和支前根据地，为夺取全国胜利作出了重要贡献。

三里庄是土匪成建基长期盘踞的老巢，也是封锁黄河东段和"蚕食"广北根据地的桥头堡。1938—1948年间，成建基部先后依附于李寰秋部、刘景良部、鲁北行辕何思源部、大汉奸刘佩忱部、国民党第11战区副司令李延年部，先后参加了反共反人民的刘家井战斗、东王文战斗、清水泊激战、广北

---

①本部分数据来源于三里庄红色教育基地展厅陈列。

围剿战等战斗，袭击六户兵工厂，偷袭北海银行，无役不与，凶残毒辣。他们与张许据点、利津县城日军、国民党顽固派何思源等日伪军狼狈为奸，遥相呼应，时而联合，时而分散，杀害共产党党员干部、抗日积极分子、烈军属及群众300余人，犯下了滔天罪行。我军于1941—1942年间三次攻击未成。1943年，抗日战争进入最为艰苦的时期，日伪军对渤海区形成了严密的封锁，形势极为严峻，渤海区军民亟需一次振奋人心的胜利。1943年5月28日晚9时，杨国夫率领军区直属团、特务营、地方武装和民兵3 000多人，第四次攻打三里庄，终于拔掉了这颗钉子。之后，杨国夫率军相继拔掉北隋等敌伪据点；1944年8月，渤海区拔掉了以利津城为中心的盐窝、张许等10处据点，解放利津县城，掀开大反攻序幕。因此，血战三里庄在鲁北地区乃至山东抗日战争史上都具有极为重要的历史地位和象征意义。我们应当进行深入挖掘和整理。

清河区（1945年后并入渤海区）是抗日战争时期山东重要战略区之一，开国元勋徐向前元帅、上将许世友、中将廖容标、中将杨国夫、少将刘其人、少将郑大林均曾在此浴血奋战；抗日名将马耀南、景晓村、李人凤、马千里留下了诸多可歌可泣的英雄事迹；王雪亭、傅瑞五、王道部的反正，也曾得到过时任山东军区司令员兼政委罗荣桓、副政委黎玉、政治部主任萧华的高度评价；三边特务队长宋鲁源在广北的锄奸故事，与当今盛行的谍战剧相比毫不逊色；尤其是血战三里庄过程中舍身炸敌堡的爆破英雄侯登山，是我党我军历史上第一位舍身炸敌堡的英雄，这一事件已经被多位专家学者证明。这些英雄的事迹，我们应当永远铭记，继承先烈遗志，创造新的辉煌。

抗日战争时期，垦区根据地发生的大小战斗近千次，比较有名的有清水泊突围、北张战斗、攻克三里庄、粉碎日伪军21天大扫荡、解放利津城等战斗，这些战斗大多斗争形势残酷、战斗激烈，战争双方武器装备悬殊，但黄河口军民不畏强暴，发动群众挖"抗战沟"，灵活运用战略战术，时而主动出击，时而打伏击战，取得了多次战斗的胜利，极大鼓舞了抗日军民的斗志，沉重打击了日伪军部队。

1938年12月27日，山纵成立，八路军山东人民抗日游击队第三支队改编为山纵三支队，1940年10月，其在牛庄、北隋被改编为山纵三旅；何思源北上抗战，国共关系紧张，五次清水泊激战；刘家、姜家激战，成建基惨败，成建基部退至三里庄，着手修建三里庄据点（1941年夏，成建基赶走了三里庄的百姓，在这里建立起城堡。周围有两道五米多深、三米多宽的壕沟，沟上加了两道铁丝网，修了六米多高、三米多深的双层城墙，围墙上修了走廊形双层夹道，夹道里有暗堡，围墙四周和西门各修有炮楼，配备交叉火力的机枪）；成建基的累累罪恶，让当地群众恨之入骨。1940年，广北地区与成建基斗争逐渐白热化，当地乡绅、汉奸隋梦楼，土匪商吉堂、翟培请等为非作歹，再次激起民愤。1943年，日本集中兵力蚕食我小清河以北、黄河以南地区。又于4月间，集中20 000余人，扫荡广北、垦利，合围扑空后，胁迫民夫40 000余人，兵分两路进行蚕食。日寇在北边，以三里庄为中心，沿黄河修筑了封锁线；在南边，沿小清河由东向西展开，对我军形成夹击之势，企图消灭我军区的机关和主力部队。敌军采取伪军在前、日军在后、伪军驻扎外围据点、日军驻扎核心据点的办法攻打我军。三里庄位于垦利、广北、博兴、蒲台交界处，是进出垦区根据地的咽喉。离三里庄东南二十多里，就是我军区机关常驻地北隋、牛家。我军于1941年—1942年间三次攻打三里庄未成。敌人企图以此为据点，扩大蚕食区。1943年5月28日，我军发起三里庄战役，攻克了这一据点，给向我军蚕食的伪军当头一棒。

挟攻克三里庄据点之威，1944年8月，渤海区拔掉了以利津城为中心的盐窝、张许等10处据点，掀开大反攻序幕，史口成为渤海抗日的大后方和后勤部。1944年8月利津城解放，1945年滨县、蒲台县城相继解放。

血战三里庄，八路军牺牲了两个连的兵力，但这些牺牲的战士大多没有墓碑，甚至连名字也没留下。清河区的抗日武装力量通过游击战争和伏击战等战术手段，有效地牵制了日本侵略者的兵力，为抗日战争的胜利作出重要贡献。

（三）人：革命英烈和先进群众

以李耘生、李竹如为代表的黄河入海口地区的革命英烈始终坚守一种信仰，坚持一条道路。李耘生，1924年加入中国共产党。1930年，派往南京重建党组织，担任南京特委书记。1932年初，南京党组织再次遭到严重破坏。李耘生不幸被捕。敌人对其软硬兼施都没成功，于是敌人想出了一个泯灭人性的办法，就是让儿子指认父亲。在牢房内，李耘生看到了多日不见、只有两岁的儿子，当儿子看到爸爸，撕心裂肺地哭喊要找爸爸时，李耘生知道暴露了，想最后伸手摸摸儿子，但是，敌人没让父子说一句话，便硬生生地把孩子给带走了。不久李耘生在南京雨花台刑场英勇就义了，牺牲时只有27岁。

我们的共产党员为什么有这样超出人的本能的意志，为了民族解放、人民独立赴汤蹈火、舍生忘死？习近平总书记是这样指出的："英雄模范之所以能够赴汤蹈火、舍生忘死，之所以能够任劳任怨、鞠躬尽瘁，之所以能够洁身自好、光明磊落，最根本的就是他们对理想信念有执着追求和坚守。"而这种理想信念，正是在对《宣言》、马克思主义理论的学习中产生并深化的。

　　垦区具备卓越宣传和组织才能的革命志士也不在少数，利津籍的李竹如就是其中功勋卓著的一位。李竹如1927年加入中国共产党，是利津县最早入党的共产党员。因具备深厚的文字功底和组织才能，他先后在济南创办了《竞进》周报、《新亚日报》，在上海创办并主编《文化报》，1940年担任中共山东分局宣传部部长，兼任《大众日报》管委会主任，始终从事党的文化宣传工作，撰写了大量的评论和文章。尽管其在黄河口地区工作的时间并不长，但作为从黄河口走出去的文化战士，李竹如在更广阔的天地中不仅充分发挥了他的宣传才能，而且在团结山东各派力量共同抗日方面显示出高超的组织才能，在党的宣传、组织战线上作出了卓越的贡献。除李竹如外，这一时期也涌现了清东军分区政委岳拙园、国民党陆军第八军军长李玉堂、八路军115师第五支队的李毓祯、"北张七十二烈士"等众多革命志士，志士们的斗争精神是激励黄河口人民奋勇前进的强大精神力量。

　　解放战争时期的利津县县长王雪亭，1944年入党。1947年，黄河出现险情，一旦决口，后果不堪设想。危急时刻，时任利津县县长的王雪亭率先跳入水中，用自己的身体去堵黄河大堤的漏洞，这与1938年蒋介石制造花园口决堤，直接造成共有3省44县的89.3万人失去生命形成了鲜明的对比。中国共产党的"小米加步枪"，能战胜国民党的飞机大炮的原因其实就在这里，我们中国共产党人没有自己的特殊利益。正是有了中国共产党的奉献，甚至不惜用生命区保护群众，才有了群众的奉献。对于我们的党究竟是什么样的党这个问题，马克思和恩格斯都有过解释。共产党的特殊性就体现在，除了工人阶级和最广大人民群众的利益，没有自己特殊的利益。党在任何时候都把群众利益放在首位。

　　爱国人士吕致斋，为了建起东营地区第一支抗日武装力量，卖掉了70多亩田地，捐出800块大洋，用于购买枪支。在他的影响下，他的三个儿子、两个女儿、大儿媳妇纷纷参与革命，大儿子吕乙亭在太河惨案中牺牲。中华的文明史告诉我们，中华民族是不缺少抗争精神的。为什么近代中国之后，中国过着遭受深重苦难和极度屈辱的生活？原因是缺少先进组织的领导、缺少思想武器。而中国共产党具有先进组织的领导，也拥有思想武器——马克思主义理论。马克思主义理论的传播具有非常重要的作用，就是唤醒了农民们的抗争意识。"四一二"反革命政变后，国民党反动派大肆屠杀共产党人，日军进犯山东，制造了多起惨案，像刘集惨案、小码头惨案、义和庄惨案。面对这样的情况，共产党人没有退缩，更加奋起反抗。

二、黄河口红色文化可视化呈现的策略

（一）对红色文化记忆的历史性进行概括归纳

从红色文化资源的界定中，我们可以看到，红色文化记忆虽然包括社会主义革命、建设社会主义和改革开放时期形成的精神及其载体，但是它的主体仍然是新民主主义革命时期形成的革命精神及其载体。当代各种精神及其载体不是无本之木、无源之水，它们的本源就是革命战争年代形成的革命精神及其光荣传统，它们体现着中国共产党和中国人民英勇奋斗的历史，同战争年代形成的革命精神和光荣传统是一脉相承的统一的科学体系。革命年代形成的精神及其载体，集中反映了革命年代的峥嵘岁月，是那个特定时代的历史。由于红色文化资源的久远性，以及在经济全球化的冲击下，中西方文化的相互碰撞和激荡，用好红色文化这一宝贵精神财富需要进行一番研究和总结，通过一番加工和制作，将其转化为现实性的资源，在当熠熠生辉。

（二）对红色文化记忆进行由"分散"达到"集聚"的整理

红色文化记忆是中国共产党和中国人民共同创造的精神财富，值得我们永远珍惜。针对红色资源在空间分布上的高度分散性，我们必须寻找有效的解决策略，以充分发挥其教育价值。我们可以通过科学的方法和手段，对红色文化资源进行整合和优化，实现其在特定程度上的"集中"。唯有如此，我们才能使红色文化资源的教育功能更加具有实践性和可操作性，从而有效克服其空间分散性所带来的限制，以"集中"的形式达成广泛教育的目标。

推动红色资源的数字化建设至关重要。借助现代信息技术手段，我们可以将红色资源进行数字化处理，实现资源的网络共享和在线访问。这不仅有助于解决红色资源在空间上的分散性问题，也能让更多的人方便快捷地获取和利用红色资源。同时，数字化建设还有利于红色资源的长期保存和传承。

加强红色资源的区域合作与交流必不可少。通过红色文化研究的合作

与交流，不同区域的红色文化研究部门能够合力挖掘和整合区域内的红色资源。通过开展合作项目、建立资源共享机制等方式，推动红色资源的跨区域整合与利用。

（三）着眼于受教育者的"最近发展区"

在长期革命斗争和建设过程中，涌现出了无数的英雄人物，他们是中华民族的优秀代表，他们的英雄事迹、优秀的革命品质、高尚的道德情操，值得我们学习，他们的英雄事迹在我们心中树起了一座人民英雄的丰碑。苏联著名教育家维果斯基指出："教育教学应着眼于'最近发展区'，提供带有难度的内容调动受教育者的积极性，同时，这种差距应该保持一定的度，如果差距太大，使人们感觉无论怎样也难以到达，就会使这种教育作用大打折扣。"为了充分发挥红色文化的教育价值，需要将其转化为更具普适性、更接地气的形式，使广大教育对象接受。

红色文化的教育价值主要体现在其精神内涵上，包括坚定的信仰、无私的奉献精神、英勇的奋斗精神等，这些精神品质是现代教育中塑造学生正确世界观、人生观和价值观的重要元素。通过红色文化的学习，学生不仅能够了解历史，更能从中汲取精神力量，激发学生的爱国热情和社会责任感。我们要将红色文化与现实生活相结合，以平民化、生活化的方式呈现给学生。这并不是意味着降低红色文化的内涵和品质，而是要通过丰富多彩的教育活动，让学生在亲身体验中感受红色文化的魅力。我们需要根据学生的年龄、兴趣和能力等特点，设计不同层次的红色文化教育内容。对年龄较小、兴趣广泛的学生，可以通过生动有趣的故事和图片来介绍红色文化；对于年龄较大、兴趣较为专一的学生，可以通过深入的学术研究和实践探索来引导他们更深入地理解红色文化的内涵和价值。

第五章　城市文化

第一节　黄河口城市文化概况

文化是城市的血脉，是人的存在方式，城市文化体现了城市的特色和个性，是城市的灵魂和魅力所在。作为社会意识的主要组成部分，文化对于社会存在，尤其是经济发展具有巨大的推动作用，也是城市竞争力的核心组成部分。作为全国宜商城市之一，东营市是依托胜利油田发展起来的典型资源型城市。东营市地处黄河三角洲，内控黄河、外濒渤海，其河海文化具有鲜明的地域特色。作为黄河三角洲的中心城市，东营市是"黄蓝"两大国家战略唯一完全覆盖的地级市，是多样文化的聚集地。

实现东营城市社会治理的现代化，不仅需要依赖中国特色社会主义的理论、制度和道路，也离不开黄河口独特的历史传承和文化传统。这些因素与东营市的经济社会发展和人民群众的需求相互交织，共同推动着这座城市社会治理的现代化进程。

黄河口的历史与文化是东营市社会治理向内求索与开发的基础。没有对内的探索，所有的借鉴都如同无源之水、无本之木。东营市地处黄河入海口，不仅以其丰富的石油资源和独特的地理位置闻名于世，更以其独特而丰富的城市文化展示着城市的深厚底蕴和独特魅力。

东营市的历史可以追溯到数千年前的新石器时代。在这片土地上，中华文明的脉络清晰可见。自春秋战国时期至清朝，东营市区域内的文明不断发展，多元文化交融，形成了深厚的历史文化底蕴。其中，最为引人注目的是黄河文化。千百年来，黄河不仅孕育了这片土地，也塑造了这里独特的人文风情。

从油田建设者们的艰苦创业，到现代石油产业所展现的高科技实力，无不彰显了这座城市作为我国重要石油工业基地的坚韧与活力。东营市与黄河的特殊区位关系，这这里流传着丰富的黄河传说和民间故事，体现了人们对母亲河的敬畏与感恩。随着油田建设和经济发展，大量外来人口涌入东营，形成了独特的移民文化。移民文化的开放包容、移民文化的坚韧不屈的精神，为东营市的文化发展注入了新的活力。进入新时代，东营市的城市文化发展呈现新的面貌。一方面，传统文化得到保护和传承，如黄河文化馆、黄河口生态旅游区等文化景点的建设，让更多人了解和体验了东营的独特魅力；另一方面，现代城市文化的建设也在不断推进。随着城市基础设施的完善和公共文化服务的发展，东营市的文化活动日益丰富，吸引了越来越多的市民参与。互联网和新媒体的发展为东营市的城市文化创新和传播提供了新的平台，为塑造东营黄河入海城市、湿地城市、旅游城市、开放城市的新时代城市形象建立了良好基础。通过社交媒体、短视频平台等渠道，东营的文化符号和文化形象得到了更广泛的传播，让更多人认识和了解了这座城市。今后的发展中，以全省的统一安排部署为指导，结合东营市的实际情况，对东营城市的新业态资源进行系统性、全方位的调研、挖掘，并扎实地推进东营市"文旅+"新业态朝着健康有序的发展目标迈进。

东营市在城市规划与建设中，也充分体现了黄河口文化的特色。市区内黄河口文化主题的广场、公园等公共空间，使黄河口文化深入人心。东营市还举办了一系列以黄河口文化为主题的节庆活动，如黄河口文化艺术节、黄河口国际马拉松比赛等，以此弘扬黄河口文化，增强市民的认同感和归属感。今后的发展中，我们需进一步用好东营市博物馆、黄河口文化馆、黄河三角洲鸟类博物馆、孙子文化园、湿地博物馆等展馆，着力提升重点项目突破行动，紧紧围绕工业旅游、海洋旅游、黄河文旅等门类全面发展，并开展招商活动，推动文化创意工厂、主题度假综合体、黄河大集等项目。在教育领域，黄河口文化的传承与发扬得到各级部门的重视。各级学校将黄河口文化融入教育教学中，通过开展课题研究、组织实践活动等方式，让学生深入了解黄河口文化，培养人们的文化自觉和自豪感。

文化是旅游的灵魂，旅游是文化的载体。作为入海口城市，东营市应依托自身优势，完善东营市文化产业和旅游产业融合发展模式，着力突出项目建设，创新旅游新线路；聚力产业融合，培育文旅新业态。东营市是黄河入海的地方，黄河与大海的双重馈赠使得东营市的文旅资源独具特色。东营市在2018年被认证为首批国际湿地城市，拥有我国最为完整、广阔、年轻的湿地生态系统——黄河三角洲国家级自然保护区，是东亚—澳洲和环西太平洋两条候鸟迁徙途经的主要枢纽。东营市濒临渤海，盐业、渔业、养殖业得天独厚，物产丰富，河海产品颇受欢迎，地方还有历史悠久、远近闻名的区域特产，为开发美食旅游项目提供了可能。东营市海港、浅海滩涂众多，林业资源丰富且独具特色，为发展旅游度假和研学体验提供了资源支撑。东营市注重文化旅游产业的发展，以黄河口文化为灵魂，打造了一系列特色旅游景区和旅游产品。黄河口生态旅游区、黄河文化馆等彰显特色文化的场馆吸引了大量游客前来感受黄河口文化的魅力。积极开发黄河口文化创意产品，如黄河题材的工艺品、文化用品等，以此推动黄河口文化产业的繁荣发展。东营市抓住了文旅产业发展机遇，基于自然资源特点，顶层设计，整体布局，不断推出精品旅游路线和文旅活动，紧扣"黄河入海"地域标识特点、资源优势，把握"生态东营"精神内涵，以"黄河入海城市""湿地城市""旅游城市""开放城市"为定位，从独有性、特色性、复合性、体验性等角度对城市宣传语、城市标识、城市卡通吉祥物等在内的城市形象成果进行深入解读，持续扩大"黄河入海"的品牌影响力。

在国际交流与合作中，东营市也充分发挥黄河口文化的独特优势，与世界各国开展文化交流，展示黄河口文化的魅力，增进国际友谊。东营市通过着力打造"黄河入海，我们回家"文化旅游品牌，开发"黄河入海，智游东营"小程序，优化景区门票、酒店预订、线上商城等公共服务功能等措施，多形式地推广黄河口文化的传播。通过举办国际文化交流活动，依托全省旅游发展大会、跨国公司"走进黄河口"恳谈会等活动，大力推广"河东东""海营营"城市IP形象，进一步扩大"黄河入海，生态东营"的城市品牌影响力，并且借助文化云平台，正在逐步实现国家、省、市互联互通，开展场馆预约、文旅点单、文旅直播、培训讲座等活动。

在社会治理方面，东营市积极探索具有黄河口特色的社会治理模式，注重发挥黄河口文化在凝聚人心、促进和谐方面的作用。开展了"沿着黄河来旅行"系列宣传活动、沿黄徒步行、沿黄研学游、"星空露营节"等活动，开通了"东营文旅"直播间，探访非遗大集等热点活动，并在线发布旅游咨讯、活动引导、疑问解答等，这些活动深受市民和游客的欢迎与好评。未来的发展中，东营市应更为注重旅游产业对文化自信、科技自强及提升民众生活幸福感的重要作用。在数字经济背景下黄河口文化产业发展的途径要以区域特色优秀文化为切入点，在此基础上深入挖掘东营市的非物质文化遗产资源，如吕剧、齐笔等非同质化的区域特色文化代表，让传统文化与数字化深度融合发展，同时借助数字技术打造历史文化体验平台，设立数字文旅产业发展的专项资金，重点支持特色文旅项目，推进黄河口国家公园建设，努力打造黄河流域生态保护和高质量发展的样板，对接个性化与多样化的需求，聚焦东营市世界级的生态资源、厚重多元的文化资源、储量丰富的自然资源，构建科学合理的东营市文化特色品牌建设体系。

东营市的城市文化具有深厚的历史底蕴、鲜明的地域特色和充满活力的现代发展。这座城市的文化既包含着丰富的历史遗产和传统文化元素，又融入了现代文明和时代特色。展望未来，城市文化将成为东营市不断发展壮大的强大动力，黄河口的人民将继续深入挖掘黄河口文化的内涵，弘扬黄河精神，以城市文化发展为引领，推动社会治理现代化，为构建美好家园、促进人类文明进步贡献东营力量。

第二节 黄河口城市文化竞争力

一、关于城市文化竞争力

学界关于城市文化竞争力的内涵研究，普遍认同城市文化竞争力是一种与精神创造、制度沿袭、文化资源流动相关的竞争力概念，着重强调其比较意义和价值体现。城市文化竞争力既体现了城市文化水平，也是生产行为和市场经济活动的综合实力的体现，既包括了城市文化积淀和创造，也包括了提供文化生产和服务的交换分配和消费等具体环节所展现的经济能力。[①]如果说城市竞争力主要是指一个城市在发展过程中与其他城市相比较所具有的竞争能力，那么这种能力应该更多体现在吸引和控制资源和市场，以及创造价值为市民提供福利等方面。城市文化竞争力是城市竞争力的底蕴，是一个城市通过文化发展给未来社会可持续发展，尤其经济发展提供持久动力的能力。文化竞争力，就是各种文化因素在推进经济社会和人的全面发展中所产

---

①范周，萧盈盈.中国城市文化竞争力研究报告（2015）［M］.北京：知识产权出版社，2015：43.

生的凝聚力、导向力、鼓舞力和推动力等。[①]文化竞争力主要是文化生产力水平和效益的竞争，这种竞争虽不具有对抗性，但依然激烈。"文化竞争力说到底也是制胜的竞争力"。[②]提升城市文化竞争力的水平，能够抢占城市发展的先机、把握城市发展的主动性，从而推动城市经济持续、有后劲地发展。一般来说，城市文化包括传统文化的现代积淀、市民素质、文化事业和产业、社会文明程度等多个方面。根据中国社会科学院城市与竞争力研究中心对中国城市可持续竞争力中"多元一本的文化城市"的指标体系解释，城市文化竞争力的数据主要从历史文化、现代文化、文化多元性、文化产业等四个方面获得。其中历史文化指数包括"历史文化名城批次""非物质文化遗产数量"两个方面；现代文化指数包括"文化艺术场所数""每万人剧场、影剧院数量"；文化多元性包括"城市拼音名Google英文搜索结果条数""城市星级酒店提供语言服务种类数"两种衡量方法；文化产业包括"每百万人文化、体育和娱乐业从业人数""外国入境旅游人数"两个方面。为了构建可持续发展的理想城市，为了提高人民的文化生活品质，研究东营城市文化竞争力有重要意义，目前解决文化建设的共性问题十分迫切。历史文化资源积累及保留较多的城市有着先天的优势，城市文化竞争力的基础较稳固，而相对新兴的城市，比如东营市就需要更多的后天文化培育，文化产业和文化事业建设任重道远。

二、东营城市文化竞争力的发展现状

东营市作为山东省内经济发展水平较高的地级市，改革开放后经济发展获得了长足的进步，同时城市文化的发展水平也在飞速提升。文化竞争力的提升对区域经济的持续发展有着极为重要的作用，且服务于政治、经济、社会的稳定发展。没有文化竞争力作为底蕴，城市发展，尤其是城市经济的发展将后劲乏力。

东营市是黄河三角洲的中心城市，是"黄蓝"两大国家战略的叠加区，东营市目前正处在加快落实黄河重大国家战略、奋力推进高水平现代化强市建设

---

①范周，萧盈盈.中国城市文化竞争力研究报告（2015）［M］.北京：知识产权出版社，2015：16.

②高占祥.文化力［M］.北京：北京大学出版社，2007：104.

的关键时期，近年来在推动城市文化竞争力的提升方面取得了长足的发展。

一是为构建现代公共文化服务体系，以打造国家公共文化服务体系示范区作为推进文化事业发展的重要抓手。此体系的核心目标在于提升公共文化服务的质量和覆盖面，保障市民公平享有文化权益。目前，政府已经在诸多方面做了努力。首先，在公共文化设施网络建设方面，政府已投入大量资源，持续优化设施布局，提升设施规模和数量，以满足群众日益增长的文化需求。现在，公共文化设施的建设为广大群众提供了便捷的文化体验场所。其次，政府注重推进公共文化服务均等化，通过科学规划和合理布局，努力实现城乡之间、区域之间公共文化服务资源的均衡配置，缩小城乡文化差距。再次，政府建立健全公共文化服务标准体系，规范服务流程和质量要求，推动公共文化服务向规范化、标准化方向发展。最后，政府积极实施文化惠民工程，丰富人民群众的精神文化生活，提升市民文化素养。通过举办各类文化活动、文化培训和文化演出等，让更多人参与到文化活动中来，感受文化的魅力。

二是，探索公共文化服务新路径，提升公共文化服务能力。其具体体现在以下几个方面。建设乡村剧场和群众文化广场，升级打造数字文化广场；打造公共文化服务品牌，拓展图书馆、文化馆总分馆制服务体系；建设"文化东营"云平台，打造数字文化建设品牌；组织实施历史文化展示工程打造优秀文化传承保护品牌；推进理事会治理制度向基层推广；注重加强文艺精品创作生产，实施吕剧振兴工程。

以上措施的实施有效提升了东营市文化事业的发展，但相较于经济发展水平相当的地市，东营市文化竞争力水平还需要进一步提升，以文化后劲推动经济社会的稳定、平衡发展。

第三节　东营城市文化竞争力提升的路径

一、以高等教育助推东营城市文化发展

社会的发展，尤其是经济的发展离不开人的发展，人才培养得益于教育。高等教育对社会发展所起的巨大作用已经成为社会共识，提升城市文化竞争力的关键在于吸引人才和培养人才。在城市中，大学是发挥文化的教化

与标示功能、培养高素质市民的重要机构，也是人文精神传承的基地。大学文化日益彰显出与城市文化相依相伴的关系，尤其肩负着提升城市文化品位的重大责任，是地域文化中进步成分最集中的场所，对于凝聚城市精神、升华城市形象起着重要作用，是城市文化竞争力的源头活水。

东营市域内的高等院校每年都会输送大量毕业生到区域内的企事业单位工作，以东营新市民的身份充实到东营市建设的各行各业中，成为东营市的常住居民和城市建设的中坚力量。经济社会发展的关键时期，一座城市拥有大学的数量和质量，往往直接关乎其城市竞争力。科研创新和社会发展力量的交织，对城市未来的发展起到人才支撑的关键作用。大学精神是一所大学生命力的源泉和改革发展的内驱力[1]，大学精神的浸染应该能够帮助大家明白苦读的初心到底是什么。高校中的教师所从事的教学科研活动充实和丰富着东营文化和城市精神，并将这种科学和人文精神辐射到社会各领域，使得城市文化生生不息，得以传承。建设高水平大学，可以为经济的全面协调发展提供人才基础；建设特色学科，能够塑造与时代发展相吻合的经济产业发展模式，并深刻影响人们的价值观、生活方式和文化心理，积淀和固化为区域特定的社会经济文化。教育、科技、人才对城市发展来说，无疑是至关重要的资源，也是城市发展的名片，且有助于提升城市气质。高校的科研作用同区域的科学发展及企业的特定需求有机结合，不仅可以优化经济结构，也可以更好地服务于"黄蓝战略"的深入实施。

在城市建设中应着眼于城市发展的全局，推动大学的建设和发展，以充分发挥大学文化、大学精神辐射社会的作用。大学建设也应与区域发展结合，利用科研优势开设特色学科带动地区经济发展。在推动驻地高校建设发展的同时，还应加快引进优质高等教育资源。东营地区河海交汇，水草丰茂，自然资源丰富，生物种类繁多，生态环境独特，如果将特色地域的资源开发如湿地生态、药用植物等资源与高校专业教学科研联系在一起，既能为东营市创造持久独特的经济效益，又能促进大学的学科建设和发展。大学定期邀请专家学者举办的高水平讲座、论坛等教研和科研活动，应向市民开放，其人文精神的辐射作用将会对整个城市产生长久的影响。

---

[1]颜晓红，刘颖.以一流大学精神推进现代大学治理［J］.中国高等教育，2019（20）：25-27.

二、打造黄河三角洲区域代表性文化产业，增强城市文化吸引力

文化产业是城市文化竞争力中最直观的竞争内容和最能产生规模效应的部分，而且文化的创意性和精神性也能够为城市其他产业带来高附加值，与相关产业进行协同创新与融合，从而调整并提升城市的经济社会结构，形成区域的新增长点。对东营市来说，就是要进一步深化文化体制改革，推动文化内容形式创新、体制机制创新、传播方式创新，解放和发展文化生产力，打破文化创意与设计服务、旅游、制造、金融、体育、科技等许多产业的行业界限，促进其与实体经济及其他经济形式的深度融合，挖掘各个产业的文化内涵，着力提升各产业的创意附加值，不断延伸和扩展产业链，将文化优势转化为现实生产力，有条件地进行股份制改造和兼并重组，实现低成本扩张，发挥市场的决定性作用，不断增强市场活力。同时，要进一步培育和扩大文化消费市场，采取一系列手段促进文化消费，针对市场需求不断满足消费者的个性化消费，通过宣传引导，促进市民文化消费观念的转变，将消费潜力转化为事实上的文化消费，增强文化消费意识，形成文化供给与文化需求平衡发展、繁荣的局面。

我国是区域文化产业差异明显的国家。现在已经较为成熟的文化产业区域有珠三角区域文化产业、长三角区域文化产业、环渤海区域文化产业及东北区域文化产业和中、西部文化区域产业。广东的文化产业园区、深圳的大芬油画基地等是珠三角有特色的文化产业代表；长三角以其深厚的文化底蕴拥有众多的文化产业园区，此外，有影响力的电影节的连续举办和近年发展起来的无锡、横店影视城等文化产业也引人注目；哈尔滨的冰雪文化节成为东北区域文化的亮点；中部区域有张艺谋的山水实景演出"印象"系列作品，带动了地域经济发展。东营地处黄河三角洲，目前虽尚未形成具备特色资源优势的龙头文化产业，但文化产业发展的潜力毋庸置疑。作为一个新兴城市，东营市的三区两县历史文化的积淀尚不平衡。发展文化产业首先应考虑的社会要素主要有历史遗产、文化资源、市民观念、教育机构和区域的硬件设施（主要有交通、图书馆、博物馆、城市广场等）的齐备程度。培育发展重点文化产业项目和企业，拓宽新兴文化产业领域，建设城乡有机组合的文化队伍，选拔培养东营本地的文化名家、文化英才，建立东营市文化人才库，是增强东营市文化发展吸引力的有效途径。

针对东营市影响文化产业的社会因素发展现状，从短期发展来看，举办更多的省级以上包括国际级别的运动赛事、电影节、大型综艺演出或者实景演出等文化活动是提高城市知名度的首选途径，东营市已经或者正在举办的黄河口系列文化节、第五届城市园林绿化博览会及全地形车极限挑战赛、黄河口国际马拉松比赛、全国木偶戏和皮影戏优秀剧目展演就是很好的实践模式；从长期发展来看，需要完善文化产业发展的社会因素和生产因素，需要从技术条件、人力资源和资本保障等方面提供更有力的支撑，需要打造数字文化产业平台，为东营市的数字文化产业发展奠定政策基础，通过全方位的资源整合，以高科技产业、文化演艺产业为核心，依托地域优势，扬新兴城市之长，避历史遗存较少之短，形成合理的文化产业结构。英国经济学家科林·克拉克经实证研究曾得出这样的观点：随着经济发展和国民收入水平的提高，劳动力有逐渐由第一产业向第二产业，再由第二产业转移至第三产业的发展趋势，第三产业吸纳的劳动力比重会随着经济的发展越来越大。东营市的经济发展已为隶属第三产业的文化产业发展奠定了基础，而文化产业的进一步发展应会吸纳更多的劳动力，在区域结构中协调发展，从而使社会经济结构更合理。

三、建设公共文化服务体系，提升市民素养，增强城市文化凝聚力

以图书馆、博物馆、展览馆、体育馆及音乐厅等为代表的公共文化基础设施建设从城市文化竞争力的物质层面体现了一个城市的文化面貌。东营市近年来先后开始建设市博物馆、雪莲大剧院、图书馆新馆等重点文化设施，初步形成了由市、县、乡镇到社区的四级文化基础设施网络。近年来的东营市财政决算报告表明，东营市分别安排资金上千万元用于"农家书屋"、艺术馆、博物馆和第十届中国艺术节、雪莲大剧院及黄河口国际马拉松比赛等文化惠民工程建设。但这些文化基础设施的建设目前仍不能满足市民的需要，尤其在东西城文化服务设施建设的均衡度，市、县、乡及社区的资源利用及分配等方面仍需政府部门更多的关注。

构建地方特色专题场馆体系，突出各自办馆特色。黄河文化馆以黄河口文化为主题，市历史博物馆、利津县博物馆分别打造东营市黄河南文化片区、黄河北文化片区的历史展示馆，市历史博物馆突出"孙子文化"特色，利津县博物馆突出"东津古城"特色。油田石油科技馆定位为东营市石油文

化专题展示馆，突出"胜利价值观"特色。黄河口湿地博物馆定位为湿地生态展示馆，突出"生态文化"特色。《宣言》纪念馆、渤海垦区革命纪念馆定位为革命纪念馆，突出"红色文化"特色。东营民俗博物馆定位为区域文化特色专题展示馆，突出"移民文化"特色，这些各具特色的专题场是市公共文化服务的重要阵地。

整合党建资源，吸收学校、企事业单位、科研院所等单位的馆藏资源加入地区性公共图书馆服务网络体系，实现市域范围内公共图书馆服务全覆盖、图书通借通还的目标，着力打造"十五分钟文化圈"，使公共图书馆服务走进千家万户，形成具有东营特色的公共图书馆服务网格化管理模式。同时，突破图书馆集中服务的局限性，采取"预约上门"服务的方式，每月定期开展图书馆"进社区、进学校、进企业、进军营、进敬老院"活动，将图书馆服务延伸到社会各个层面。

图书馆、博物馆、剧院等场馆的硬件设施建设完成之后，更重要的是其后续的管理和运营问题。图书馆的文化服务功能不仅体现在良好的阅读环境和丰富的阅读资源上，还应兼具文化传播及培育新的市民精神的任务。东营市图书馆在建的尼山书院项目对于传统文化的传承和市公共文化服务体系建设具有良好的辐射作用。国家图书馆的管理经验值得借鉴，国家图书馆开展的讲座、培训、展览、演出等服务项目较好地满足了首都居民获得知识的需要。定期或不定期的公益学术讲座、读书沙龙、各学科领域专家讲座、创业论坛、传统文化展示都可以依托图书馆的硬件资源服务于市民，搭建多元文化交流平台，成为市民素养整体提升、凝聚城市精神、展现城市品位的便捷渠道。

博物馆因地处特定的城市之中，是一个城市文化的象征，也是地方文化多样性的载体，同时还是地方历史文化教育基地，对促进市民的地方文化认知起着主导作用。其基本功能是保存、研究、复兴和传播本土文化。作为城市的灵魂，博物馆可以成为高校的爱国主义教育基地，也可以配合学前儿童、中小学学生设立专门的教育服务部门，使得教育成为博物馆的核心功能。博物馆引进的展览可以与教育部门配合开展诸如有奖征文比赛、有奖知识竞赛、有奖临摹大赛、礼仪纠正比赛等系列教育活动，使学生在寓教于乐中亲身感受增长知识的乐趣，让市民由参与到融入，在参观和参与过程中回顾历史、品味博物馆呈现出来的美好。

　　剧院既是城市居民文化消费的主要场所，也是进行艺术教育，提升市民素质的主阵地。作为非营利性社会公共文化场所，剧院兼具市场性与公益性的作用。高质量、高知名度的商业演出可以满足家庭收入稳定的市民的文化消费需求，同时收回部分运营成本。而作为公共文化资源，开展诸如"家庭音乐会""经典艺术讲堂"等形式多样的艺术普及活动，有意识地向青少年和弱势群体倾斜，努力营造艺术家与观众的互动空间，通过设置低票价区域或引进公益性演出等方式开展文化惠民活动，让更多人走进剧院、享受剧院，使市民文化素质得以提升，使广大群众共享文化发展成果。

四、打造独具特色的公共文化服务亮点，提升城市亲和力

　　打造独具特色的公共文化服务亮点，必须结合本地实际，突出本地优势，创新公共文化服务体系运作机制和载体，打造具有在全省乃至全国推广价值的公共文化服务亮点。就东营市实际而言，从政府到民间、从市长到市民、从专业到业余、从大型场馆到基层院团、从市直到乡村、从地方到油田、从实体到虚拟齐动员、共参与，构筑一个"全民上阵、共建共享"的公共文化服务体系，是提升城市文化竞争力的关键。具体而言，可以在以下几个方面着力。

（一）建立公共文化服务体系建设专题咨询制度

　　由东营市创建公共文化服务体系示范区工作领导小组牵头，建立由相关市人大代表、市政协委员、专家学者组成的公共文化服务体系专题咨询制度，每季度就公共文化服务体系发展规划、体制机制设计、项目建设、运营方式、推进举措等方面组织一次专题咨询会，征求意见、听取建议，并就党委政府拟出台相关政策进行评估、分析、论证，形成咨询报告，推动相关决策的民主化、科学化、制度化，每年就公共文化服务体系建设中存在的具体问题设计课题，纳入市社科经费资助课题范围，就具体问题进行研究，为党委政府决策提供理论参考和实践指导，创新全民同乐的群众文化载体。在农村推行"垦利经验"，广泛开展"村村唱戏村村舞"活动，不断丰富农村群众精神文化生活；在城市借助各种形式的广场文化节，以"全民同乐·幸福东营"为主题，开展"放歌黄河口""消夏晚会""草根春晚""草根大明星"等活动，实现"一县区一个品牌，一镇街一个载体"，以引导全民阅读为目的，创建"书香东营·智慧油城"读书月品牌，在农村以"农家书

屋"为阵地，在城市以图书馆和社区书屋为阵地，举办大型读书活动。推行
"'悦'读进校园"活动，开展演讲比赛和朗诵会，积极倡导青少年参与读
书活动。

（二）建立庄户剧团可持续发展机制

近年来，东营市的庄户剧团发展迅速，成为基层，特别是农村群众公共
文化服务的主力军，成为基层文化发展的一大亮点。在推进公共文化服务体
系示范区建设中，政府要进一步重视庄户剧团的建设，推进其可持续发展。
具体可通过以下四个方面来推动：一是资金扶持，通过开展演艺比赛活动，
由县、乡镇两级政府投入资金，采取"以奖代补"的形式，为庄户剧团和民
间艺术表演队伍购置服装、道具等，奖励庄户剧团在本村以及周边的乡镇演
出；二是购买服务。选取具有一定规模和公共演出能力的庄户剧团，以"政
府购戏"的方式，组织庄户剧团在全市农村开展演出，同时，演出安排实行
包片制度，根据剧团所在地，把全市划分成10个演出片区，并向居住集中村
庄倾斜，使演出服务更多的群众；三是专业指导，由政府聘请专业人士定期
对庄户剧团进行艺术指导，不断提高其演艺水平；四是与地方非物质文化遗
产保护相结合。扶持民间短穗花鼓艺术团、"虎斗牛"艺术团、民间吕剧
团，给予非物质文化遗产专项保护资金支持，制定演艺传承机制。

（三）健全基层文化志愿者激励机制

就东营市而言，完全依赖现有文化从业人员来满足群众基本文化需求，
是难以完全实现的，需要充分发挥基层文化志愿者的作用。事实上，在社
区、学校、企业、农村有一批热心公益、热爱文艺的群体，政府应积极搭建
平台，成立文化志愿服务团体，形成"政府引导、分层组织、自我管理、提
升自我、良性运转"的文化志愿者队伍建设模式。

（四）完善文化人才工程建设体制机制

研究制定指导性文件，建立各个层次的文化人才引进目录，通过专项人
才引进计划引入一批文化事业急需的紧缺人才。对现有文化人才队伍要进行
一次全面摸底，分期分批地有针对性地培养；与省内外相关文化艺术院校挂
钩，分期分批并集中轮训以更新知识结构，同时可聘请教授、专家、学者开
展专项业务短期培训活动；对社会文化从业人员开展文化业务知识培训。

（五）探索数字化公共文化服务机制

积极利用计算机技术、数字技术、网络技术及移动通信技术等高科技

手段，推动公共文化服务的创新与发展。丰富服务内容，拓宽服务领域，为广大民众提供更为便捷、高效的文化体验。在"三网融合"技术的助力下，大力推进数字文化资源的普及工作，确保其能够深入农村地区，覆盖更多家庭，让每一位市民、村民都能平等享受到数字文化带来的福祉。开展多样化的惠民服务，以数字文化为纽带，促进社会各界的交流与互动。依托数字电视平台的强大功能，实现家庭电视终端的数字阅读、数字观影及数字鉴赏等服务，丰富市民的文化生活，提升市民的文化素养。构建全市范围内的数字图书馆服务网络，探索基于新媒体的图书馆服务新模式。通过数字化和网络化手段，将更多的文化资源转化为数字形式，方便市民随时随地地获取和阅读。这一举措不仅可以提高图书馆的服务效能，还可以极大地丰富民众的阅读选择。

将文化馆的数字化建设纳入文化共享工程建设体系，推动群众文化活动资源的数字化和网络化进程。通过开展网络展览、在线辅导及远程指导等数字文化服务，打破时间和空间的限制，使更多的人能够便捷地参与到文化活动中来，感受文化的独特魅力。鼓励和引导基于主流移动通信平台的资源服务系统的开发，探索利用手机、便携式计算机等移动终端提供公共文化服务的新途径。通过实现"手机即时点播"功能，提供更加便捷、实时的文化服务，进一步推动数字文化在全社会范围内的广泛传播与发展。

（六）建立油地军校公共文化服务协作共享机制

东营市域内除地方外，还有油田、济军生产基地，以及中国石油大学胜利学院等主体，这些主体经过多年的发展，公共文化服务资源非常丰富。在推进全市公共文化服务建设中，政府应充分调动油田、济军生产基地、中国石油大学胜利学院等主体的积极性，在公共文化服务整体推进上，建立公共文化服务协调领导机制，由油地办和市文化广播电视新闻出版局作为具体牵头单位，同油田、济军生产基地、中国石油大学胜利学院等相关方面进行对接和协调，定期召开会议就相关问题进行研究；在公共文化服务发展规划上，充分考虑油田、济军生产基地、中国石油大学胜利学院等实际情况，实现现有资源的整合和最大化利用；在选聘社会文化服务志愿者上，可以对油田、济军生产基地、中国石油大学胜利学院等具有文体特长的人进行定向选聘，承担所在区域附近的公共文化服务。

一个城市的文明程度和文化氛围，很大程度上体现在市民的素质上。高素质的市民,不仅能够提升个人品质,还能推动整个城市的发展。市民素质的提升并非一蹴而就,学校教育、社会环境的营造,以及公共服务设施的建设等都是影响市民素质养成的关键因素。教育是提升市民素质的重要手段。教育不仅能够传授知识,更能启迪思维,改变人的观念。高校作为人才培养的重要基地,对于提升市民素质具有重要作用。高等教育向社会输送了大量具有高素质的人才。大型体育赛事的高水平志愿者招募等具体事务,以及高校与地方在人才需求与培养方面的合作,也为提升市民整体素质奠定了教育基础。良好的社会文化氛围,能够引导市民形成正确的价值观,促进个体高素质的养成。良好的社会环境能够推动市民素质的提升。公共服务设施的建设也是提升市民素质的重要途径。图书馆、博物馆、展览馆及音乐厅、剧院等文化休闲设施的建设和完善,为市民提供了修身养德、愉悦身心的场所,也为市民素质的全面提升奠定了良好的物质基础。我们要认识到,市民素质的提升,不仅仅是教育的责任,更是全社会共同参与的过程。只有当每一个市民都意识到自己的责任,积极参与到提升自身素质的过程中,才能真正实现市民素质乃至城市文化竞争力的全面提升。

(七)生态位扩充,实现协同、差异发展

作为"黄三角"的组成部分,各个城市的文化创意产业的跨越式发展,除了依靠自身资源实现逐步发展,还离不开周边城市的协同发展。烟台和潍坊的生态位排名占明显优势,主要源于相关支持产业的发展及政府的大力投入,生产因素和需求因素指标排名也比较靠前,东营市可以通过与周边城市的联动发展,实现区域整体效益最大化。淄博和德州生态位居中,发展较为平稳,坚持稳中求升的策略。

对文化创意产业发展水平相对落后的城市来说,它们的区域竞争能力较弱,不能盲目地把发展文化创意产业作为城市发展的重点,而要发挥自身的文化创意资源的特点和优势,有重点地发展更适宜自身的发展之路。东营和滨州综合生态位的下滑主要源于生产要素不足、相关支持产业及政府支持力度不大,尤其是普通高等学校在校学生数缺乏和国内外游客的不足导致这两项指标的数据极低,东营和滨州作为"蓝黄战略"的双核城市,未来有良好的发展机遇。无论是"黄蓝战略"的叠加,还是京津冀协同发展示范,历史都给了东营市巨大的发展机遇。伴随着国家战略的逐步实施和推进,东营市将迎来历史上最为灿烂辉煌的发展时期。站在历史发展关口,随着一批质量效益好、创新能力强、品牌价值高、安全环保节能的现代工业体系被逐渐打造成功，东营经济的发展会不断提质增量。

毋庸置疑，关乎城市文化竞争力的各种问题是普遍存在的，东营市亦是如此。当务之急是分析东营市的文化资源及特色。东营市要以更开阔的视野全方位地发展文化事业和文化产业，争取成为文化强市以提高竞争力，以文化的大开放、大思维推动文化的大融合来培育与统筹东营市新的文化增长点，以行政力量吸引更多知名文化企业及具有示范带动效应的企业来东营发展；同时还应积极推动驻地高校的发展，培育城市文化竞争力提升的人才资源；发展影视综艺节目类、网络传媒类、动漫产业类、体育休闲类文化创意产业，让文化、技术和市场资源相互作用，组成文化产业链，增强城市的文化吸引力；健全图书馆、博物馆、剧院等文化服务场所的管理和运营模式以提升市民素质、树立城市形象、凝聚城市精神，达到持续提升城市文化竞争力，最终助推经济社会持久发展的目的。

第六章　乡村文化

第一节　黄河口乡村文化的内涵及现状

地处黄河入海口的独特地理位置，使其成为黄河文化、海洋文化和内陆文化的交汇之地。这里不仅是黄河的终点，更是新文明的起点。黄河口乡村文化在这里展现出了别样的魅力，不仅丰富多彩，而且具有鲜明的地域特色。在东营的乡镇村头，随处都能感受到深厚的历史文化底蕴和独特的地方风情，感受到国家实施乡村振兴战略带来的乡村巨变，感受到乡村人民的智慧和创造力，感受到黄河口乡村文化的别样风采。无论是盛大的庙会、热闹的舞龙表演，还是独特的农民画、精美的手工艺品，都展示了黄河口乡村文化的独特魅力。这些民俗活动不仅丰富了乡村人民的精神生活，也成为吸引游客的重要亮点。乡民深知自然环境的重要性，他们尊重自然、顺应自然、保护自然，与自然和谐共生。这种生态文明的理念，正是黄河口乡村文化的独特之处。

一、黄河口乡村文化的内涵特征

黄河口的乡村文化独具魅力，内涵丰富，特征鲜明，是当地人民的宝贵财富，也是区域优秀传统文化的重要组成部分。

（一）历史积淀深厚

以东营市为核心城区的黄河口乡村文化拥有数千年的历史，它见证了农耕文明的兴衰，也见证了现代社会的崛起。在这片土地上，乡村居民世世代代传承着稳定的生活习俗和信仰体系，这些传统文化元素融入了每个角落，成了乡村的灵魂。作为黄河口文化的组成部分，黄河口乡村文化既表现出生命力强的外在特征，又具有绵延赓续的内在特质。自大汶口文化、龙山文化等原始文化伊始，那份古朴而又鲜活的历史气息，仿佛穿越了时空，令人置身于历史的长河中，流连忘返。

（二）地域特色鲜明

作为黄河流域极具代表性的城市，东营市位于黄河与大海的交汇处，是万里黄河入海之地，在保护、传承和弘扬黄河口文化中具有特殊地位，发挥着重要作用。独特的地理环境赋予其乡村文化独特的地域特色。这里既有黄河口文化的厚重，又有海洋文化的开阔。特色鲜明的红色文化、孙子文化、吕剧文化、移民文化、石油文化，湿地文化、治水文化交相辉映，充分彰显了黄河口文化开放、包容的精神特质。这种文化的交融与碰撞，形成了黄河口乡村文化别具一格的景观。这里既能领略到黄河流域的粗犷与豪迈，也可以感受到海洋文明的包容与豁达。

（三）艺术资源丰富

黄河口乡村文化以其博大的气势、宽广的心胸，融汇外来、吞吐万有，民间艺术资源犹如星辰，璀璨夺目。剪纸、黑陶等手工艺品精湛细腻，展示了乡村居民的智慧与创造力；地方戏曲、民间舞蹈等表演艺术热情奔放，展现了乡村居民的热情与活力。这些民间艺术不仅丰富了乡村居民的精神文化生活，也为乡村文化的传承和发展注入了新的活力。

（四）乡土情感浓厚

作为典型的农业文化，黄河口乡村文化中的乡土情感如同磁铁般吸引着人们的心。这里的人们对家族、土地和邻里怀有深深的情感，黄河口乡村文化内融为人们日用而不觉的价值观念，外化为浸润于乡村生活中的民风民俗，孕育形成了有同有异、多姿多彩的黄河民间文化。这份情感凝结成了黄河口乡村文化的独特魅力。在这里，你可以感受到那份深厚的家族情谊，可以体会到那份对土地深深的眷恋，可以品味到那份邻里间的和谐温馨。

二、黄河口乡村文化的建设现状

东营市政府高度重视黄河口乡村文化建设，将其作为推动乡村振兴的重要抓手，通过一系列举措，推动黄河口乡村文化繁荣发展。

（一）设施建设不断完善

近年来，东营市持续加大对黄河口乡村文化设施建设的投入力度，推动黄河口乡村文化设施不断完善。目前，全市各乡村已建立起一批功能齐全、设施完善的文化活动中心、图书馆等，为乡村居民提供了多样化的文化服务。此外，政府还发挥我市石油工业和加工制造业的优势，打造了一批优质工业旅游产品；政府还将现行的生产资源或已废旧的闲置资源可以就地转换为旅游资源，实现油旅融合，形成新的消费增长点；还引导企业自主开发工业旅游项目，培育工业旅游示范园区、工业遗址公园、工业文创旅游基地等，提高工业产品附加值，不断打造工业旅游示范基地。这些设施的建设在丰富乡村居民的精神文化生活的同时，也为黄河口乡村文化的传承和发展提供了有力支撑。

（二）文化遗产保护有力

东营市在黄河口乡村文化建设中注重对黄河口乡村文化遗产的保护和传承。通过制定严格的政策法规、加大监管力度等措施，有效保护了众多具有重要历史价值的黄河口乡村文化遗产。东营市积极开展宣传推广活动，提高乡村居民对文化遗产保护的认识和参与度。此外，政府还培育了一批田园综合体、精品民宿，实施"乡村旅游记忆"工程，加强齐笔产业、吕剧文化、孙子文化等非物质文化遗产保护，发展具有历史记忆、地域特点、乡土风情的黄河口乡村文化民俗旅游。这些举措的实施不仅让黄河口乡村文化遗产焕发出新的光彩，也为黄河口乡村文化的传承和发展奠定了坚实基础。

（三）文化活动丰富多彩

为丰富乡村居民的文化生活，东营市各乡村定期举办各类文化活动，如文艺演出、手工艺品展览、农民画比赛等。这些活动形式多样、内容丰富，不仅满足了乡村居民的精神文化需求，也展示了黄河口乡村文化的独特魅力。此外，乡村景区对接企业或社会组织，策划开展主题活动，打造体验互动性、休闲度假类产品，推动自然景观与文创产品互补，实现景区质的提升；还开展好赶海旅游、大闸蟹美食旅游、精品民宿旅游等形式多样的休闲旅游活动。这些活动的举办，不仅增强了乡村居民的凝聚力和归属感，也为黄河口乡村文化的传承和发展注入了新的活力。

（四）文化产业发展迅速

东营市在黄河口乡村文化建设中积极培育和发展黄河口乡村文化产业。通过深入挖掘黄河口乡村文化资源、培育文化人才、打造文化品牌等措施，推动了一批具有地方特色的文化产业项目的发展。加快建设黄河水城旅游度假区等一批城市旅游产品，打造"湿地在城中、城在湿地中"的独特风貌。这些项目的实施在促进乡村经济的增长的同时，带动了乡村居民就业增收，为乡村振兴贡献了积极力量。

文化自信的基础就是文化自觉。悠久历史中遗留的以村落为基础的风俗习惯等社会心理的总和是自在性文化的核心，需要通过积极的引导发展为共同的生活经验，形成具有凝聚作用的自觉性文化，达到最终的文化自信。黄河入海口乡村的可持续发展不仅在于短期GDP的增长和村民收入的增加，更在于乡村在未来的发展中应有更加坚实的文化基础。黄河口乡村振兴战略必将带来乡村经济的快速发展，这也是黄河口乡村文化发展最紧迫、最关键的时期。黄河口乡村文化具有独特的内涵特征和显著的建设成果。未来东营市将继续加大对黄河口乡村文化建设的投入力度，继续深化对黄河口乡村文化的研究与探索，推动黄河口乡村文化的传承和发展，为黄河口乡村文化的创新与发展注入新的活力与动力。

第二节　乡村文化的现代性重塑

以东营市为核心的黄河口区域乡村振兴的机制与乡村振兴的战略紧密相关，我国工业化进入中期发展阶段之后提出了乡村振兴战略，这是我国发展方向上的调整。过去的发展是农村的劳动力、资金、土地、管理、技术等资源向城镇流动，面向未来，城镇的要素如何回流至乡村呢？新时代我国发展的社会主要矛盾已经是人民日益增长的美好生活需要和不平衡不充分发展之间的矛盾。发展的不平衡主要就是城乡发展的不平衡，教育、医疗、公共设施和服务等方面都能体现出这种差距，城市居民的收入与乡村居民收入的差距较大，所以单向流动较难扭转。发展的不充分主要体现在乡村和城市发展的不充分上，这种不充分的发展影响了乡村的方方面面。从全国范围来看，在农村就业机会较少，有上亿农民工进城务工，导致乡村产业衰败。所以需要推动乡村的产业振兴，以产业振兴带动就业、创业以及业态的重新布局，第一、二、三产业融合是乡村振兴的重要任务，以此带动产业兴旺目标的实现，间接带动其他农村发展目标的实现。中国最大的不同步是工业化、城镇化、农业化、信息化的发展不同步，在抽取农村资源发展的过去，工业化、城镇化、信息化已经走在了农业化的前面，所以现在必须要农业农村优先发展以实现"四化"（即农业化、工业化、城镇化、信息化）同步。西方的"四化"用上百年的时间形成串联式发展，我们在齐头并进式的发展中要补齐短板。

就目前而言，要优先发展农业，党的二十大报告中提到的教育和农村的优先发展及其具体实施，必将解决我们前期发展留下的不平衡、不充分、不同步等种种问题，通过城乡融合和"四化"同步等措施得到解决。

从20世纪80年代末开始，国家的改革重点由农村转向城市。为了让乡村能够全方位、可持续发展，党的十九大提出了以"产业兴旺、生态宜居、乡风文明、治理有效、生活富裕"为核心的五大任务，对农业和农村发展做了战略性和制度性的安排。这五大任务是乡村振兴的工作基点和工作目标，在体制机制方面进行了一系列的改革和制度安排，走出一条中国特色社会主义乡村振兴道路。党的二十大报告提出："我们经过接续奋斗，实现了小康这个中华民族的千年梦想。""打赢了人类历史上规模最大的脱贫攻坚战，全国八百三十二个贫困县全部摘帽，近一亿农村贫困人口实现脱贫。"从文化层面来看，乡村文化现代化的重塑仍然是文化发展的重要问题。

一、乡村文化现代性重塑的必要性

首先，避免乡村记忆的消失，需要进行自觉的文化重塑。城镇化过程的加快，不能忽视这些物质与非物质文化遗产的保护，乡村历史文脉的延续是城镇化过程中进行乡村文化现代性重塑的重中之重。如果把乡村文化遗产视为乡村发展的负累，这些文化遗产则会影响村民的生产和生活；如果将文化遗产视为乡村发展的资源和财富，这些文化遗产就会光彩照人地站立起来，为乡村带来文化骄傲，为区域发展带来文化震撼，为群众带来文化享受。

其次，乡村文化个性的传播，需要进行自觉的文化重塑。城镇化进程中的乡村建设应避免不同区域乡村文化的趋同。乡村文化个性的确立是建立在深厚的历史文化积淀之上的，乡村文化发育越成熟，历史积淀越深厚，乡村的个性就应该越鲜明。不同村镇所具有的民族传统和地域特色是未来乡村发展的文化名片。想要建设合理配置公共资源，保护人文与自然环境的未来乡村，就不仅仅要建设生活舒适、环境优美的"功能乡村"，更应该建设安静和谐、礼让互助、人文个性鲜明的"文化乡村"，使未来乡村兼具人文气息和便利居住的功能，不能仅突出功能主题而忘记文化责任。层次清晰、结构完整、充满人文气息和自然美感的现代乡村，不仅可以满足人们对宗族文脉的追寻和体验，还可以唤起民众的归属感和认同感。

最后，乡村精神的文化创造，需要进行自觉的文化重塑。乡村精神是乡村文化的内核，是凝聚乡村力量的主流意识。乡村精神的形成是乡土社会长期发展的结果，是由宗族先辈提炼出的对于乡村生活的感性认识和理性认识的凝结。在乡村精神的内在动力推动下进行个性鲜明的文化创造，可以使更多的村民理解和接受乡村的追求，觉察到归属感和凝聚力的乡村文化，并作出相应行为选择，从而转化为村民的文化自觉。

二、乡村文化现代性重塑的紧迫性

乡村的可持续发展不仅在于短期GDP的增长和村民收入的增加，更在于乡村在未来的发展中应有更加坚实的文化基础。乡村振兴战略必将带来乡村城镇化建设的快速发展，经济快速发展的时期也是乡村文化发展最紧迫、最关键的时期。美国、日本等发达国家大多都有一个快速城镇化的过程，在城镇化率为50%～70%之间时，城镇化率提升最快。相比于发达国家，中国的城镇化进程发展投入力度大、时间过程短，也使得我们的城镇化进程处于特殊的经济发展阶段。大规模的城乡建设必然会对乡村文化产生较大冲击，这段时期既是经济社会的快速发展期，也是乡村文化发展与城镇化建设的矛盾凸显期。以2005年为节点，没有体制内工作经历的众多民营企业家逐渐成长[1]，成为社会结构的稳定力量，社会体制改革滞后的情况下自发形成的社会结构给国家的基层治理造成了困难，所以各地区都应该从文化战略的角度对乡村文化传承进行思考和审视，从全局发展的角度创新管理理念。

从时间维度看乡村文化，小到村民的饮食、着装，大到价值观念和生产方式，同一个族群的村民在不同时期评价的标准会有很大的不同。这也要求村民必须不断更新自己的观念，改变自己的行为，以适应不断变化的时代要求。从空间维度看乡村文化，幅员辽阔的中华大地孕育的不同地域、民族的村民，在其长年累月的生活中一代代流传下来的生活、风俗习惯都是各异的，在处理人与人、人与集体、人与社会之间的根本问题时方式也不尽相同。总体而言，我国乡村文化水平与经济社会发展不协调是不争的事实，文化自信与文化自觉的意识和观念没有提升到应有的高度，乡村文化建设理念不能适应时代的要求，千村一面、文化个性丧失等问题仍然存在，而导致这

---

[1]范晓光，吕鹏.中国私营企业主的社会构成：阶层与同期群差异［J］.中国社会科学，2017（07）：70-87.

些现象发生的深层次原因是缺乏文化自信，存在文化认同危机。

2018年9月引发的《国家乡村振兴战略规划（2018—2022年）》明确提出对乡村文化要"充分发挥其在凝聚人心、教化群众、淳化民风中的重要作用"，不仅要重塑诗意闲适的人文环境，还应"重现原生田园风光和原本乡情乡愁"。乡村社会发展的力量凝聚、智力支撑和文化自信，都需要以自觉意识思考乡村文化的现代性重塑。

第三节　乡村文化现代性重塑的原则

在乡村文化的现代性重塑过程中，文化的重塑离不开传承与创新。传承与创新是相辅相成的两个方面，传承是对乡村文化历史脉络的延续和继承，而创新则是在传承的基础上，结合现代社会的需求和变化，对乡村文化进行发展和提升。要想实现乡村文化现代性重塑，需做好以下内容。

一是，要传承好乡村文化的精髓和核心价值。这包括尊重自然、崇尚劳动、诚信守约、守望相助、崇德向善等优良传统和道德规范。通过举办各类文化活动、推广乡村文化遗产、培养乡村文化人才等方式，将这些核心价值传承下去，让乡村文化在新的历史条件下焕发出新的活力。

二是，要在传承的基础上进行创新。创新是推动乡村文化发展的动力和源泉。要鼓励村民在保持传统文化特色的基础上，积极吸收现代文化的有益元素，进行文化创新。例如，可以通过发展乡村旅游、打造乡村文化品牌、推广乡村文化创意产品等方式，将乡村文化与现代生活相结合，创造出具有地方特色、时代特征的新型乡村文化。

三是，要注重乡村文化的可持续发展。可持续发展是乡村振兴的重要目标之一，也是乡村文化传承与创新的重要保障。要在推动乡村经济发展的同时，注重保护乡村生态环境和文化遗产，实现经济、社会和文化的协调发展。同时，还要加强乡村文化教育，提高村民的文化素质和参与度，为乡村文化的可持续发展奠定坚实基础。自觉性文化应该担负起积极主动地引导乡村社会思想观念和人文精神发展方向的责任。尊重现阶段城市、农村发展的规律和特点，坚守文化理想，建设既宜人居住，又宜人发展的现代化乡村，理应是我们的最佳选择。

乡村振兴战略的实施给乡村的新一轮发展带来众多机遇，但是在乡村建设中也存在着追求物质利益，忽视文化生态的做法。乡村建设切忌重经济建设、轻人文精神，重攀高比新、轻传统特色，这实际上是对传统文化的轻视、对乡村精神理解的错位和对乡村发展定位的迷茫。作为乡村文化的主体，村民的精神状态、思想观念、行为方式在快速发展的社会进程中也会随之发生改变。乡村文化构成了整个乡村内在的精神要素，反映着村民的价值取向、精神诉求、思维方式和内在认同感，也在很大程度上影响着乡村的发展方向和路径。随着时代的转场，城镇化进程中的农民面临着身份的消失，大量涌进城市的"新市民"和留守乡村的"新村民"构成了乡村文化的主体，并且将乡村文化的因子带入城市，可以说城镇化进程中的乡村文化无处不在、无时不有，由自在到自觉。那么为了更好地重塑乡村文化，我们应该把握以下原则。

一、有深厚的历史根基

文化是人类生存和发展的方式，面对席卷而来的强势文化，乡村文化重塑首先要做的就是深化自己的人文历史。传统文化蕴藏的文化基因博大精深，是乡村文化重塑的源头活水。传统社会的村民在长期的生产和生活实践中形成了优秀的文化传统和文化精神，对中国乡土社会有着巨大的影响。五四运动之后产生的红色文化，随着以乡村群众为主体的反侵略、反压迫革命斗争的开展，逐渐在乡村社会彰显力量。可以说，传统文化和红色文化共同构成了乡村文化继续发展的根基。从古代到现代，一代代贤人志士留下的文化观念奠定了乡村文化精神的坚实基础。例如：孟子描绘的"出入相友，守望相助，疾病相扶持"的淳朴乡风，荀子"先义而后利者荣，先利而后义者辱"的义利观，《周易》中"君子以厚德载物"的道德观，屈原"苏世独立，横而不流兮"的修养，陈寿"良将不怯死以苟免，烈士不毁节以求生"的生死观，于谦"粉骨碎身浑不怕，要留清白在人间"的气节，老子"见素抱朴，少私寡欲"的修行指引，孔子"士不可以不弘毅，任重而道远"的奋斗精神，林则徐的"苟利国家生死以，岂因祸福避趋之"的家国情怀，毛泽东"世上无难事，只要肯登攀"的乐观主义精神，罗亦农"残躯何足惜，大敌正当前"的视死如归……这些传统文化和红色文化中的优秀思想因子，为乡村文化丰富多彩的发展和自我调节能力的发挥，奠定了坚实的精神基础。

二、兼具开放性和创新能力

乡村文化趋向于保守，以小家庭为中心，辐射到家族体系，构成了中国社会的核心。所谓"家大立族，聚族成国"，血缘宗法关系在传统乡村中具有深厚的传承基础。我国社会发展的实践已经证明，随着社会城镇化进程的加快，以大家族为单位的乡村社会向以小家庭为单元的城镇融合，这种生产和生活方式的转变使乡村文化的自觉性重塑得以由保守走向开放。在由农业型的传统社会转化为工业型的现代社会的过程中，以家庭为单元的乡村文化不仅要立足于本土传统，追求民族的现代性，还可以在文化多元的背景下主动吸收一切优秀文化因子，由保守渐趋开放。毕竟村民的知识结构、价值观念都需要汲取优秀文化的营养，才能创建出更加优秀的文化。按照城乡统筹发展、经济社会协同发展的要求，乡村文化建设同城市文化建设、乡村经济发展建设具有同等重要的地位，日渐开放且创新的文化观念在拓宽了村民知识结构的同时，也拓展了他们的认知空间，农耕文明留下的平均主义思想、依赖意识正在渐渐衰减。拥有文化自觉意识的村民成为传承文化的主体，这种民间的力量是文化传承中最重要的东西。

三、有鲜明的个性

乡村文化如果没有鲜明的个性，将无以为继。尊重个人权利和个性发展不仅是现代化的重要指标，更是城镇化进程中我们必须遵循的价值尺度。地域不同，乡村文化的表现形式迥异。如果想要改变民众的思想观念和行为模式，就必须从乡村文化个性着手。乡村文化的传承，在于尊重不同地域乡土民情的需求，以渐进方式促进人与人之间关系的和谐，在不知不觉间，让人深受感染，把观念传递给他人。村民从小就开始获得某种价值理念，进而使群体表现出集体的特征，形成中国人的国民性。乡村文化现代性重塑的主旨就在于人的个性应得到解放，得到充分的尊重和发展。社会越开放，就越能够容纳不同的个性追求，既可以有积极入世，"穷则独善其身，达则兼济天下"的仁人，也可以有超然尘外的隐士。不同文化间的相斥相吸，使乡村文化丰富了自己的内容，经过乡土社会的选择，最终得以完善自己的文化形象，从社会伦理、文化表述、文化表象等方方面面凝聚为民族精神的主体内容。

第四节　乡村文化现代性重塑的现实基础

在与现代性的碰撞中，我国乡村文化内部既有抵制的因素，也存在适应的内容，现代性在塑造我国乡村文化的同时也充满成效与问题、机遇与危机。

一、发展的成就

2020年9—12月，来自12个省份的超过100位农村籍的高校学生，针对"两不愁三保障"政策落实情况的调查结果显示，我国的乡村振兴战略的实施已取得显著成效。

（一）部分地区"两不愁（不愁吃、不愁穿）"情况

在农村，许多村民已经不再将农业劳动当作主业，而是发展副业，做起了小生意。这样使村民增加了收入来源，村民的生活质量得到了显著提高。很多村民不仅满足了基本的吃穿，甚至过上了小康生活。（山东省济宁市某县）

农村在解决温饱的基础上更加注重吃穿的质量。政府还会给老年人养老补贴，即使老人们没有工作能力，也可以实现吃穿不愁。（山东省临沂市某村）

在温饱方面，绝大部分村民都有保障，随着农村收入水平的提高，很多村民不只解决了温饱问题，生活质量也有很大幅度提高。有极少数孤寡老人刚刚能够满足温饱。（山东省聊城市某村）

通过老一辈的讲述以及我自己的感受，我发现农村在温饱方面发生了翻天覆地的变化。以前的人们没有饭吃，人们通过到处搬家、寻找野菜来维持生活；现在人们吃饱问题已经不用愁了。从吃不饱到吃饱，到现在吃好，同时，农村居民的健康意识也在不断增强，追求吃得健康、营养均衡。在穿着方面，从以前的穿不暖，到现在的穿暖穿好。之前人们只有在过年的时候才会添置新衣服，现在买新衣服已经是稀松平常的事情了。（山东省滨州市某县）

一是村里建起了共享食堂。共享食堂给村里的困难老人、夫妻双方均在80岁以上的老人和孤寡老人提供免费午餐，让老人们老年不愁吃。二是每个月国家都会给补助，村里的低保户、五保户有补助，满60岁的老年人每个月

也会给补助。三是家家户户都有土地，村民可以自己种地，来获得基本的生活保障，也可以将地转租出去，获得租金。（山东省淄博市某镇）

村里对贫困户建档立卡，对贫困户、低保户采取两个政策。一是村里对低保人员进行照顾，积极给他们安排保洁这样的工作，使低保人员有了一定的收入；二是国家定时发放补助金。这些措施使贫困人口吃穿得到保障。（山东省淄博市某县）

该村的老年人都有养老保险金，一个月200元；残障人士有残疾抚恤金，一个月300元；对有残疾的老年人，每月有500块钱的基本保障，再加上不用交水费，生活开支小，在农村即使是残障老年人也可以做到"两不愁"。（浙江省金华市某区）

嘉兴市对口帮扶四川省黑水县，城市家庭给农村经济困难的家庭给予生活补助金、营养午餐补助金等，提供生活物资上的帮助，困难家庭基本实现了不愁吃穿。（四川省某县）

以前村里喝水是村民用水泵抽水，现在村里装上了自来水管，解决了吃水难的问题。（河北省邯郸市某村）

政府给予基本的补贴资助，村民家里的田地若无法耕种也可以承包出去以取得部分租金收入，已经实现了不愁吃，不愁穿。（湖北省黄冈市某村）

村干部经常上门拜访村里的残障人士，并给予他们每个月200元的补贴，定期分米、面、油、牛奶，基本满足了残障人士的基本生活需求。（广东省中山市坦洲镇七村社区）

我的家乡乌兰察布，已经完全达到了"不愁吃，不愁穿"的水平。现在（2020年）乌兰察布地区的年人均纯收入已经达到了3000～4000元，……人们的生活水平逐步提高。内蒙古地区是以农业和畜牧业为主，乌兰察布农民靠种地，养牛、羊等动物来维持生活保障，国家还做到了持续推进畜牧产业扶贫，实现稳定增收，落实好农牧民补奖政策。现在还有地补、粮补、土地补助等资金，以确保农业、畜牧业的正常发展。退耕还林是指农民退耕还林。这是国家为保护和改善生态环境作出的一项重要决定，现在还有退耕还林补贴，对生态环境改善具有重要意义。（内蒙古自治区乌兰察布市某县）

从就业、产业、生态补偿、水利、金融等多方面扶贫。提供技术和资金帮扶，鼓励村民发展种植业和养殖业，提升其"造血"能力，同时还给贫困户提供物资支持，包括耕地保护资金补贴、农机购置补贴、种植业和养殖业保险、生态护林员补助等。此外，还提供扶贫小额信贷，以鼓励村民创业致富，这些途径拓宽了农民的收入来源，"两不愁"获得基本保障。此外，政府还通过修建水库、提升饮水质量等措施，解决村民的饮水问题。（云南省红河哈尼族彝族自治州某县）

（二）部分地区"三保障（义务教育、基本医疗、住房安全）"情况

1.义务教育

村里的每个孩子都有上学的机会，而且对于家庭贫苦的孩子，学校还会补发生活用品等，有志愿者每年定期对村里的困难学生进行资助。（山东省临沂市某村）

义务教育的落实保障了绝大部分孩子的受教育权，但是少数孩子因为家庭条件、家长对教育的重视程度弱或者自身其他因素没能完成义务教育。（山东省聊城市某村）

义务教育在农村真正落实已经有很长时间了，九年义务教育基本已全面覆盖，人们对教育问题越来越重视，也主动接受更高的教育。（山东省滨州市某县）

村里的孩子们也都接受了义务教育，家长重视孩子的教育问题，有的家长让孩子从小讲普通话。（山西省运城市某村）

小学入学率很高，而且好多家长不惜重金将孩子送到重点中小学。（河南省信阳市某村）

嘉兴市对口帮扶四川省黑水县，提出"人才选派，聚力扶智"的政策，还有"党群联动，助力黑水"的行动，派出东西部扶贫协作专业技术人才前往黑水县，帮助当地建设图书室，捐赠图书，促进义务教育的发展，着力解决贫困地区的教育问题。（四川省阿坝藏族羌族自治州某县）

自1986年4月我国颁布了《中华人民共和国义务教育法》以来，目前村内的孩子都有学上。此外，村内还设置了图书阅览室供村民借阅，并且还组织了志愿者，开设了课后作业辅导班，为孩子提供免费答疑服务，以提升孩子的学习成绩。（云南省昆明市某村）

九年义务教育的全面实施，使得许多乡村多了很多学校，且学费低廉。（湖北省黄冈市某村）

帮助贫困家庭的小孩负担学费，对于考上大学的孩子给予金钱奖励。村里注意文化建设，张贴文明标语，宣传垃圾分类处理，乡村更加干净卫生，

广播播放新闻、歌曲等，乡风更加文明。（广东省中山市某社区）

乡村的教育设施得到翻修改造，并且重新建了很多教育设施。贫困生得到资助，免除学杂费，享受寄宿生补助，贫困户的孩子不会因为没钱上学而辍学或失学，他们跟普通孩子一样得到公平而有质量的教育。（山东省滨州市某村）

乌兰察布基本上达到了让贫困家庭义务教育阶段的孩子不失学、辍学。同步推动乡村小规模学校和乡镇寄宿制学校达标建设工作，"全面改薄"项目规划建设校舍面积已竣工，教学设施正在配套，计划年内全部完成，以此确保孩子有学上、上得起学。（内蒙古自治区乌兰察布市某县）

村里落实九年义务教育，村里的孩子能够享受到受教育权。同时，村民对教育的重视程度也在大幅度提升，我的父亲只读到初中，因为有经济压力，他没有继续读下去，所以他对我们的教育一直很重视。（青海省西宁市某村）

随着我国对教育脱贫攻坚的大力推进，很多农村地区也开始注重教育工作。为避免农村孩子上学难以及提升教育质量，村里对校舍进行改造，平房变楼房。修建塑胶操场，完善学校基础设施建设。建小学，让农村孩子都能在自己的村子里上学。而且还实施了乡镇寄宿制学校建设工作，让村子里的学生去镇上上中学，以获得更好的学习资源。在这里寄宿的农村学生每学期还可以领取国家补贴，给家里减轻了经济负担。（内蒙古自治区某旗）

2. 基本医疗

基本医疗方面，如今每个人都有了社保卡，生病可以报销部分费用。（山东省济南市某村）

村子里的村民每年都会交农村合作医疗保险费用，然后去门诊看病拿药，去医院就医，都会有相应的报销。大病的报销比例高。且对生大病的人，政府还给予相应的补贴。（山东省临沂市某村）

由于农村医疗保障制度的实施，农民看病会按一定比例报销费用，在一定程度上缓解了看病贵的问题。同时，农村地区或乡镇都建有大大小小的诊所或相对大型的医院供人们选择，不再需要奔波很长的路途去看病，解决了看病难的问题。（山东省滨州市某村）

贫困户已参加基本医疗保险制度，他们的基本医疗已得到保障。更让村民感到开心的是医疗报销力度加大，贫困人口看病时，自己付钱所占比例减

少。大病保险制度也得到了完善，这让他们能够看得上病，看得起病。（山东省滨州市某村）

每个人都有医保卡，减轻了人们的看病压力。每个村都有卫生室，卫生室的医生都会隔一段时间打电话来提醒患有高血压、糖尿病、心脑血管病的老人们到卫生室做定期检查。（山东省淄博市某镇）

每个老年人定期都会做一些体检项目，为老年人的健康保驾护航。再就是，村里的每个人都有医疗保险，这为人们的健康提供了很大的保障。（山东省德州市某村）

2002年10月，中国明确提出各级政府要积极引导农民建立以大病统筹为主的新型农村合作医疗制度。在这个过程中，其不断地完善巩固，现在已被广泛接受。现在农村的儿童、青年人、中年人、老年人基本都参加了新型农村合作医疗。（山东省滨州市某县）

村民每个人都有医疗保险，看病的时候带着身份证或者医疗保障卡就可以减免药费。并且镇上的医疗设备也比较先进，让人们可以就近看病。（山东省菏泽市某村）

在基本医疗方面，低保人口看病吃药有补贴，政府会给他们缴纳医保费用。如果需要住院，先治疗后付费且个人支付费用不超过10%，大大减少了经济负担。（河南省信阳市某村）

村里提供家庭医生签约服务，家庭医生签约不仅为村民们的健康提供了保障和优质的医疗服务，还节省了村民就诊的费用，相当便民。然后就是社保卡（医保卡），社保卡可用于体检、打疫苗等活动，并且可以报销一部分医疗费用。这对于经常吃药打针的人来说是大大的福音，也减轻了一部分家庭的经济负担。（云南省昆明市某村）

所有贫困人口都参加医疗保险制度，常见病、慢性病有地方看且看得起。对于困难家庭，有低保，可以享受国家最低生活保障。（内蒙古自治区某村）

医疗条件得到一定保障，看病基本上都能报销，（有的村民）平时吃的高血压药和糖尿病药花一百来块钱就能吃上两三个月。（浙江省金华市某区）

在没有实现基本医疗保险以前，人们大多因为费用太高支付不起医药费，都不敢去医院看病，可是现在人们大病小病都会去医院，因为有医疗保险可以免去很大一部分费用，这大大减轻了人们的经济压力。（青海省西宁市某村）

全村都有了合作医疗，保障了农村看病的基本医疗问题。对于农村一些贫困人口来说，医疗保障力度更大，看病报销的比例很高，自己看病花的钱很少，村民的经济负担明显减轻。（内蒙古自治区某旗）

3. 住房安全

过去的六七年里，乡村的变化非常大。盖起了楼房，基础设施变得很完善。（山东省济宁市某县）

住房安全一直都有保障，最近乡村可能即将面临拆迁，现已将拆迁后的一切事务都安排妥当。（山东省济南市某村）

每户农村居民都有自己的住房，虽条件不一，但可以保证贫困人口有房可住。可喜的是，近年来，越来越多的人都翻新了自己的房子，村民的居住环境得到了改善。（山东省滨州市某村）

政府帮助改造村里大面积的危房，保障村民的居住安全。（山东省德州市某县）

政府首先对房子的安全等级进行评估，然后会对村里的危房进行改造，让那些经济条件差的人也能够住上安全御寒的房子。（山东省临沂市某村）

在住房安全问题上，对部分居民所住的房子进行了房屋等级鉴定，出现危房的都在村部以及建房补助政策的帮助下进行了房屋修缮或者是搬迁，住房安全普遍得到改善。（山东省滨州市某村）

现在农村正处于新农村建设时期，会对农村进行整合和规划，农村将进行合并和搬迁。在这个过程中，国家也会给予农民补贴和帮助，确保农民的住房安全。现在农村的交通也变得十分便利，如果村民的需求不能够得到满足，人们也会通过去县城采购的方式来购买所需要的东西，交通十分便利。（山东省滨州市某县）

对于那些老人还住土坯房的，国家出钱改成砖房，保证住房安全。此外，以前村里的胡同有的是土路，在下雨的时候很难走，近几年已经全部换成了水泥路。（山东省淄博市某镇）

政府对社区里的危房进行房屋重建，老年人对自己在这个年纪还能住上新房非常高兴。此外，社区对于用电难、通信难的村民进行实际帮扶。（山东省日照市某村）

对农村房屋进行了规划，人们住上了干净漂亮的新房。老年人有专门的老年房，老年房在一楼，老人就不用天天爬楼梯，这样就照顾到了那些年龄稍大，身体状况不好的老人。此外，农村都修上了公路，家家门口都是公路。以前都是土路，下过雨后，地上就都是泥泞，走路很不方便。现在修了公路以后，出行更加方便，同时村容村貌更加干净卫生。最后，村里还有精准扶贫，一些很贫困的家庭，村里进行安排，给他们免费安装了有线电视，让他们在家里也能看电视。（山东省菏泽市某村）

按照脱贫的标准，近期我们村也积极进行了危房改造和房屋翻新。走在村里，随处可见村里正在翻新和已经翻新完成的老年房。（河南省信阳市某村）

对村里的独居老人，村干部会给他们安排住的地方，如果老人不肯离开家，村干部会帮助他们修房子、除草，他们的住房需求得到了保障。（广东省中山市某社区）

大部分村民都盖起了高楼，村里给一小部分村民提供了住房补助金，并要求尽快修整，对于不能住人的房屋贴上了危房标志，禁止靠近等标识。（云南省昆明市某村）

鼓励拆除旧房建新房，每家每户给予一定的补贴。（湖北省黄冈市某村）

在住房安全有保障方面，实行危房改造，危房改造执行"三最两就"原则，"三最"即优先帮助住房最危险、经济最贫困农户，解决最基本的住房安全问题；"两就"即采取就地、就近重建翻建的改造方式，通过危房改造，村民的住房安全得到保障。（内蒙古自治区乌兰察布市某村）

现在农村基本全部实现了易地搬迁，或者危房改造。小时候我看到的更多是土坯房，现在的农村都是砖瓦房，家家都装潢得跟楼房一样。（青海省西宁市某村）

对本村危房进行大改造，农危改重点对象包括建档立卡贫困户、低保户、贫困残疾人家庭、分散供养特困人员以及无能建房户。按"一户一方案、因户施策"和拆除重建实行分类补助。（云南省红河哈尼族彝族自治州某县）

我深入了解了我们村里一位低保户的具体情况。他向我介绍着国家给他家的种种福利与保障：国家每隔一段时间，都会给他家送来米、面、食用油和牛奶；低保户，每年可额外领一万元的保障金。这些补助使他家基本的生活需求得到满足。他还带我参观了他的新家，这是因为国家"危房改造"政策的推出，去年免费给他家盖的新房子……据了解，我们村里面有一半的人家都把以前的老房子重新改造成了宽敞的新房子。解决了农村贫困群众最基

本的住房安全问题，实现了"住有所居"的目标。（内蒙古自治区呼和浩特市某旗）

4. 典型案例

本次调查抽取有代表性的南方村镇和北方村镇各2个，进行个案访谈。

（1）南方村镇访谈

这是来自江西省鹰潭市某县的案例。

党的十八大以来，各省各地基层干部为早日实现这些党交予的承诺与目标，深入贫困乡村地区走访调查，挨家挨户收集贫困家庭信息，实现点对点、面对面、机关单位部门承包扶贫对象的精准扶贫。我作为一个典型的公务员家庭子女，在父母这几年来辛劳的扶贫工作过程和他们的日常教育交流下，也了解了不少我们这里的扶贫故事。2017年在建档立卡贫困户第一批排查承包初期，父母去我市最偏远的泗沥镇冷水村下乡扶贫，当时正值初春雨季，连续两天的暴雨冲毁了一家建档立卡户家庭老旧房屋的屋顶，这户人家的大儿子在本地建筑工地工作时遭遇工伤，腿部高位截肢无法劳动，小儿子外出务工失去联系，家中只有63岁的老父亲尚有能力劳作。遭遇这一天灾只能全家暂时收拾些生活品搬进了村口养殖鱼塘上的一艘破旧驳船上生活。扶贫干部在了解到这一情况后，先是立马带着老人一家搭上随行的汽车取暖并派出一批人前去老人家中继续检查还能使用的物品以减少损失，随后前往当地村部与村委会进行了协商和沟通，决定先将一间平常用于村中活动和村部会议的大房间整理出来供这户人家暂住和安放物品。在完成了对村中其他贫困户的走访和慰问后，干部们又凑钱自费采买了些干净衣服和几箱食品矿泉水折返回来让老人放心在这里休养，并承诺会尽快将已经破损的房屋修好重建，让老人能早日安心生活脱贫。回到市里，干部针对老人一家的特殊情况组织了扶贫会议，讨论具体的安置脱贫方案，最后决定在单位各部门自发进行捐款，凑集大部分房屋重建的费用并帮助其采买好重建所需的建筑材料，由乡里雇佣工人为老人在原地基上重新搭建住宅。之后的日子里，每个星期我的父母都会给老人打电话唠唠家常，询问他们一家的生活情况和房屋重建的进度，时不时采买些日常生活用品给老人一家送去。如今老人一家住进了通电的、崭新的、混凝土平房，同时为了达成"授人以鱼不如授人以渔"的贫困户自立发展目标，去年大家又凑钱为老人一家购置了两头母猪和几只鸡鸭饲养，并为大儿子订购了一台行动方便的轮椅车代步。老人一家已还清了原本的债务，正朝着小康努力、踏实地前行。今年清明节，我们家还收到了老人寄来的自制清明果感谢。

这便是高校学生身边的"两不愁三保障"的扶贫故事，全国数以万计的大故事中的一个小缩影，是踏实而又温馨的故事。

下面是来自广东省云浮市某县的访谈案例。

近年来，我的家乡坚持扶"志"和扶"智"并重，为全面落实"两不愁三保障"政策，成立乡村振兴促进会和乡贤理事会，完善村规民约，凝聚各方智慧和力量，坚定不移地打好脱贫攻坚战。

搭建平台，凝聚合力。在大力实施乡村振兴战略的背景下，桂圩镇政府为有效促进村企经济、新农村建设、乡村振兴等工作，组织成立了乡村振兴促进会，营造信息共享、建设共建的发展氛围，凝聚外出乡贤、投资企业家等中坚力量，多渠道地激发村民的潜能，先后在勿坦村、桂圩村、桂连村等发展了优越鲜勿坦蔬菜基地、桂圩村田园综合体、桂圩镇香蕉种植连片绿色生态示范基地等规模化的种植项目，其中，通过土地流转的方式，整合300多亩土地建设生态农业园，有效推动农村生产要素的聚集和优化，并为贫困户带来租金收益每年每亩800元。依托当地特色资源，大力发展乡村旅游产业，为当地村民和贫困户提供就业机会5000多人次，累计为群众实现农村租金、农产品销售和务工增加收入100多万元。

文化惠民，凝聚共识。全镇建有22个镇、村（社区）新时代文明实践所（站），县文化馆、图书馆桂圩分馆及3个村级服务点，为村民提供教育、科普、文化等服务；举办《我和我的祖国》快闪活动、《桂河之春》舞台剧、《相思根·郁南情》微电影以及各大小型文化活动达30多场次，自发主动参加排演的当地群众达500多人次，人民群众对本土文化的认同感不断上升，为实现文化自信提供了更好的基础保障。

示范引领，激发动力。在壮大村集体经济的同时，也注重精神文明的引领作用，全镇20个村修订完善《村民自治章程》及《村规民约》，成立了乡贤理事会，充分发挥党员干部和乡贤的引领作用；以桂圩村委龙岗村为试点，深入挖掘蕴藏深厚的传统文化以及家训、家规、家风资源，提炼在革命人物、社会贤达中的故事例子，打造村史馆、家训馆，激发群众奋斗力量；开展"文明镇村""星级文明户""清洁家庭户"等评选活动，调动广大村民积极性，激发村民参与热情，转变村民陋习。相比以前村里环境脏、乱、差，现在变成了示范村，看到村内一片新景象，村民生活质量得到明显提升，不少外出务工人员也逐渐回乡创业，共享新机遇、共谋新发展。（访谈信息来源于桂圩镇街道办事处及郁南县文化馆）

（2）北方村镇访谈

这是来自山东省东营市某县的案例。

姥姥说，在她小的时候，家里没有粮食吃，就只能吃红薯叶，家里孩子又多，她作为老大，没钱上学，只能在家照顾弟弟妹妹并做饭，为了给自己留一口饭吃，她会偷偷给自己藏下一点儿菜。破了的衣服缝了又缝，补了又补，棉袄上的补丁一个接一个。但慢慢地发生了变化，在我妈妈那个年代，姥姥家已经能吃白面馍馍了。姥爷干一上午义工换两个白面馍馍，家里能吃饱饭。过年会给孩子做新衣服，也会亲自动手做衣服。现在，几乎是想吃什么就吃什么，经常给自己买新鞋子、衣服，不愁吃、不愁穿。村里比较贫困的家庭都会有村支部发的米、面、粮、油，并为他们办理低保户，生活得到了充分的保障。村里会给独生子女户和双女户每个月发放20元补助，老人超过一定岁数每个月会有国家发放的养老钱。这些保障措施基本解决了吃穿问题。村里定期会有医疗队免费为老人做体检，村里没有养老保险的老人都自愿录入农村合作医疗，合作医疗为老人看病、买药提供了切实的帮助。

农村中，为保障人们的住房安全，村里规划出部分区域专门作为在村中无宅子的人的盖房地基，以保障人们的住房安全。

姥姥家东邻一家是村中的低保户，家里有一个小儿子。他们家并没有因为家庭贫困或其他原因而不让孩子上学。孩子成功地迈进了小学的校门，穿上校服，背上书包，去上学了。村委会为这一户人家争取更多的资助金，不但解决了他们生活困难的问题，也解决了孩子上学的花销问题，保障了孩子的接受义务教育的权利。

最后，我想用姥姥常说的一句话做总结："现在的社会这么好，国家还给发钱，一定得使劲儿活。"这话虽然朴实，却足以让人想象到社会、生活的变化。

以下是来自辽宁省抚顺市某区居民的访谈案例。

我有一个在农村的姑姑，前些年她家的日子过得十分艰难。她家里只有三亩地，用来种玉米。受天气和市场各种因素影响，玉米的产量不稳定，因此，她家的收入较少。她家上有一个八十几岁需要常年吃药治病的老人，下有一个还没上学的小女儿，一家四口挤在一个土坯房里。这样的情况持续了几年，即使尽量减少支出，日子还是过得紧紧巴巴。后来，通过国家的政策扶持和帮助，她发现家里土地的类型和气候更适合种植水果。于是，在乡村领导干部和专业技术人员的指导和帮助下，她家改种了葡萄。而且随着经济和科技的发展，她还学会了运用网络平台和渠道销售自己的产品，销量和利润都比之前卖玉米高出许多。而且现在，她家的老人享受了医疗保险，买药就医减轻了不小的压力，孩子也去了镇上的小学接受义务教育，还用卖葡萄赚的钱盖了一间更大的瓦房。总之，在国家的脱贫政策扶持和自身的努力下，她家的日子已经从贫困走向了温饱。她们一家由衷地感谢国家的帮助，并想把生活过得越来越好。以前总觉得脱贫离我的生活很远，但是通过这次访谈我发现，这么大的变化就发生在我身边。成千上万贫困的家庭通过脱贫政策改善了生活，甚至改变了命运。"两不愁三保障"作为脱贫攻坚的底线性任务被落实得比较到位。

二、面临的挑战

在做田野调查的同时，也可以发现在全国乡村物质文化生活质量普遍提升的趋势下，黄河口区域乡村文化振兴中也存在着亟须解决的问题。现实中户籍制度的福利是否均衡、农民间收入差距是加大还是缩小、义务教育的优质资源分配是否充分、医疗保障是否到位等问题，如果处理不当，都会蕴藏各种危机。积极建立务实、高效的思维引导体系愈发重要。而目前面临的挑战主要有以下几点表现。

（一）文化多元共存的凸显

受历史背景和现代化进程的影响，东营市乡村文化受到了多元文化的冲击，从而呈现多元发展的态势。时代的变革和现代交通和通信的快速发展，极大地拓展了村民生活的社会空间，冲击着原来较为封闭的传统民族文化观念，导致东营市区域内乡村的文化形式和内涵发生改变，村民的文化活动方式愈加多元。

之前针对黄河口区域村民展开的一项问卷调查的结果中显示，针对"您村的文化体育娱乐生活主要有哪些？"这一问题，黄河口区域村民的回答涉及面广，有的人回答"看电视、看电影、看戏（文艺演出）、读书看报"，有的人则打牌、打麻将、下棋、上网、唱歌，还有的人听广播、跳舞或健身活动。不同类型的娱乐活动分布较广，说明村民的文化活动并不单一。

（二）乡村文化教育问题

之前针对黄河口区域村民展开的一项问卷调查的结果中显示，对"您认为建设乡村文化是否必要？"的问题，有94.83%的人认为"有必要"，而且文化建设"能丰富农村文化生活，提高村民的文化水平和道德修养"；仅有2.59%的村民认为文化建设"没有必要"，"只要发展农村经济，提高收入水平就好"；另有2.58%的人认为"无所谓，顺其自然，慢慢发展"，这说明村民对建设乡村文化的态度是积极迫切的。

乡村文化教育问题首先是留守儿童的教育问题。农村地区，年轻人口外流，存在较多的留守儿童。有些孩子缺少了父母的管束与关爱，他们变得性格内向，不善言谈。尽管要求他们去学校学习，但他们并不能有效地接受学校的教育。因此，我们可以说义务教育让每个孩子都有学上，都有受教育的权利，但受现实因素的影响，有留守儿童没有得到适龄适切的教育。

然后，是村民的教育。经济和文化间有相对独立的关系，尽管口袋里有钱了，但乡村的秩序、邻里的信任等建设任重而道远。乡村教育问题愈发重要。村民的思维方式、生活方式等在教育程度上都会有所体现。学校的正式教育、社会教育、生态教育的内容与乡村实际需要应通过个体的主动思考和创造整合在一起。乡村教育的缺失会影响区域及民族传统文化的传承与发展，如风俗习惯、传统医学及其他艺术等方方面面。因此针对村民开展的文化教育应引导教育主体建立与乡村的情感连接，在具体的工作中与乡村需求对接，有完整的自我教育，而且不应囿于书本知识。

近几年东营市农业和农村的发展速度较快，推进农村的生态环境发生了较大的变化，但是从面临的现实来看，也存在着一些短板。农业增收困难，城镇化发展的过程中也出现了一些问题，优秀人才向城市集中，留在农村的人员普遍文化程度不高，大多没有高等教育背景。农村主要劳动力外出务工导致农村空心化；老人、妇女和儿童构成了农村的主要人员，老龄化问题严重；环境污染较为严重等等。诸多问题摆在我们面前，让乡村如何发展？谁来种田？农村主要是谁来居住？农村的发展在整个国家发展中的定位是什么？这些问题都是摆在我们面前的现实问题，可以说，乡村是中华文明延续的基础，乡村的发展决定了我们国家未来如何发展。

（三）村民的文化认同冲突

走在现代化道路上的农村居民传统的思想观念、浓厚的乡土情结等使其自我身份界定仍停留在农民的层面，是一种双向合力之下的矛盾和冲突阶段。

据之前的一次调查发现，村民对本村的风俗文化所持态度较为鲜明。有62.7%的村民认为风俗文化体现本村的传统文化，值得宣扬。同时又有所占比例不小的村民对自己所在乡村存在负面因素评价，认为"生活水平较差""治安不好，风气差""环境污染严重"等问题。农村与城市不同，其发展无法与城镇一样分类分步骤进行，要做到乡村充分平衡、充分发展，这就要求首先找出乡村发展的短板和优势所在。中华文明传承的宝贵资源是什么？我们如何传承与发展？这需要我们关注乡村生产、生活、生态三者融合的发展。生产如何与生态联系？生产如何与生活联系？这些问题的解决涉及农业必须走生态化道路，农业生产的多功能性，兼具生产、加工和服务行业，也要看教育、文旅和文化传承的功能。农业的可持续发展关联因素众多。

乡村生活涉及衣食住行各个方面。住涉及居住环境，如房屋、村庄、河流等方面。生态系统理念关注居住的舒适、安全及生态考量，如低碳环保的要求、污水处理、垃圾处理等问题，结合乡村特有的资源，形成多元化的能源运用和利用。村民生活方式的改变，能否减轻对生态环境的影响？如何使化肥农药的使用减少对环境的影响，让老百姓吃得放心？如何做到从土地到餐桌，全过程的生态、绿色、无害化管理，让大家能吃上健康的农产品？

另外，还有乡村污染问题。工业污染并不是主要问题，更重要的是生活污染。对江河湖泊及饮用水污染最严重的是厕所的排放问题。尽管厕所改造对居家使用了城市居民使用的冲水马桶，但污水终端的处理尚未与乡村生态要求挂钩，对乡村环境卫生、居民健康而言仍存在需跟进解决的问题。

错综复杂的现实环境要用全方位的思维方式来探索解决的综合方案。只有在完成系统评估的基础上，才能形成对存在问题的后续分析。通过个案分析、实证调研和文献梳理，我们对乡村文化的现代性重塑进行了问题厘清，以此作为探索建立乡村文化从自觉到自信的现实路径。

一个乡村能够延续千年，一定有它独特的生命形态，如何把这种生命形态灌输到乡村的景观、产品中去，把乡村的生命内涵和光彩释放出来是首先应该考虑的问题。比如，旅游，自然风光只是让人有感触的一个方面，更重要的还有以坚韧、乐观等为特征的人文生态，包括农业生产、民俗、宗教、族谱整理等各方面的知识，以及民谣、先贤历史、家风家训、迁徙过程的了解，乡村振兴不仅是一个打造品牌的过程，更是一个生命形态创建的过程。乡村文化重塑的最终目的，重在让乡村焕发出新的光彩。

三、乡村改革的前提

实现乡村振兴，应注重实现乡村治理体系的现代化。目前乡村改革的顶层设计已基本完成，所有权、承包权、经营权已初步分置。为了解除进城务工人员对土地财产的后顾之忧，应继续加强对乡村集体所有制财产进行股份制改造。拥有股权的村民可以利用这部分资金创业或者以灵活方式就业，以此促进农村流动、繁荣；同时拓展城乡发展空间，生活空间、生态空间、生产空间的功能区，应分类推进，使不同类型的村镇有不同功能的发展模式；夯实农业生产基础，耕地不能减少，利用现代科技更新农业装备；加快农业转型，从粗放型到集约型发展，减少投入、提高质量；建设现代农业经济新体系的龙头企业、合作社、家庭农场，将一二三产权融合，种子、生产、加工等各个产业环节都要创新，壮大乡村产业，推动农村产业深度融合，保证农民的收入，保障农民享有合理的利益分配，建设生态宜居乡村。总之，应确定农业的永恒基础地位，以市场需求为导向，通过完善农业的基础设施、优化产业结构和布局，提升农业的信息化服务水平，培养现代农业人才，提高农业的产业化发展。

四、文化重塑的乡村人才条件

目前乡村振兴工作最重要的是人才。乡村的现代化发展亟须"一懂两爱"（懂农业、爱农村、爱农民）的人才到乡村工作。在引进人才的同时，也要培养城市居民对乡村的"一懂两爱"情结，既有实际的行动帮助以支持乡村发展，也应该在自由的生活方式上支持乡村发展。人是自然的一部分，土地也是自然的一部分，当个体试图将自己与土地发生联系的时候，会发现更广大的生命空间。无论是迁离乡村还是迁入乡村的人，对自己所属乡村的历史发展都应该有清晰的了解和认识，如曾经发生过的重要事件、村落的繁荣或落后。如果对自己的村子历史没有充分的了解，很难把握其未来的发展方向。正如蕾切尔·卡森所说："那些在土地上能够发现自然之美的人，能够找到他生命的力量，直至一生。"

　　青年人必须成为也必将成为乡村振兴的主力军。首先，应创造提供青年人返乡的条件，由青年人自己主动积极承担振兴乡村的责任。如在乡村课程设计方面，强调以学习者为中心，与乡土文化结合，在课堂教学中贯穿生态意识，学会垃圾分类、堆肥等知识，从小在课堂教育中结合传统文化倡导的勤俭节约学习，在社区中倡导终身学习意识的培养，有机产品生产出来后，能够有文创的推广，加强与城镇的融合。其次，借助乡村图书馆、乡土博物馆、工艺传习所等组织平台，进行在地化知识资源的整理和再生产，进行乡土文化的教学、科研、推广和实践，同时家庭教育、学校教育和社会教育协同创新，以促进在地化人才培养和教师队伍生态转型。最后，生活在乡村的年轻人理应具有民族意识和国际视野。有民族意识就是深刻理解民族优良的传统，懂得恰当的反思和有为的行动；有国际视野就是了解发达国家在农业发展中的优势与缺点，进而能够自觉意识到肩负的责任，并勇于担当。乡村需要青年人具有跨学科、跨专业、跨背景、跨人群的国际视野。

　　教育是手、脑、心的结合，是一个完整的体系，而非仅停留于课堂和书本，大自然是学生最好的老师。青年人不再单纯是消费者的角色，而是创造者的角色，在乡村进行创造。培养青年人的通识教育和人文精神，单纯在学校的学术学习并不是完整的学习，传统文化中的典籍还需要更加重视，挖掘前人的智慧，教育青年人为之传承，体验也是教学，高等教育必须做到完整的、全人的教育。书斋中的考试固然重要，但对生活、生命的体验更为重要，未来要过什么样的生活更为重要。走入乡村、走入自然，向大自然学习，是全人类教育的重要途径，社区打造不仅是政府的政策，还应是民众的参与和技术的指导。这需要长期因地制宜、就地取材、因材施教。政绩的延续、执行的到位都应该在青年人受教育的时候有所体现。如何让受过良好教育的青年人能够顺利回到家乡，为家乡作贡献，在生养他的天地里找到自身的价值，为青年人创造多元的返乡途径变得异常重要。

　　作为乡村文化重塑的重要主体，青年人首先应该有用心、谦虚、学习的态度。有开放性、乐于学习、不断成长迭代。应认识、了解、追溯自己乡村的文化脉络，与老人有良好的沟通，记录乡村发展过程中重要的历史事件，明白自己的根基所在，与上一辈人有融洽的联系，先返回乡村挖掘乡村文化，再结合自身特长，有所作为。工业文明之后城镇化的发展，世界经济浪潮的推动，以及急速、跳跃式的发展让许多人丢掉了很多本真的所在，也失去了很多应该长久思考的权利和机会。从人类发展的角度说，乡村的慢生活、慢节奏、与自然为生的生活方式、友邻社区与土地空间万物和谐共生的方式是适合年轻人成长的。归心很重要，脚步越飘越远，心要能够落地扎根。乡村也需要年轻的力量注入进来，实现长远发展。

青年人的培育应该落实本地化政策。故土难离，本地的青年人对自幼生长的乡土更有感情，也更有责任。教育还应注重实践，这不是学校单方面的工作，还要结合政府、当地民间的培训机构、志愿者团队，以及村镇培训力量。村镇的正式组织如党支部、村委会，应敏锐把握本村青年人的状况，激发青年人回村服务的意愿，整合不同青年人的能力。此外，这也需要全社会的多方参与。青年人的培训不仅要多元化，还需要系统化，对乡村的方方面面都要有相当的认知把握。如果没有成熟的引导，没有具备专业的技术和能力，贸然进入乡村工作只能让青年人受到打击，从而不利于乡村人才的成长。

国家政策的大力支持、各级政府的全力推进，这是东营市乡村能够振兴的先决条件，也是青年人进入乡村的机遇，同时为青年人创业做事提供了良好的环境，青年人在乡村这个广阔天地里，一定能够大有作为。在尚未被开拓的、具有更多未知可能性的乡村，青年人未来开拓事业的空间很大。例如，由中国人民大学乡村建设中心与正荣公益基金会联合发起的"爱故乡"行动本质上就是一种追根溯源的平民视角与基层实践，通过倡导推行本土经验，保护传统文化，改善生态环境，关爱留在和离开故土的父老乡亲，培养乡村和城市社区建设的多种人才，达到推动知识、文化、资源、人才重新扎根于本土社区的目的。连城培田客家社区大学旨在保护和开发乡土文化，以社区综合发展、教育和客家文化的发掘传播为切入点，改善当地的教育文化环境，发展以客家文化为主题的旅游经济。永春县生态文明研究院是首个县级生态文明研究机构，挖掘和整理永春地方性资源，举办永春乡村社区大学、培养生态文明建设人才；传承乡土文化，推动乡村文化创意和乡村文旅发展，培养永春乡村文创品牌。

五、乡村产业基础

乡村振兴需要住在乡村，乡村振兴的建设需要回到乡村，农业和手工业是乡村振兴的重要抓手。手工业制作需要大量人力操作，从这个意义上说，乡村文化并不是一种学术的研究，而是一种生活方式。农业产业化的发展对乡村经济社会发展具有重要作用。

首先，农业产业化的发展有利于优化产业结构，培育接替产业。根据生命周期理论，随着不可再生资源的不断开发，部分原有的传统产业终究会进入衰退期。因此，需要根据当地产业经济的发展现状，尽可能地培育未来的接替产业，以便调节产业结构失衡问题，以避免资源枯竭而阻碍经济和社会的发展。乡村替代产业发展主要有两种：一是延伸现有资源的产业链，提高产品附加值，拓展利润来源，尽可能延长产品的生命周期；二是发展接替产业，包括现代农业服务业以及高科技产业等[①]。部分资源型城市具有发展农业产业化的条件，因此，将农业作为接续产业是不错的选择。

其次，农业产业化的发展有利于改造传统农业，提高农业的经济效益。资源型城市长期以来都以资源型产业为主导，导致农业发展水平较低，远远落后于其他原有的传统主导产业。不同资源型城市发展模式不同，农业产业化可以采用产业聚集区模式，集中管理农户手中分散的土地，通过一体化经营，最大化地提高效率，获取利润[②]。通过培育新型的主导产业，实行专业化生产，加快实现规模效益，进而提升区域整体的经济效益。

最后，农业产业化的发展有利于增加就业岗位，拉动当地的就业。我国许多资源型城市受原有主导产业弱化的影响面临着工人失业的问题，包括国有企业在内的不少资源开发企业的相当数量的工人都存在"下岗危机"，这使得社会的不稳定性因素加大[③]。虽然国家在努力解决下岗工人再就业问题，发放失业补贴，但是依然不能从根本上解决失业问题。要为失业工人创造良好的就业环境就要进行产业优化升级，通过产业的发展拉动就业。通过培育龙头企业、种养大户可以创造更多的就业岗位，吸引外出务工者回乡发展，这也响应了国家提出的"创业带动就业"的要求。

要想推动农业产业化发展，实现乡村振兴，可以采用以下措施。

加强农业基础设施建设。一是加大"三农"财政投入，建设完善东营各

①朱阿丽，倪良明，温立武.资源型城市中小企业科技创新能力提升路径［J］.经济纵横，2016（4）：49-53.

②侯代男，周慧秋.资源型城市现代农业发展研究——以鸡西市为例［J］.农业经济与管理，2017（2）：80-87.

③帅俊杰.攀枝花市政府促进资源型城市转型的案例研究［D］.四川：电子科技大学，2017.

个县农田的灌排系统，提高农田水利基础设施建设水平，调动各个经营主体积极性，推行鼓励措施。二是进行统筹规划，按照分步实施，统一管理的原则，优化投资建设方案，高效合理地运用农业项目资金。三是加强全责机制的建设制，督促各部门提高办事效率，提高服务能力。四是实行统一质量标准，将整合项目作为一个整体，统一实行建设管理，建立运行管护机制，落实管护主体责任，提高项目质量。在全国创建公共文化服务体系示范区工作中，"数字技术＋群众文化活动"已经成为新的发展方向。各地都在完善本地群众文化服务体系建设中，结合自身特色，探索公共文化数字化建设的独特方式。

优化农业产业结构和生产环节。一是优化主导产业的布局，积极引导产业结构调整，鼓励种养结合的生产方式，关注产品质量的提升，做大做强主导产业，引领其他产业的发展。以垦利区为例，其优质棉粮、生态畜牧业以及生态渔业相对具有优势，可以建立农产品供应基地，完善水稻工厂化秧苗种植的相关设施建设，统筹推进粮棉增产、农民增收。二是优先发展绿色高效的生产方式，以秸秆还田、菌渣堆肥还田等方式降低土壤的盐碱化程度，提高土壤的有机质含量，采用新工艺发展节水型畜牧业，从而提高重复用水率；鼓励农民合作社、种养大户以及专业化公司等建设农业废弃物处理设备，对于有废水废渣处理设备的经营主体加大补贴[1]。三是提升农业园区建设水平，通过龙头企业等带动，建设设施完善、管理先进的现代农业园区，吸引民间资本投入农业园区的建设，带动区域现代农业发展。

推动"互联网+农业"发展。农业的产业化发展需要在生产、加工和销售环节充分融入信息化[2]。根据中央供给侧改革的要求，实施"互联网+农业"战略，在农业产业中应用"云计算""大数据"等信息技术，助力东营市实现农业产业化发展。具体来说可以这样做：一是完善东营市的农产品价格指数大数据平台，对农产品的销售量、销售价格、市场需求等数据进行整理分析，对未来一段时间内的农产品市场供给情况进行预测，引导农户种植合适的农产品，避免盲目种植，对农产品进行产源追踪，使消费者通过网上查询、手机扫描等方式查询到农产品的全部信息，便于消费者购买放心的农产

①王麟，余卉.新常态下资源型城市农业产业化发展探析——以淮南市为例[J].农业部管理干部学院学报，2015（20）：16-19.

②周应恒，胡凌啸，严斌剑．农业经营主体和经营规模演化的国际经验分析[J].中国农村经济，2015（9）：80-95.

品①；二是加快"互联网+农业"网络平台的建设，帮助新型农业经营主体解决技术性难题，通过与科研院校、相关企业的合作改进"互联网+农业"技术的发展。对农业企业进行引导，将互联网真正地融合到农业生产的各个环节中；三是加大培训力度，提高农户对互联网作用的认识，调动农户积极性，转变传统经营模式，实现农业增产、农民增收的目的；四是在决策信息搜集分析上，利用数字技术可以搜集整理群众文化服务供需数据及服务体系运行数据，并借助相关技术方法从海量数据中搜寻、发现目前群众文化服务实践中存在的短板，有效提高群众文化服务决策的科学化程度。

加快农业技术人才培养。一是多种途径引入人才，在农业院校中选拔优秀的农业人才，选派年轻干部进行实地考察和锻炼，在实践中深入了解农业的发展情况，提升实践能力，提高服务水平。二是加大对广大农民的科技培训力度，尤其是种植和养殖的大户及农业合作社等，开展农业综合知识培训，普及先进的农业技术，以提高种植和养殖的效率，鼓励农业技术人员积极下乡，积极主动地为广大农民朋友传送知识，树立良好的服务意识②。乡村振兴需要有跨越城乡的思路，尤其县域的整体规划对具体的乡村振兴起到很大作用。它能够有效整合地域资源，形成特色分工，使资源能够相互支撑发展。环境、社群、文化、经济等各个方面需要整合发展，而不是单向分离。在县域层面对各方面资源进行总体的调配和筹划，可以促进乡村各方面的协同发展。如何把低碳、生态化的衣食住行方式落实到每个人的生活日常，并且是可持续的，是乡村发展面临的迫切问题。

人类文明有三个阶段。第一个阶段是农业文明，具有可持续性，但生产力水平比较低，人与自然的关系具有前主体性，人与自然无法切分；第二个阶段是工业文明，把自然当作客体，对于自然的改造能力大大提升，生产力的发展处于高水平阶段，但不可持续，人与自然呈现二元对立的态势，我们称之为黑色文明，第三个阶段是生态文明，人与自然是二元共生的，我们应该推动自然的主体性位置的确立，也被称为主体间性，从这个意义上说，每个人都不是原子式的个体，而是与自然这个主体的共存，人与自然也不是抽

---

①刘桂花.东营市高效生态农业发展的SWOT分析及路径选择［J］.胜利油田党校学报，2016（1）：113-117.

②左竹.东营市现代农业发展现状及对策研究［J］.农业科技与装备，2014（10）：83-87.

取性的关系，第三代人类文明不仅需要第二代文明的生产力高水平发展，更需要第一代文明的可持续性，尤其强调人与自然的和谐共生关系。这一时期的文明形态不仅在身体上追求与乡土文明及乡村发展的融适性，而且追求心灵层面的共适共融。人类命运共同体也是在呼应生态文明理念下人与自然、国与国的关系，人类文明就此进入新的发展阶段。

六、民生保障基础

改善民生需要重新审视土地制度与产品定价。从历史的视角看，乡村产出的无论是物质产品还是精神财富，对大家来说都是不可或缺的。自中华人民共和国成立以来，我们越发认识到乡村发展的重要性。现有土地制度与乡土产品的定价非常重要。在一次田野调查中发现，一般一亩地年产值2 000元，这与村民对土地的投入比例并不适配，乡村产出适应不了社会的消费水平。乡村更多的是一种生活方式而非产业方式。从生存角度来说，不拥有定价权的村民很难留在乡村。发展再快，农民得不到实惠，财富集中在少数人手中，这样会产生严重的社会问题，所以提升乡村发展质量迫在眉睫。促进共同富裕的最终目标也是实现共建共享发展成果。

乡村产业转型、环境改善、村民收入提升都有其规律可循。要尊重农民的创造性，诸如"一乡一特色""乡村记忆工程""民宿"等政策的实施不能盲目，否则劳民伤财，违背了乡村发展规律，最终还是得不偿失。现代化的经济体制不仅包括现代化的工业，而且必然包括现代化的农业。尽管大部分人口在城市，但国土面积主要在农村，乡村美丽，中国才美丽，建设美丽中国首先应该建设美丽乡村。

七、生态文明基础

如果用工业文明的方式思考多山地区的农业或改造多山地区的农业，那么对农业是严重的伤害，中国的转型应该避开这样的发展模式，尤其西方冷战意识形态的话语体系无法解释生态文明的发展模式，人类生存的多样性和多样化的自然形态会有多样化的生产方式和发展方式。摒弃工业化时代的思维，转而以生态化思维考虑未来的发展，是中国未来发展的必由之路。

从2003年科学发展观的提出开始，中国就已经开始了生态文明转型之路，2005年"建设"资源节约型、环境友好型社会的提出，再到多元农业的提出，机械化、化学化、电气化、水利化等农业"四化"的提出，强调多样性的农业才是农业现代化，除了经济利益之外，更要注重环境的保护功能，以及农业天然具有生态保护功能，农业与生态是有机整合的一体，如果说化学化的农业有巨大的负外部性，那么生态化的农业具有巨大的正外部性。农业具有旅游、养生、观光等种种功能，为发展农旅结合的第三产业创造了先天条件。只要推进了农业资源环境保护的功能，农业的多样性就可以得到体现。具有了休闲、养生、旅游等种种功能，农业就可以从第一产业直接升级为第三产业。农业还具有文化教育功能。2008年后，生态文明的理念逐渐发展完善，中国在全球金融危机之后仍然保持了高增长态势，我国大力进行乡村生态文明建设，吸纳了大量劳动力，将13%的出口退税转换为内需拉动的农业消费增长相关。我们对生态文明的制度建设和体制建设，尤其对美丽中国建设、对走向生态文明新时代建设，都做了系统化的描述，人与自然的和谐共生就是生态文明。乡村振兴不只是乡村的主题，从工业文明到信息化文明，再到生态文明的发展阶段，中国要想实现现代化的转型，其中非常重要的环节就是乡村振兴。悠久的农耕文明在乡村积累了深厚的文化资源和农耕智慧，中国在以往的城市发展和科技发展中借鉴了许多西方智慧。回归中国文化、中国智慧是乡村结合创意、旅游等系列产业升级的由之路。对农业项目和本地的农产品加工中老旧的资源和产业加工基础来说，如果它们能够挖掘当地的文化资源，定位好产业升级的目标，乡村产业就可以迸发新的生机。我们已经具备的资源和技术如果放到城乡交互的框架内或者以国际视野审视，就可以发现中国模式的与众不同。乡村的绿色生态发展对于城市的生态发展能够起到示范引领作用。教育者必须意识到自己所负有的生态教育的使命与价值。生态文明在乡村振兴中的发展创新点是多样的，每个乡村单元本身就是一个天然的社区，传统村落的社区治理具有中国人文化血脉的精气神，是村民守望相助的精神纽带，其内在的精神需要进一步挖掘，引导更多的学生走入乡村，了解乡土文明，从所学知识的角度整合乡村产业升级的思路，独特的具有中国特色的创新产品一定是来自乡村。

每一年中央文件推进农业发展的指导思想在变化，要求也在变化，说明中国在生态文明发展的路上始终在努力，而且取得了卓有成效的进展，这是人类发展的新趋势。生态文明的发展战略同中国几千年文明的传承是一脉相承的。生态文明的基础是乡村振兴，中国正在实施的乡村振兴战略，理应引起国内外的高度关注，因为中国的经验可以为世界的更好发展贡献力量。

绿水青山就是金山银山，良好的生态环境是农村最大的财富。从土壤污染治理入手，实现农田化肥、农药的减量，使农民能够接受新技术、新产品，实施过程农业模式，借鉴国外工业过程管理的理念与模式，在尊重我国农业发展现实的基础上，依托土壤修复、肥料创新等技术体系实现对不同作物的全过程管理，达到农业增效与环境永续兼顾、农业高产与作物品质兼顾。同时，生态文明的实现不应该只依靠政府，首先应该从每个人做起，与每个人息息相关，实际有效的做法是让村民看得到，明白切实可行。城乡共同努力，让乡村可持续发展，农业可以生产出高质量的产品，大家享有安全的食品，让乡村有更好的生态环境，让城镇居民也能与村民共享自然资源带给我们的生态价值。注重乡村的自我再生、自我洁净能力，新技术、新产品的企业与行政部门和社会组织合作，确保农田化肥、农药使用量零增长，使用生物肥、有机肥，在增产的同时使化肥的使用量逐步减少，同时要警惕外来工厂微生物的生产和使用对本地微生物的破坏，尽量从本地土壤中提取微生物肥料，通过微生物种群的小范围实验、示范，安全、逐步推进生态文明发展。中国现代化发展的道路并不平坦，通过生态文明建设，通过乡村振兴稳住中国的乡土社会，我们就担负起了中华文明延续的重任。对于生态文明的建设而言，自上而下地认可和推动是必要的，同时最终生态文明建设的成功一定与每个个体的参与有关，每个人参与到生态文明建设中，参与生态文明革命的历程中，才能实现人类共同的可持续发展。现代性的发展使得每个人不需要付出太多的艰辛就可以满足个体的生存需求，但生态文明的实现是需要每个个体的奋争、付出，并且乐观地应对挑战。

第五节　乡村文化现代性重塑的现实路径

在中国的现代化进程中，农村与农民是一个绕不开的话题。20世纪初的知识分子就开始将眼光聚焦于占中国绝大多数的普通民众身上，而中国社会的改造，必须着力于乡村社会的启蒙和建设。通过对乡村社会的改造来实现中国向现代社会的转型是千百知识分子孜孜不倦地追求。乡村文化的现代性重塑之路愈艰难，才愈发体现其研究价值。

一、明晰主体：谁是农民？

现代化是人的现代化，乡村文化重塑的主体理应是"现代农民"。伴随着快速城镇化进程中乡土社会的发展，"农民"这一称谓的内涵也在不断发生变化。通常意义所指的"农民"是血缘宗法关系维系的族群集合，是传统乡村社会的基础。随着时代的转场，中国9亿农村人口中占总数90%以上的农民开启了半耕半工的生产生活方式，亦即年轻人外出打工，年老的在家务农①。城镇化进程中的农民面临着身份的消失，大量涌进城市的"新市民"和留守乡村的"新农民"构成了乡村文化的主体，这一身份转换意义上的"现代农民"是乡村文化重塑的中坚力量，他们将乡村文化的因子带入城市，撒播乡村，使得城镇化进程中的乡村文化能够无处不在、无时不有。

在由农业型的传统性社会转化为一个工业型的现代性社会过程中，以家庭为单元的乡村文化不仅要立足于本土传统，追求民族的现代性，还要在文化多元的背景下主动吸收一切优秀文化因子，由保守渐趋开放。毕竟乡民知识结构、价值观念都需要汲取优秀文化的营养，才能创建出更加优秀的文化。随着城镇化的发展，大量高素质人才逐渐转移到第二、三产业。农业的劳动力文化程度相对较低，许多农户由于年纪偏大，接受新科技的能力较弱，往往不能或者很少应用现代农业科技。现有的农业科技人员由于专业限制，往往缺乏综合性的农业知识，对新技术和新媒体等信息化的知识接受较少，很难适应高科技农业发展的需求。而近几年农学专业的毕业生毕业很少会选择规模较小的农企和农业合作社，从事农业技术对毕业生的吸引力不大。培育既爱农业又懂技术、会经营的新型农民，建设农村专业技能人才、文化传承人才、管理服务人才队伍，以及吸引社会中多元人才投身乡村建设，是乡村文化重塑过程中加强文化主体建设的重要任务，当"现代乡民"成为有特定乡土知识和现代技能、对所处生活环境的文化有高度认同感且能够自我发展、自我完善的乡村文化主体时，乡村文化的现代性重塑才有现实意义。

---

① 贺雪峰.谁是农民：三农政策重点与中国现代农业发展道路选择 [M].北京：中信出版社，2016.

二、确定目标：走向何方？

传统乡土社会的文化存在方式是自发的，亦即作为社会意识的存在形式，主要以风俗、习惯等对于社会生活的感性认识构成，属于日常生活世界的主要组成部分。随着社会环境的发展变化，传统乡村文化由闭塞渐趋开放，逐渐拥有了非日常生活世界的特征，乡民对于自身文化的认识开始由自发的感性认知发展为自觉的理性意识，也有了更强的文化思辨和一定程度的文化选择权力，但从现实意义上说，当前的乡村文化具有自在、自发的经验性和人情化特征，缺乏个性和主体性。相较于城市文化的发展，乡村文化的式微是不争的事实，远未达到与经济社会发展相匹配的程度，乡村文化自信仍处于筚路蓝缕的路上。要进行乡村文化的现代性重塑，目的就在于塑造具备独特文化个性、凝聚乡恋乡愁、充满勃勃生机和多样性的乡村文化，重塑的乡村文化将更富有人性关怀，更富有生机和活力。

三、探寻路径：如何实现？

乡村文化的现代性重塑应该从物质基础、制度基础和精神内涵等多角度切入。通过多元融合主体的培育与利益联结机制的构建，形成农村发展的内生动力；[1]政治治理经历"乡政并立"[2]"政社合一"[3]等模式的转变；物质层面的变化最快，但对社会形成的冲击最小，精神层面的变化最慢，但影响最深远。

（一）守正筑基，增强文化认同

费孝通在学界首次提出"文化自觉"概念时曾指出，所谓"文化自觉"是指"生活在既定文化中的人对其文化有'自知之明'"。工业社会的到来解除了更多乡民与土地的人身依附关系，也在一定程度上消解了血缘宗法关

---

[1]许鹏宇，安岩.贵州省兴义市农村产业融合发展机制探索［J］.中国农学通报，2018，34（11）：159-164.

[2]戴玉琴.新中国成立以来农村治理模式变迁的路径、影响和走向［J］.毛泽东邓小平理论研究，2009（4）：53-56.

[3]于建嵘.社会变迁进程中乡村社会治理的转变［J］.人民论坛，2015（14）：6-10.

系对于乡民精神的束缚；信息化社会的来临打破了乡民封闭的日常交往边界，乡民的交往空间和自由程度也在逐步扩展，远超村庄边界的"政治经济实体"早已存在。

乡村文化自信既源于现有的经验，也源自对乡村文化价值的认同。价值认同是乡村文化现代性重塑的核心。培育乡民的文化认同，是实现乡村文化自信的核心，守乡土文化之"形"，铸乡土文化之"魂"，应从文化认同开始。增强乡民的文化认同感有具体的实践方向：从民族美德方面看，不仅应加强对"热爱祖国""团结统一""爱好和平""尊老爱幼""热情好客"等乡村文化精华的认同，同时还应该正视"迷信""愚昧无知""自私""僵化守旧""爱面子"等劣根性，摒弃日常生活中的陈规陋习；从社会发展方面看，以国家发展的现实成就增强乡民对国家经济、科学技术、教育水平、生态环境及综合国力等方面的认同感，将"天下为公"的价值取向、"自强不息、善于学习"的开放胸襟内化为"现代乡民"的文化传承基因，从精神禀赋、价值追求等方面夯实"现代乡民"文化自信的基础。

（二）内育外引，培育"现代乡民"

"现代乡民"是乡村文化现代性重塑的主体。随着乡村振兴战略的逐步推进，乡村建设亟须涌现更多的、有热情、有能力的乡村建设者。文化传统中的价值观念、伦理道德成了本能的一部分，并具有长期的稳定性，将乡民塑造成带有特定思维方式和性格特征的人群。自觉性文化应该担负起积极主动地引导乡村社会思想观念和人文精神发展方向的责任。不同文明的人对于个人与群体、公民与国家、责任与义务等问题都有不同的看法，这种差异是长期历史的产物。首先，通过政策支持、制度保障、物质激励等多个环节共同着力构建"现代乡民"生成体系，提高乡村生活的价值和意义，吸引壮大乡村建设队伍。其次，构建多层次乡村教育体系以提高乡民素质。教育是乡村文化重塑的载体，在乡村公共生活中，提供方式多样的教育机会，在基本生活卫生条件得到满足的情况下，回应乡民精神层面的诉求，用知识的丰富提升乡民的获得感，尊重乡民的个性自由和平等发展，使乡民的尊严和价值得到体现。再次，保障乡民迁徙和择业的自由，"现代乡民"既能够以"新市民"的身份在城市发展，也可以以"乡民"的身份在农村居住。前现代社会的安全是通过信任由亲属、地域、传统习惯构成的制度体系获得的。尊重现阶段城市和农村发展的规律和特点，建设既宜人居住又宜人发展的现代化乡村，提高乡村数字技术人才的专业素养和综合能力，理应是我们的最佳选择。

（三）坚守理想，注重文化创新

进行乡村文化的现代性重塑并不意味着乡村文化失去了活力。作为传统乡土社会发展的新阶段，新时代乡村文化内在的推动力来自传统文化和红色文化。新民主主义革命后形成的红色文化是"马克思主义广泛传播并得到乡民普遍认同的结果，同时也是红色理论与地域文化相互作用的结晶"[1]。优秀传统文化与红色文化必须成为重塑后乡村文化的基因和命脉。乡村文化创新来自其内在的创造性转化，如果说文化遗产的破坏将导致文化记忆的泯灭，那么没有文化创造，乡村发展将失去方向。村庄历史是乡村文化发展和创新的能量之源，具有创新性的乡村文化不仅能够传承文脉，还应该反映现实，积极主动地创造未来。不同文明的人对于个人与群体、公民与国家、责任与义务等问题都有不同的看法，这种差异是长期历史的产物。乡民对于家乡的历史和文化历来有高度的认同感，可以说祖先的文化创造不仅是国家的骄傲，也是乡村的骄傲。文化创新能够增强文化认同感，这是增强文化凝聚力的根基，以此推动乡村政治、经济、文化、社会和生态等方面的同步发展，通过先进的文化与政治经济发展互动，用不断创新的方式使乡村文明更具活力。

（四）养护根基，注重乡村文化的整合

文化重塑首先考虑的应该是如何有利于乡村的发展。优秀的传统文化是乡村文化的深厚根基，乡村文化一直与优秀传统文化相连接，有深厚的文化底蕴。需要注意的是，现代性的重塑并不是去复古传统，相反重塑的光辉应能照亮以前的岁月，所以乡村文化的现代性重塑应该做到既不脱离传统，又不仅限于乡村，在保持自身文化独立性和自主性的同时，积极进行文化整合，在多元文化中展现中华文化的独特魅力，在文化整合中进行良好的自我调节和自我修补，开阔视野，海纳百川，吸收一切优秀的文化，促进文化交流和文化发展。为推进公共文化服务数字化建设，促进群众文化服务与现代科技融合发展，用现代信息技术提升公共文化服务效能，满足人民群众多样化的精神文化需求，东营市以创建国家公共文化服务体系示范区为契机，不

---

[1]尹健.黄河口红色文化价值内涵的发掘与传承［J］.中国石油大学胜利学院学报，2017，112（2）：73.

断提升公共文化服务的数字化水平。乡村文化整合的主要内容应该包括传统文化中优秀因子的传承、地域红色文化中宝贵精神财富的挖掘，以及与外来文化和谐共生。这些都离不开公共文化服务政策的继续深化实施。

（五）创新文化，增强乡村文化的凝聚力

乡村文化只有创新和发展才有影响力和生命力，不断丰富的文化内涵构成了魅力无穷、活力无限的未来乡村。千百年来人们对故乡的眷恋、对家国的依赖，化为剪不断的乡愁，深藏在每位乡民的内心深处，其人文关怀的无限韵味和诗意表达让人的心灵有栖息、安顿之处。具有创新性的乡村文化不仅能够传承文脉，还应该反映现实，积极主动地创造未来。

乡村优秀文化的传承要以深入挖掘中华优秀传统文化的价值理念为基础，同时做到与时俱进，积极推进文化创新。增强文化凝聚力首先需要乡村文化服务以村民喜闻乐见的方式提升自己的道德和文化素养，改善乡村文化环境；其次乡村文化产业发展应该能够反映乡村的文化特色和乡民的文化追求；再次应创造适宜的人居环境，不盲目追求经济效益，适宜居住是和谐乡村的重要特征，且能保持自身独特的村容符号，避免同质化模式；最后，应创建新的科学知识体系，把它应用于乡村政治、经济、教育等各个方面，从而在理性基础上建立起现代乡村的经济体制、文化体系，并具备更为开阔的文化视野。

（六）注重培育，坚定乡民的文化自信

城镇化，说到底更多的地还应该是人的城市化，乡民文化意识的培养是乡村文化重塑中最能动、最活跃的因素，也是培育乡村文化内生增长能力的着力点。针对乡村儿童、青少年加强文化教育，针对乡民加强精神引领，进行文化认同教育。在乡村生活的人们应该正确理解自己传承和创造的乡村文化，因为乡村文化是乡村文明在城市的缩影，是社会和谐在乡村的集中体现，以人为本、全面发展，既是治国理念，也是乡村文化的精髓。马克思曾经提到人在"劳动过程结束时得到的结果，在这个过程开始时就已经在劳动者的表象中存在着，即已经观念地存在着"[1]。不同文明的人对于个人与群体、公民与国家、责任与义务等问题都有不同的看法，这种差异是长期历史

---

[1]马克思，恩格斯.马克思恩格斯选集：第2卷［M］.北京：人民出版社，2012：170.

的产物①，乡村文化的主体是乡民，只有长期处于劳动实践过程中的乡民有了文化自觉的意识，才能形成文化认同感，进而达到乡民的文化自信，也就是最终实现农民的文化自觉。这种文化自觉能够将文化的力量施加到经济社会的发展中。人通过劳作获得温饱，通过知识获得解放，通过创造获得自由，故而乡村文化的主体更要承担起历史使命、政治使命和文化使命。

文化自信的基础是乡民的文化认同，文化认同的内容主要包括从社会观角度认同竞争和能力，而不是差异、等级和尊贵；从政治秩序方面认同革命和改革，而不是墨守成规；从信仰角度认同科学，而不是迷信。毕竟乡民的文化自觉意识成熟了，才会有"核心理念上的深层次文化认同"②。所谓"行"先于"知"，我们要在长期农耕实践所形成的自发性文化中寻求文化自信的因子，然后以"知"促"行"。我们有了文化自觉的意识，才能最终化为文化自信的坚定行动。毋庸置疑，中华优秀传统文化在凝聚人心、教化群众、淳化民风中具有重要作用。正如费孝通所言，对于中国人来说传统文化对人的影响是由内向外的，"礼并不是靠一个外在的权力来推行的，而是从教化中养成了个人的敬畏之感，使人服膺"。③显然体验过中国乡村文化且具有洞察力的思想家都感受到了中华文化强大的生命力。传承自觉又自信的优秀文化是历经苦难的中华民族从未消亡的重要原因，无论时代如何转场，中国人的文化根基没有变化，优秀传统文化从未被同化，一直生机勃勃。正是那些在不经意间会时时显露的沉稳与谨慎、勇毅与坚忍、睿智与温良……成就了中华文化，成就了现在的中国人。无论西方人眼中的我们是什么样，未来更漫长的时光里，未来的青年人更需恪守文化自觉的根基，远离急功近利和精致利己，满怀赤诚和热爱，继续下一场奔赴。

在乡村文化现代化的研究中，应融合区域传统文化、红色文化、城市文化、生态文化、文化产业等文化研究的成果，在学术观点上针对区域乡村文化自身的特点，由"自在"到"自觉"，然后到"自信"的逻辑进路，明

①Samuel PHuntington. The Clash of Civilizations？［J］. Foreign Affairs, 1993（3）：22-49.

②赵霞.乡村文化的秩序转型与价值重建［M］.石家庄：河北人民出版社，2013：5.

③费孝通，乡土中国［M］.北京：人民出版社，2008：63.

确"现代乡民"是乡村文化重塑的主体，通过增强文化认同感、培育现代乡民、文化创新与文化整合并重的方式，推动乡村文化重塑过程中核心理念上的深层次文化认同，并最终实现实践意义上的文化自信。在乡村文化现代性重塑的实践过程中，乡村文化固有的人文价值与科学理性互相汲取养分，乡村文化的自觉性重塑必将对乡土社会的理性建构发挥价值导向与规范作用。

第七章　治水文化

黄河是我国西北地区华北地区最重要的水源，发源于青藏高原的巴颜喀拉山，流经青海、四川、甘肃、宁夏、内蒙古、陕西、山西、河南、山东九省（自治区），在山东省东营市注入渤海。20世纪90年代前，黄河曾以年均2000～2667公顷的速度填海造陆，营造出举世闻名的黄河三角洲。从这个意义上说，黄河确实是入海口人民的母亲河。黄河三角洲以其丰富的自然资源，巨大的开发潜力和飞快的发展速度，引起世人瞩目，古老的黄河文明和源远流长的历史文化在这里绵延不息，孕育了一代代黄河口人，创造出灿烂的历史文化。黄河三角洲自然资源丰富，开发潜力巨大，但自然生态脆弱，土地盐碱化程度较高。黄河三角洲历史上曾是旱涝灾害频繁发生的地区之一，水利是农业的命脉，是国民经济和社会发展的基础产业和基础设施。农业生产和人民生活用水主要依靠黄河水，新修水利、治水改土显得尤为重要。利用黄河水沙资源为民造福，是治河先哲们梦寐以求的夙愿。早在北宋年间就开始有引黄河水淤灌农田史实。中华人民共和国成立后，引黄灌溉事业真正开始跨入新的发展历程。70年引黄灌溉事业的发展，彻底改变了引黄灌区农业生产落后，人民生活贫困的面貌。中华人民共和国成立后，在国务院确立的"根治黄河水害，开发黄河水利"方针的指引下，水利部门在黄河两岸大力兴建虹吸、涵闸、扬水站，促进了引黄灌溉、淤地改碱、水稻种植、城乡供水等事业的发展。

黄河口人民受黄河之害颇深，得黄河之利亦巨。在确保黄河安澜的情况下，充分利用黄河的水沙资源"除害兴利、综合开发"，保证了胜利油田的开发建设和全市工农业生产，以及人民生活的需要，对黄河口区域的经济社会发展作出巨大贡献。作为黄河三角洲区域的中心城市，东营在黄河流域生态保护和高质量发展国家战略布局中居于重要地位，担负着重大历史使命，其中引黄工程的建设和发展，为入海口两岸群众提供了丰富的水沙资源，为沿黄群众改变生产面貌、提高生活水平奠定了基础。

第一节　治水文化形成的生态文明理论背景

　　临黄河而知中国。黄河是中华民族的母亲河，孕育了古老而伟大的中华文明，保护、治理黄河事关中华民族伟大复兴的千秋大计。黄河入海口不仅有丰富的石油、天然气等自然资源，而且天空洁净高远，大地清新辽阔，是一块融广袤、古朴、新奇、野趣于一体的自然景观区。黄河三角洲地处暖温带，是东北亚内陆和环西太平洋鸟类迁移的重要中转站、越冬栖息地和繁殖地。

　　春天是来黄河口看槐花的季节。黄河尾闾北岸，昔日被称为山东的"北大荒"。经过人们几十年的努力，这里终于建起了华北地区最大的平原人造刺槐林区。昔日风沙遍地、蒿草丛生的荒滩，变成了如今群鸟栖息、林木葱茏的绿洲。刺槐根系发达，多横向扩展，吸附于地面表层，这对于黄河三角洲松软的土壤结构极为适宜。刺槐又属耐碱树种，可在盐碱度千分之三以下的土壤中生存。"物竞天择，适者生存"。20世纪60年代，初这里曾大量栽植杨树、柳树，但成活率都很低，后来逐渐改植更加适宜在这里生长的刺槐。于是，在中华人民共和国这片最年轻的土地上，刺槐成为各种树木中兴盛的大家族。自20世纪60年代起，短短几十年光景，在黄河故道与现行流路两侧，齐刷刷几个大型刺槐林场，每年除提供大量木材外，还成为当地独具特色的旅游景点。

　　春天槐花盛开，黄河口滩区远看就像漫天的白云，到处银装素裹，分外妖娆。近观，一串串槐花，像银链，似玉串，令人赏心悦目，而甜蜜的花香更是直钻入心魄。在槐花含苞欲放的日子，浙江、江苏等地的追花人，便早早用大车小车拉着一箱箱蜜蜂来到这里。他们在刺槐林的野地上、草莽间、花丛中、柏油路旁，搭个简陋的窝棚住下来。从此，那些可爱的小精灵便忙忙碌碌地穿越丛林采花酿蜜，这里就成了蜜蜂的王国。一个季节下来，整个刺槐林可为社会贡献蜂蜜几十万公斤，大量的槐花蜜带着黄河口槐花特有的香甜流遍神州。

　　秋天是黄河口最美丽的季节，芦花飞雪，红霞铺地，鸟儿悠然飞翔，一幅世外桃源的景象呈现在世人眼前。黄河入海口是芦苇的海洋。秋风乍起，碧涛滚滚，壮观无比，成了黄河口的一大自然景观。黄河口为芦苇的生长创造了得天独厚的条件。这里的芦苇全系自然生长。芦苇生命力极强。它的根、茎、籽都可繁殖。发达的根系埋扎在地下30～50厘米，每年以一米多的速度向四周延伸，根扎到哪里，芽便发到哪里。只要是黄河造出一寸沃土，立即就有芦苇捷足先登，成为新生带上的最早居民。它们驻足之后，又根连根，杆靠杆，把黄河送来的泥沙紧紧"团结"在一起，对积淤固沙起着决定性作用。所以有人说，如果说黄河是黄河三角洲的母亲，那么芦苇就是黄河三角洲的保姆。芦苇耐碱、耐旱、耐涝，生命力极强，即使在含盐量极高的荒碱地上，每年春天都是它们首先钻出地面。芦苇的大家族居住在黄河之门的海岸线上，一连百里，齐刷刷，漫无边际，有"第二森林"之称。

秋末冬初，正是芦苇飘絮的季节。阵风吹来，白花花的苇絮便在天空悠悠然地飘起来，像漫天白雪在空中飞舞，人称"芦花飞雪"。

金秋时节，黄河入海口漫天遍野的黄蓿菜也渐次红了，像大片大片的云霞铺满大地，成为黄河口一道独特的风景线。黄蓿菜，学名"翅碱蓬"，因其耐旱涝、耐盐碱，在黄河口沿海的荒碱滩上年年生发，岁岁枯萎。目前黄河口一带片生、散生的黄蓿菜有10多万亩。入秋之前黄蓿菜是绿色的，与天然草场融为一体，进入秋天后则由绿变为紫红。黄蓿菜生长旺盛，绵延无际，一簇簇葳蕤，在秋天的原野上像火一样地燃烧，如同红地毯覆盖着入海口一带，为黄河口的凝重、苍劲添上浓重艳丽的色彩。

20世纪70年代初，罗马俱乐部的研究报告《增长的极限》给人类敲响了生态危机的警钟。20世纪80年代，联合国成立了"世界环境与发展委员会"并发布纲领性文件《我们共同的未来》，确立了可持续发展的指导思想，生态保护开始成为各国政府放在重要工作列表的内容。20世纪90年代，世界环境与发展大会和《里约宣言》的发表，成为人类构建生态文明的又一个里程碑。可持续发展思想从理论研究层面开始成为各国人民的行动纲领。2011年，中央1号文件指出"水是生命之源、生产之要、生态之基"。水作为国家生态文明建设的核心和物质载体，水资源和水环境对生态文明建设的影响至关重要。水是人类赖以生存的物质基础，是经济社会发展必不可少的基础性和战略性资源，在生产生活的方方面面发挥着不可替代的作用。水生态系统是水资源形成、转化的主要载体。我国基本水情特殊，主要表现在资源相对不足、水生态退化严重、水生态功能单一、河湖安全形势严峻水文化传播不广等方面。针对上述问题，入海口区域采取的措施是调整治水思路，确保以科学合理的规划来统帅水利各方面的水事活动，对引黄排水蓄水、防潮、农村饮水、节水灌溉、水利执法、水土保持和水利投资等问题进行细化研究。依据社会经济发展需要确定水利发展的任务和重点，根据自然条件和水资源特点确定水利工作措施和对策，根据水资源可持续利用的需求确定水利发展的目标和方向，根据资金实际投入能力确定水利建设的规模和步伐。[①]

水生态文明建设旨在通过科学规划、合理开发利用和严格保护水资源，促进水生态系统的健康稳定发展。这包括强化水源地保护力度，严格限制并监管污染排放行为，提升水资源利用效率，以及加强水灾害的预防和治理工作。在工业化、城市化进程加速推进的背景下，水生态环境正面临着前所未有的严峻挑战。水源污染日益严重、水资源日益紧张、水灾害频发等问题，对人民群众的生活品质和社会经济的持续健康发展构成了严重威胁。为深入推进水生态文明建设，从根本上扭转水生态环境恶化趋势，既是生态文明建设不可或缺的重要组成部分和坚实保障，又是人类生存与发展的关键任务与基础支撑。从源头上着力改善水生态环境，已成为当前和今后一个时期的重要任务。水生态文明建设是生态文明建设的重要基础和保障。通过扎实推进水生态文明建设，我们能够有效提升水生态环境质量，增强水资源的承载能力和可持续利用水平。这不仅能够满足人民群众对优美生态环境的期盼，更能够为经济社会持续健康发展提供有力保障。为加快推进水生态文明建设，中华人民共和国水利部于2013年1月印发了《水利部关于加快推进水生态文明建设工作的意见》（水资源〔2013〕1号），提出把生态文明理念融入水资源开发、利用、配置、节约、保护以及水害防治的各方面和水利规划建设管理的各环节。

世界范围内工业化、城镇化建设快速推进的同时，也带来了全球气候变化、水资源短缺、水污染严重、水生态恶化等问题。党的十八大把生态文明建设放在突出位置，指出"建设生态文明是关系人民福祉、关乎民族未来的长远大计"。以习近平总书记为核心的党中央全面加强生态文明建设，系统谋划生态文明体制改革，一体治理山水林田湖草沙，开展了一系列根本性、开创性、长远性工作，决心之大、力度之大、成效之大前所未有，生态文明

---

① 《东营市水利志》编纂委员会. 东营市水利志〔M〕. 北京：红旗出版社，2003：4.

建设从认识到实践都发生了历史性、转折性、全局性的变化。推动绿色低碳发展是国际潮流所向、大势所趋，绿色经济已经成为全球产业竞争制高点。一些西方国家对我国大打'环境牌'，多方面对我国施压，围绕生态环境问题的大国博弈十分激烈。"①

习近平总书记在2019年视察黄河时提出要将黄河流域生态保护和高质量发展上升为重大国家战略。2021年10月，他到黄河三角洲考察，提出黄河三角洲自然保护区生态地位十分重要，要推进谋划创建黄河口国家公园。2023年，山东省出台《山东省黄河三角洲保护条例》。黄河三角洲是黄河流域的重要组成部分，推进黄河三角洲生态文化建设，促进黄河三角洲流域生态环境保护，对于保护黄河安澜，促进黄河流域生态经济发展具有重要意义。将生态文化建设放在生态文明体系建设的首位，突出体现出它在生态文明建设中的关键性作用。生态文化统筹自然需求与人的主观需求，体现真理性与价值性相统一的原则，因此，黄河三角洲独特的生态环境及区域发展的生态需求是研究生态文化价值向度与实践路径的自然和人文基础。

党的二十大报告从加快发展方式绿色转型、深入推进环境污染防治、提升生态系统多样性稳定性持续性、积极稳妥推进碳达峰碳中和四个方面进行系统擘画，指出："我们要推进美丽中国建设，坚持山水林田湖草沙一体化保护和系统治理，统筹产业结构调整、污染治理、生态保护、应对气候变化，协同推进降碳、减污、扩绿、增长，推进生态优先、节约集约、绿色低碳发展。"还提出"实施全面节约战略，加快构建废弃物循环利用体系。完善支持绿色发展的财税、金融、投资、价格政策和标准体系，推动形成绿色低碳的生产方式和生活方式""实现碳达峰碳中和是一场广泛而深刻的经济社会系统性变革。深入推进能源革命，加强能源供储销体系建设，完善碳排放统计核算制度，健全碳排放权市场交易制度"②等诸多重大举措。党的二十大报告首次提出全面节约的国家战略，这是针对我国在经济发展面临资源约束趋紧等瓶颈约束的压力下作出的战略考量，是维护国家资源安全、促进人与自然和谐共生、推动高质量发展的紧迫需要，对保障国家生态安全具有重要意义。

---

①习近平.习近平谈治国理政（第4卷）［M］.北京：外文出版社，2022：360-363.

②习近平.习近平谈治国理政（第4卷）［M］.北京：外文出版社，2022：360-363.

2021年，中共中央、国务院印发《黄河流域生态保护和高质量发展规划纲要》，明确提出要"推进下游湿地保护和生态治理"。2022年8月，国务院以"国发18号文"印发了《关于支持山东深化新旧动能转换推动绿色低碳高质量发展的意见》，赋予山东建设绿色低碳高质量发展先行区的重大历史使命。这是党中央提出"双碳"目标以来，全国第一个以绿色低碳高质量发展为主题的战略布局；也是中华人民共和国成立以来，第一个以国发文件赋予山东的战略任务。2022年11月18日，召开的山东省深化新旧动能转换推动绿色低碳高质量发展动员大会强调，建设绿色低碳高质量发展先行区是当前和今后一个时期山东各项工作的总抓手。

东营市作为黄河入海口的核心城市，正在加快全面推进生态文明建设。加快绿色发展给黄河流域带来了新的机遇，特别是加强生态文明建设、加强环境治理已经成为新形势下经济高质量发展的重要推动力。

第二节 打渔张引黄灌区治水活动的历史变迁

人类对水资源的开发活动，必须限定在一个不会危害自然生态系统的阈值之内，必须在人与自然相互适应、相互协调的过程中，努力实现经济社会和生态环境的可持续发展的目标。水是生命之源、文明之脉、生态之基。水能兴利，也能为害。数千年来，人们用水、爱水、亲水，也与水进行着不懈的斗争。由于生产力、社会制度、科学技术等诸多原因，根治水患成为一个历代难圆的梦。中华人民共和国成立后，中国共产党人不忘初心、牢记使命，从人民的根本利益出发，团结带领全国人民掀起了一波又一波的治水高潮。

中华人民共和国成立伊始，经济社会建设百废待兴，在亟需跨越式发展的建设时期，党中央领导集体将开垦黄河三角洲列入新中国屯垦规划之中，1952年春，山东省政府决定将军垦和棉垦合并，引黄兴利，建设引黄灌溉工程，是变昔日黄河之"害河"为今日之"利河"的一次成功实践。1958年，引黄灌溉工程建设也出现了大干快上的局面，因为灌溉工程不配套，管理粗放，灌区实行大引、大蓄、大灌，灌区出现大面积内涝和土壤次生盐碱化现象，因粮棉产量大幅度减产，所有引黄灌区全部停灌。

一、自然地理环境

黄河入海口因河道复杂、不稳定,有大量浅滩水域、黄河滩涂,形成了独特的自然地理环境,为众多的鸟类提供了良好的栖息环境和充足的食物来源。特殊的地理位置,让黄河口生态环境多样,为珍稀濒危植物的生存和繁衍提供了避难场所。据不完全统计,黄河口有水生生物资源800多种,各种鱼类、鸟类上百种,有不少动物属于国家一级保护动物。濒危植物和性能优良的中草药材分布广泛,淡水湿地位于黄河现行河道及其故道,两岸湿地水源除降水补给外,黄河是其唯一的补给途径。因黄河改道、决口泛滥和海潮侵袭,湿地生态系统还需要进一步稳定。

黄河下游河道是在长期泄洪输沙的过程中,不断淤积塑造而成的,河床普遍高出两岸地面,沿黄平原受黄河频繁泛滥的影响,形成以黄河为分水岭的特殊地形[①]。小浪底至入海口河段为典型的游荡性河段。黄河流域是我国农业经济开发较早的地区,主要农作物有小麦、玉米、谷子、薯类,棉花油料等,尤其是小麦与棉花,在全国占有重要位置。

打渔张引黄灌区位于山东省北部,黄河下游右岸,支脉河口以北,在黄河三角洲南翼。打渔张引黄灌溉工程是全国第一个五年计划重点工程之一,是山东省开发最早、规模最大的引黄灌溉工程。其于1956年开工,当年开灌。工程经历开灌、停灌、复灌等过程,在工程设计、泥沙处理灌溉实验、排水改碱等方面积累了宝贵的理论和实践经验,为全国的引黄灌溉提供了宝贵经验,是山东人民科学治黄、无私奉献、勇于探索的巨大成果,谱写了一部可歌可泣的人民治水事业的绚丽篇章。

强化水资源节约保护与管理,是实现经济社会可持续发展的重要保障。作为黄河三角洲的重要引黄灌区,打渔张既是山东省胶东调水渠首,也是长江水与黄河水交汇的地方。丰富的水资源和纵横发达的河流,自然凝结成灿烂的水文化,人们寓情于水,以水传情,借水言志,假水取韵。打渔张引黄灌区的建设,构建了黄河口引黄灌溉体系的基本框架,为黄河三角洲水利事业的发展奠定了基础,成为山东乃至全国引黄灌溉的示范和样本。

---

① 张治晖,等.引黄灌区泥沙治理与地下水开发新技术[M]郑州:黄河水利出版社,2010:26.

二、历史变迁

（一）筹建调研阶段

黄河三角洲是抗日战争和解放战争时期的革命根据地，入海口区域因近海土质盐碱化严重，加之多年黄河泛滥，地广人稀，形成了大量的荒原野滩，属于黄河泛滥淤积的深海平原，加之是山东主要的蝗源地，如果遇到干旱，百姓生活步履维艰，生活极为艰辛。中华人民共和国成立后，1951年底，中央军委把开垦黄河三角洲列入屯垦规划。1952年春，华东棉垦委员会开垦滨海荒地，山东省政府决定将军垦与棉垦合并，兴办引黄灌溉工程。

1953年，苏联专家沙巴耶夫、拉普图列夫在考察打渔张引黄灌区地理位置和土壤构成后，从土壤改良和引黄泥沙处理等角度提出，将建设位置上迁至17千米处的王旺庄险工河段进行引黄闸修建等建议，工程建设转入为期三年的调查研究和实验阶段。因"打渔张"这一名称已经在国务院备案，所以虽然后来实验调研的结果是引黄闸移至王旺庄，但仍然沿用打渔张灌区的名称。

1956年4月灌区开工建设，1958年全面建成，工程开灌初期，因重灌轻排，造成土地次生盐碱化，1962年灌区停灌，进入全面排水改碱阶段。1965年因旱情工程复灌，在恢复灌溉的十余年间，灌区在灌溉管理、泥沙处理、土壤改良等方面进行了广泛且深入的探索和实践，创造了很多当时全国领先、可推广的引水灌溉经验，为全国引黄灌区提供了示范和样本，使黄河三角洲灌区土地得到全面改良，生态环境得到全面改良，城乡面貌有了巨大改变。

（二）功能转型阶段[①]

打渔张灌区地处黄河三角洲腹地，是山东省胶东调水水源地，特殊的地理位置决定了灌区地位的重要，也在多个功能迭代中彰显其建设的特殊价值。

1. 服务于胜利油田开发建设

1961年4月，以黄河三角洲东营村附近华八井采出工业油流为标志，继大庆油田之后，全国第二大油田胜利油田拉开了建设序幕。华八井被发现时获日产8.1吨工业油流。作为重要的油田开采生产基地，保证黄河三角洲区域的工业用水成为引黄灌溉工程的重要任务，引黄灌溉工程对胜利油田的具体作用主要是提供必要的水源。胜利油田位于中国东部，其开发过程中面临着水

---

① 博兴县水利局，博兴县打渔张引黄灌溉管理处.平野苍流：打渔张引黄灌区开灌60周年纪念专辑.［M］北京：中国水利水电出版社，2016.

资源短缺的问题。而引黄灌溉工程将黄河的水引入油田,通过水利调配,满足了油田的生产用水需求。这对于保证油田的正常生产和运营起到了关键的作用。通过打渔张引黄灌溉工程,开发了数百万亩的荒碱地,改善了黄河口的生态环境。这对于提高土地的利用价值、改善居民的生活条件、保护和维持生态平衡都具有重要的意义。引黄灌溉工程对于胜利油田的生产和发展起到了重要的支撑作用,也在一定程度上促进了当地的生态和社会发展。

2. 服务于黄河三角洲城市建设

为适应胜利油田的发展和开发建设黄河三角洲的需要,1983年10月,东营市成立庆祝大会,东营市委、市政府正式挂牌办公。自东营市建市伊始,打渔张灌区通过引取黄河的水资源,满足了东营市城市和农业的用水需求,进而促进城市建设和地区经济发展。打渔张工程的建设为东营、滨州两地城市提供稳定、可靠的水资源供应。通过工程设施的建设,实现了水资源的调配和储备,满足城市居民生活、工业生产和生态环境用水的需求。在缺乏淡水用水的城市,引黄灌溉工程可以保障城市的供水,对于城市的稳定发展和居民的生活具有重要意义。引黄灌溉工程对于黄河口的生态环境也有重要的保护作用。1983年,打渔张的一干过清补源工程开工,当年投产使用后,即承担起为井灌区灌溉供水、生态补水的任务。引黄灌溉工程改善了城市的生态环境,提高了城市的水质,维持了城市的生态平衡。可以说,引黄灌溉工程从单纯服务农业用水逐步转型为服务城市建设、油田生产的全方位发展。

3. 发挥"引黄济青"枢纽作用

1985年,因青岛市城市用水紧缺,引黄济青工程由国家计委立项批复,列入国家"七五"期间重点建设项目,1986年4月开工建设。引黄济青工程自打渔张引黄闸引水,输水河上游段占用打渔张灌区原一干渠,1989年9月工程建成通水,引黄济青输水河成为青岛供水与地方灌溉的共用渠道。引黄灌溉工程对于青岛市乃至山东半岛的经济发展起到重要的促进作用。工程建设的主要目的是解决山东半岛地区的水资源短缺问题,提高农田灌溉水平,促进农业生产的发展。通过一干渠工程设施的建设,不仅极大程度地解决了山东半岛地区长期以来的水资源短缺问题,也提高了农田的灌溉效率,农村经济得到了快速发展。一干渠工程建设作为胶东调水源头有力支持了胶东四市的改革开放和经济发展,支持了城市的发展和工业的扩张。青岛市由原来的"青黄不接",如今受到黄河母亲源源不断地滋润。30多年来,引黄济青工程实施后受益人口达2000万人。

1994年打渔张渠首及上游部分归属滨州市博兴县管理，围绕灌区的管理、维护、使用、改造以及旅游、生态、水文化建设等方面，博兴县先后抓住国家实施大型灌区续建配套与节水改造等重要机遇，对灌区进行了全面的改造升级，使打渔张灌区面貌发生了重大变化。

2013年南水北调东线建成，从灌区下游穿过，灌区实现了黄河水与长江水、当地水的多水源优化配置。灌区成为山东省胶东调水渠首，还是长江水与黄河水交汇的地方，打渔张工程的建设为黄河口经济社会发展、油田生产建设、农业增产增收以及人民生活的改善发挥了巨大作用。经过多年的发展，灌区人民和全国人民一样实现了由站起来到富起来，再到强起来的飞跃①。

第三节　湿地生态文明的传承与发展

自然地理环境是一个区域发展的物质基础。黄河三角洲有两大区位优势，一是丰富的油气资源，二是独特的湿地生态环境。作为黄河三角洲的中心城市东营市依托于石油建立和发展，建立了以石油化工为主体的工业体系。但是，独特的湿地生态系统没有得到充分利用。当前，东营城市发展面临转型升级。随着石油资源的减少，人们的生态意识增强，自20世纪90年代以来，我国的环境保护工作有了显著发展。在1996年的第四次全国环境保护会议中，国务院决定将国家环境保护总局设为直属管辖单位，并明确划归农村环境保护、生态保护和核污染防治等责任。进入21世纪后，"环境监理"机构被统一改称为"环境监察"机构，形成了自上而下的环境监察体系。2021年国家公园管理局批复同意开展黄河口国家公园创建工作，现在已通过国家评估验收，顺利进入报批设立阶段。《黄河口国家公园总体规划》提出打造"一条黄河故道游憩体验带、两个生态发展核、四大自然体验区、四处国家公园入口社区、六个游憩体验区域"。国家公园入口社区是国家公园周边的重要空间节点和传输通道，为国家公园提供交通集散和游憩服务，同时也承担着社区经济社会发展的重任，生态城市具体包含社会生态化、经济生态化、环境生态化三大内容。

---

①安长东，王志刚，李晓明.传承历史文化打造百年灌区［J］.山东水利，2008（02）：57-59.

　　转变"人类中心主义"的生态观，实现社会生态化。西方最早提出"人类中心主义"，是以人为事物中心的学说。它把人的利益作为价值原点和道德评价的依据，认为有且只有人是价值判断的主体，是万事万物活动的目的和中心。人类社会生态系统有别于自然生态系统。人与动物最大的区别在于人有意识，人通过主观能动性的发挥在实践的基础上将意识的力量外化。人的主观能动性的发挥一方面在创造人类文明成果的同时，另一方面也造成了全球性的环境污染和生态危机。之所以产生这样的生态问题，根本原因在于人类没有认识到人与自然处在一个生态系统之中，而是始终将人类处于中心或主体地位，忽略了生态环境这一客体的承载能力，人与自然之间形成了一种对立的关系。在这种思想的指导下，人类不断与自然界进行斗争，并将取得的成果作为人类的胜利。随之带来的结果是生态系统的平衡被打破，生态环境遭到破坏，作为系统要素之一的人类同样承受环境破坏带来的危险。究其根源，是没有认识到人与自然是处于同一个矛盾统一体中，二者是相互影响的。因此，在人与自然的关系上既要看到二者的对立性，更要看到二者的统一性，要在对立统一中走向共赢共存。东营市要想实现由资源型城市向生态型城市的转变，需要改变过去的人类中心主义的环境观，建立人与自然和谐相处的自然观。自然观的转变是唤起人们对自然"道德良知"与"生态良知"的过程，需要在文化的熏陶下才能促进观念的转变。

　　破解资源型城市发展瓶颈，促进经济生态化。东营市的经济发展主要依赖石油资源的开发，第二产业比重大，第一产业、第三产业所占比重较小。第一产业中，以传统农业为主，畜牧业、养殖业比重小。第二产业中，以石油、化工为主，主要以石油开采、运输及初步加工为主，产业链短，加工规模小，石化产品不够丰富，城市长远发展缺乏动力。随着石油资源的减少以及开采难度的增加，以及保护生态环境的需要，东营市发展进入瓶颈期，面临转型升级的需要。传统的石油加工业需要在发展方式上实现转变，利用新技术、新方法实现传统产业生态化。第三产业中，东营市旅游业及其他服务业起步晚，独特的湿地生态系统是发展旅游业的基础，生态资源利用不够充分。因而，依托区域独特的生态系统，发展畜牧业、养殖业等生态农业，提升第一产业的比重，通过统筹规划、创新驱动、集聚发展推动第二产业高质量发展，加快推进黄河口国家公园建设，发展观光旅游业，培育发展生产性服务业，促进服务业与先进制造业和现代农业相融合，发展第三产业是东营市破解资源型城市发展瓶颈，实现经济生态化的生态文化需求。

解决生态保护与开发之间的矛盾，实现环境生态化。黄河三角洲在城市建设中对于生态环境存在过度开发的现象，破坏了生态环境。具体来看，一是城镇的开发建设造成湿地系统破坏，天然植被遭到破坏，湿地退化。二是围填海使黄河三角洲湿地生态系统受到强烈干扰。围填海是人类利用海洋的重要方式。研究表明，从1970年开始到2010年的围填海活动强度都超出了黄河三角洲的湿地生态系统承受能力。[①]不断增强的围填海活动造成黄河三角洲的湿地生态系统的整体健康水平受到较大影响。三是石油工业开发造成区域生态环境恶化。黄河三角洲湿地是胜利油田油气勘探开发与加工建设的核心区域，采油和输运设施广布于湿地内，其勘探、开发、输运、加工等过程侵占湿地，产生的油气废物对空气、湿地土壤、植被和近岸海域生态造成污染和破坏，导致湿地面积缩小，生物多样性、生物数量减少，空气、地表水、地下水受到污染。黄河三角洲面临着保护与开发之间的矛盾，通过生态文化建设解决生态保护与开发之间的矛盾，促进人与自然协同永续发展是实现环境生态化的需求。

"圣人治世，其枢在水"。由于特殊的地理和气候条件，黄河入海口历史上水患不断，历代有识之士和人民群众为除水患、兴水利进行了不间断的治水尝试。整治水利，疏通河道，避免水灾，是黄河入海口历代有识之士的夙愿。管仲（？—公元前645年），是齐国名相，他将水患列为大自然的第一害，提示为政者应以治水为要。但由于受生产力、生产方式、科学技术、财力物力以及社会制度等条件的制约，兴水利、除水患的夙愿也就成为历代难圆的梦想。《管子·度地》记载："水，一害也；旱，一害也；风雾雹霜，一害也；厉，一害也；虫，一害也。此谓五害。五害之属，水最为大。……五害已除，人乃可治。"

革命战争年代，山东地区的民主政府想尽办法，克服重重困难，兴修水利，发展生产，为百姓解除水患之苦。这些为民工程为中华人民共和国成立后黄河入海口地区大规模的治水活动提供了科学的资料和依据。在党中央的号召下，位于黄河入海口的清河区根据地党政军民掀起热火朝天的大生产运

---

①靳宇弯，杨薇，孙涛，等.围填海活动对黄河三角洲滨海湿地生态系统的影响评估［J］.湿地科学，2015，13（06）：682-689.

动，开挖排水沟，改造水浇地，基本实现了"自己动手、丰衣足食、共渡难关，既进行革命，又进行生产自足"的目标。

在艰苦卓绝的战争岁月里，中国共产党、八路军和民主政权时刻把百姓疾苦放在心中，他们想群众之所想，帮群众之所需，解群众之所难，为深受水患之苦的黄河入海口百姓带来了希望和光明，增添了信心和力量。在水利建设热潮中，英雄的黄河入海口人民一切听从党的号召，识大体，顾大局，像当年拥军支援前线一样要人出人，要物给物，全力支援水利建设。为了建设新的家园，黄河沿岸人民不等不靠，艰苦创业，因地制宜地大力发展养殖业和生态旅游，以杨庙社区为代表的黄河滩区迁建村落呈现了蓬勃发展的生机与活力。

中华人民共和国成立后，黄河入海口各级党政组织始终把老百姓的疾苦冷暖放在心上，以人民幸福为己任，团结带领人民自力更生、艰苦创业，克服重重困难，在一穷二白的基础上书写了一卷卷重整山河、改造自然的精彩篇章。打渔张工程就是其中浓墨重彩的一笔。

打渔张开创了山东大规模引水的先河。在经历了建设、开灌、停灌、复灌、调整等曲折而又辉煌的历史进程后，在灌区土地改良、工农业生产、农村饮水等方面发挥了重要作用，为灌区内农村繁荣、石油石化等工业发展作出了重要贡献，是区内经济社会发展不可替代的水源，开创了山东引黄灌溉的新纪元。治水文化作为区域文化的重要内容，是推动区域经济社会发展的重要动力，能够起到引领前进方向、凝聚奋斗力量的重要作用，发掘打渔张治水文化的内涵，传承打渔张治水文化的历史与现代价值，对打渔张治水文化资源进行挖掘、诠释和利用，有助于区域内群众更加自觉、更加自信地推动黄河口地区文化的繁荣兴盛和经济社会的发展。

一、攻坚克难，勇于创新

黄河下游的水患历来为世人所瞩目，从公元前602年到1938年，花园口扒口的2540年中有记载的决口泛滥年份为543年，决堤次数为1590余次，经历了5次大改道和迁徙。[①]在灌区开发前，区内自然条件非常恶劣，特别是风沙、

[①]郝伏勤，黄锦辉，李群.黄河干流生态环境需水研究[M].郑州：黄河水利出版社，2005：53.

海潮、盐碱等灾害异常严重。当时群众中流传着"走的是光板道，听的是鸦兰叫，吃的是黄须菜，喝的是牛马尿"等民谣，可以想象当时灌区人民群众的困苦景象。

作为中国第一个五年计划156项重点工程中的一项，打渔张灌区是山东省最早的引黄灌区之一，在灌区治水文化建设方面积累了厚重的精神财富。

20世纪90年代以来，黄河来水与需求矛盾日益突出，黄河来水量小，断流时间长，随着工农业生产的发展，需水量越来越大，供水矛盾日益突出。新建节水型输水工程已成为弥补水资源不足的重要措施。不少引黄灌区根据水情变化科学调配水量，提高干渠疏水协商能力，在实践中总结出"高水位、低水头、大流量"的供水方式，干渠清淤量明显减少。由渠首沉沙变为远距离分散尘沙，改良了土壤，减少了清淤费用，在黄河来水少，断流时间长的不利形势下，实现了多引水。

进入21世纪以来，治水思路开始"由工程水利向资源水利转变，以水资源的可持续利用保障经济社会可持续发展"。这需要进一步解决好水资源的可持续利用问题，发展节水型经济，建设节水型社会，加强水资源的统一管理，逐步实现水利基础设施现代化，满足黄河口区域经济社会发展和人民生活对水资源的需求。按照这一治水思路，黄河口区域迅速扩大农田灌溉面积，提高农作物产量，进行了土壤改良，放淤压碱，增加可耕地面积，同时发展水稻种植，调整农业种植结构，为石油开采提供优质水源，为城乡居民提供生产生活用水。利用引黄工程引水引沙，开辟了多个方面的水沙资源利用途径。大规模的水利建设，为调整农业种植结构提供了有利条件。

二、凝心聚力，团结协作

在打渔张灌区开工后，当时中共山东省委、省人委（政府）组织动员了约25万人参与工程建设。提前三年多完成了灌区建设的艰巨任务，在后期引黄济青施工的高潮时期，沿线有近百万人民群众投入工程建设中去。

黄河入海口地区为黄河冲积而成的典型三角洲地貌，地势总体平缓。由于历史上黄河改道和决口频繁，形成了缓岗、河滩高地、洼地相间排列的复杂微地貌。中华人民共和国成立前，支流和黄河故道都比较少；治水工程匮乏。中华人民共和国成立后，随着打渔张灌区的兴建和胜利油田的开发，人工开发了一大批除涝防洪河道，东营市范围内的排水体系逐步完善。①

1964年支脉沟流域大涝，1965年惠民专署确定按"以防洪排涝为重点，洪涝旱碱潮兼治"的治理方针和"洪涝分开、骨干工程与田间工程相结合，上下游兼顾"②的治理原则，对支脉沟进行全面规划。因为工程标准提高，支脉沟因此改名支脉河。

1966年7月，支脉河流域普降大雨，因宣泄不及，中、下游发生漫溢。惠民专属本着"先下游后上游，以治理下游为主，达到中、上游相适应的原则"组织了水利施工。③

黄河由东营入海以来，因入海口门屡被泥沙淤积，所以在以宁海为顶点的三角洲桌面上发生了50多次分汊决口，导致尾闾流路发生多次变迁。

20世纪80年代，胜利油田进入建设发展时期，黄河入海口治水工作始终存在着三个方面的矛盾。具体内容如下：一是水资源阶段性缺乏。因为90%以上的用水量需要黄河供给，由于黄河来水逐年减少，而又阶段性丰枯不均，造成全市水资源阶段性缺乏；二是水环境日趋恶化。这也是城市面临的普遍性问题，水资源的污染一定程度上制约了城市化进程，对于居民生活水平提高和招商引资软环境的改善具有不利影响；三是洪涝灾害威胁。因地处沿海，所以极易受到风暴潮的袭击。因地势低洼平缓，所以一遇大雨极易造成内涝。

黄河河口是游荡型河口，因自然条件限制，自1855年黄河重归利津入海以来，平均10年发生一次入海流路摆动变迁。④按照这个规律，清水沟入海流路每过10～12年就要重新改道，新的改道会给地方和油田带来巨大的经济损失。

东营市和胜利油田基于黄河三角洲社会经济发展需要，提出稳定清水沟入海流路40～50年的建议，在各方意见争议不决的情况下，1988年胜利油田

①《东营市水利志》编纂委员会.东营市水利志［M］.北京：红旗出版社，2003：110，

②《东营市水利志》编纂委员会.东营市水利志［M］.北京：红旗出版社，2003：123.

③《东营市水利志》编纂委员会.东营市水利志［M］.北京：红旗出版社，2003：124.

④《东营市水利志》编纂委员会.东营市水利志［M］.北京：红旗出版社，2003：117.

和东营市联合进行清水沟入海流路疏浚整治工作，进行工程实验，探索稳定黄河河口的可行性。初步治理奏效后，统一了稳定入海流路的思想认识。防洪工程体系的完善增强了抗洪减灾能力，使黄河的安澜局面保持了50余年之久。在团结协作进行河道流路的清理工作中，油、地、军、校凝心聚力，合力扭转了黄河尾闾十年河东，十年河西的历史局面，解除了各行各业可持续发展的后顾之忧，为黄河三角洲的开发和振兴创造了良好的环境条件。

三、求真务实，知行统一

以打渔张灌区为代表的黄河口治水活动的历史，可以说是贯穿求真务实科学精神的历史，是实事求是、科学实践、不断探索的光辉历史。工程从筹建时期，在渠系布置、排水布设、远距离输沙、暗管排水、种稻改碱、灌溉管理等一系列调查、实验、研究中无一不渗透着工程建设者的求真务实精神。在1953—1956年的科学实验中，打渔张灌区进行了水文灌溉、改土沉沙等多方面的试验观察，为灌区工程设计提供了第一手资料。在1962—1965年停灌后的三年排涝治碱工程中，通过排泄水系试验与建设，构建了一个地下运行为主、上下联通的地下水网。在1965年复灌后开展的系列试验，都居于全国前列。

黄河以泥沙含量高著称于世，泥沙淤积降低了渠道的输水输沙能力，也破坏了引黄灌区周边的生态环境。在长期的治水实践中，灌区工作者对于清淤改造、生态保护等问题进行了调整。经过大量的实践研究，科技工作者发现引黄灌区泥沙可以通过放淤改良土地，彻底改造低洼盐碱荒地。这样在建设粮棉生产基地的同时，还能够改善灌区的生态环境。在黄河上利用泥沙淤临淤背，种植花生、苹果、葡萄、梨等，取得了良好的社会经济效益。灌渠的沉沙池采用"以挖带沉"的方式把泥沙作为资源进行合理利用，取得了显著的成绩。灌区采取引沙入洼地，再造高地，使之成为耕地。洼地采取"宜渔则渔、宜藕则藕"的方式进行有效利用，提升了土地的利用率。

以打渔张引黄工程建设为代表的黄河治水文化不仅是山东的，更是全国的。灌区建设前方圆百里人烟稀少，蚊虫、风沙肆虐，潮湿、盐碱、缺水。中华人民共和国成立初期，国家在人才、技术、物资等方面资源匮乏，就是在这样的环境下，工程建设者发扬艰苦奋斗精神，利用不到三年时间完成了建设任务。工程建设期间，山东省委调集惠民、昌潍、胶州、泰安四个专区、二十个县的十余万人，开赴施工现场，谱写了一曲水利建设的英雄史诗。在工程建设过程中彰显出来的奋斗精神是党领导黄河口人民进行革命和建设所积累的精神财富的结晶，它渊源于黄河口人民的优良传统，具有民族性和先进性。

黄河流域生态保护和高质量发展作为事关中华民族伟大复兴的千秋大计，已经上升为国家战略，党中央对开发、利用、保护、治理黄河提出了新的要求。主动发现党带领人民在艰苦条件下不懈奋斗的规律、社会发展的规律，才能真正让信仰根深蒂固，我们才有可能在未来面临前进道路上的一系列的考验、挑战和风险时靡坚不摧。为彻底改变黄河入海口沟壑纵横、土地瘠薄、水土流失严重的自然面貌，黄河入海口各级党政组织坚持蓄泄并举、标本兼治、统一规划、综合治理的方针，带领黄河入海口人民经过几十年持之以恒的努力，在防洪、抗旱、供水、水土保持、水能利用、水生态平衡等方面都取得了辉煌业绩，成为黄河流域生态秀美的傲人亮点。民生之事无小事，一枝一叶总关情。回顾过去，座座丰碑历历在目；展望未来，治水事业任重道远。黄河口的治水活动定会再创新的辉煌，湿地生态文明建设谱写出的灿烂篇章亦必成为黄河口文化传承的坚实信仰基础。

第八章　从传统到现代：文化传承中的黄河口社会发展

第一节　从传统到现代的文化转型

马克思曾从人的社会实践的本质内容和特征，从人与社会、生产力与生产关系统一的角度来论述社会经济形态的进步，并将其划分为"人的依赖关系""物的依赖关系""建立在个人全面发展和他们共同的社会生产能力成为他们的社会财富这一基础上的自由个性"三个阶段。本书所讨论的现代化中的文化转型，是根据马克思的方法论原则所定位的第三个阶段。文化转型就是指一种主导性文化模式为另一种主导性文化模式所取代。真正意义上的文化转型往往是十分深刻的，因为它意味着人的安身立命的支柱的更换，意味着人的意义世界和价值世界的改变。

刘翠从中国现代化的历史使命、从历史和文化的角度，提出现代化转型的基本原则——整体性原则、历史尺度原则、传统的重建原则和理性的超越原则。认为文化转型的主题研究将伴随中国现代化进程的始终。张磊提出评判文化是否转型以及转型的程度应有以下四个标准：其一，原文化类型借以建立的经济、政治基础是否发生了实质性的变化；其二，是否有新文化观念的产生并对旧文化类型形成冲击；其三，新文化观念是否得到了国家政权的认可和支持；其四，大众文化是否改变。阎秀芝、武红斌认为，中国现代化建设的需要、中国文化发展的自身要求，以及强势文化挑战形成的动力是中国文化转型的内在动力。而中国现代化建设的需要、中国文化发展的自身要求又源于文化传统的相对性动力，多元文化相互影响所产生的动力和文化自身的扩张性动力。

首先从传统与现代的关系看，虽然对于传统和外来文化应"取其精华，去其糟粕"已成为共识，但在把握传统与现代、保守与激进的"度"的问题上，我们还未达到游刃有余的程度。过于保守，会拖现代化的后腿；而太激进又欲速不达。其次，从传统方面来说，中国不仅历史悠久，而且传统农业社会发展得非常完备和成熟，这就决定了它的排异性特别强烈，必然经受更多磨难和挫折。再次，从现代化所采取的方式看，中国自晚清以来总是采取一种比较激进的改革路子，如果现代化历程中追求单因素突破，割裂了文化与经济、政治之间的关系，没有过格式塔式的全面转换，就会在发展中面临尴尬的境地。以上诸多原因使我们的文化转型在摸索中不断前进。

一、转型中的黄河口城市文化

黄河口的核心城市东营市以其独特的地理位置和历史背景，正逐渐从传统的文化氛围中蜕变，融入现代文明的绚烂色彩。东营市的文化转型并非一蹴而就，而是在保留和传承传统文化的基础上，逐步接纳和融入现代文明的元素。这种转型并非简单的文化替换，而是以有机的融合的方式展现出传统文化与现代文明的交相辉映，共同构筑起这座城市的独特魅力。东营市制定的《东营市新型城镇化规划（2021—2035年）的通知》明确要求："探索国家公园生态价值转化路径。加快推进黄河口国家公园及周边绿色产业和文旅产业融合发展，规划依托仙河镇、孤岛镇打造石油文化旅游区，依托市现代农业示范区（原黄河农场遗留建筑群）打造知青文化旅游区，依托市现代渔业示范区和广利港社区打造渔业文化旅游区，依托黄河口镇打造垦荒文化旅游区，持续优化沿黄沿海、石油之城精品旅游路线，科学适度开展乡村休闲、科普研学和自然教育等游憩体验活动。完善社区发展协调机制，在黄河口国家公园周边规划建设以现代农业示范区、刁口乡、黄河口镇、广利港社区、仙河镇、永安镇、新户镇等为重点的入口社区，通过完善基础设施、创新经营模式、规范服务流程，促进国家公园周边社区乡村休闲旅游高质量发展。"这是未来黄河口文化建设、发展的响亮号角，也是黄河口文化持续发展的强有力政策支撑。

高楼大厦如雨后春笋般崛起，科技信息中心、购物中心、电影院等现代化设施纷纷涌现，为东营市注入了新的活力。这些现代化设施不仅是城市发展的象征，更是市民生活方式的转变的见证。市民们可以在购物中心享受购物的乐趣，科技信息中心获取最新的科技信息，电影院欣赏最新的电影作品，这些现代化的设施让市民的生活更加丰富多彩。在追求现代化的同时，并未忘记对传统文化的尊重和传承。传统节日各类民俗活动如火如荼地举行，市民们在欢乐的氛围中感受传统文化的魅力。这些活动不仅让市民们有机会亲身参与和体验传统文化，更让他们深刻理解和感受传统文化的独特价值。东营市博物馆、图书馆、雪莲大剧院等文化设施的建设和完善，为市民提供了更多了解和传承传统文化的场所。这些文化设施不仅是市民们学习知识的场所，更是他们感受文化、享受艺术的地方，可以更加深入地了解东营市的历史和文化，增强对这座城市的归属感和自豪感。

文化转型需要在保留传统文化和融入现代文明之间寻找平衡，正是这种平衡让东营市的文化转型变得独具特色，也让东营市成为一个充满活力与魅力的地方。除了高楼大厦和现代化设施，城市的城市规划、景观设计以及社区建设也展现出了浓厚的现代气息。泮水公园、盐文化博物馆、东西城的中心广场、步行街等公共空间的设计和建设，都充分考虑了这座石油之城、生态之城市民的生活需求和审美取向，为市民提供了舒适、便捷的生活环境。正在打造的东营港、200公里滨海大道、黄河入海景观连成一线的新的海滨旅游线路，位于东营市中心城区去往黄河三角洲国家级自然保护区的必经之道上，是联结以黄河水城为主要特征的城市文明与以黄河入海口为核心的自然景观的最重要的交通轴，具备良好的旅游资源。

积极推动文化产业的发展，打造一系列具有地方特色的文化品牌是助推城市文化转型的必由之路。要推出体现黄河口地方饮食文化和地方风味的餐饮菜式，注重传统老字号的保护与新餐饮品牌的培养。餐饮店的装修风格、服务方式、员工服饰等应有特色，能为总体形象服务。购物场所要布局合理，外观、门店招牌与入口社区的风格相协调，购物环境整洁、舒适、方便。旅游纪念品要丰富多样，并能够体现黄河文化特色，彰显黄河口旅游目的地形象。举办市民文化艺术节等活动，不仅展示东营市丰富的文化资源和独特的文化魅力，也吸引众多游客前来观光和体验。这些文化品牌不仅为东营市的文化转型注入了新的活力，也为城市的经济社会发展带来了积极的推动作用。基于可持续发展理念，国家公园的建设也应注重多元化的经济发展，一方面，鼓励并协助本地商业活动和投资，支持本地小型企业创业，发展现代农业、绿色产业、知识型产业、游憩康养和文化产业等；另一方面，通过区域的特色自然美景资源、生活质量和经济发展氛围吸引多元化企业和商人来此投资，为区域发展带来资金。

在东营市的文化转型过程中，政府、社会各界以及市民都积极参与其中，共同推动城市文化的繁荣和发展。政府加大了对文化事业的投入和支持力度，推动了一系列文化项目的建设和实施。通过加强数字化文化馆、图书馆、体育馆建设，打造线上线下一体化智慧场馆，优化场馆预订、费用支付等操作流程，为群众提供多层次、专业化的文体服务。特色街区应有助于丰富与完善旅游服务功能和产品体系，以历史文化展示、商业、餐饮、娱乐功能为主体，以步行街为基础形式，各类服务设施完善。在街道、游客中心、车站等游客集中的区域设置特色鲜明的标识物，其风格、文化内涵等要依托黄河口的文化底蕴与自然特征进行设计，尽量采用有本地特色的材料建造，体现黄河口的整体风格特征。社会各界也积极参与城市文化建设，打破"观光产品多，体验产品少，硬产品多，软产品少"的瓶颈，设计有体验性、互动性的文旅项目，同时，结合不同的节庆组织不同的活动，让游客增强体验感。市民们则通过参与各种文化活动，不断提升自身的文化素养和审美能力。

夯实社区治理基础，推进油地军校的深度融合。东营市聚焦社区治理服务短板，以创新基层治理机制为先导，以幸福家园创建为总抓手，系统推进组织和治理体系建设，选派油地骨干担任社区党委书记、副书记，吸纳驻社区油地单位党组织负责人充实社区党委班子，为社区精细化治理提供技术支撑。中国式现代化引领下的城乡社区治理，是在中国共产党领导下的城乡社区治理现代化，既具有社区治理现代化的一般特征，更具有区域特色。以东营市为核心城市的黄河入海口坚持油地文化阵地共建、活动联办，探索形成新时代油地"共建、共治、共享"社区治理新模式，为国家大型独立工矿区社会管理职能的分离移交提供了"东营样板"。随着社会经济发展，社区治理不再是简单的管理，而是由简单管理向综合性服务转变，社区居民的民生需求也已经由简单的对"衣、食、住、行"等物质性产品的需求转变为对满足自身发展需要的综合性服务的需求。为社区居民提供高水平、高品质、全方位的服务已成为社区管理的共识。在现代信息化社会背景下，传统的线下社区教育模式很难适应当代社区居民碎片化、模块化学习需要。社区治理必须要把握信息化、数字化发展方向，借助现代信息技术加大线上社区教育模式推广、应用力度、实现社区教育主要由线下到线上的转变、满足社区居民个性化的社区教育的需求，通过多元共治，有效整合社会资源，充分发挥各类治理主体职能，破解社会治理难题，提升社区治理效能，建成"共建、共有、共享"的社区治理新样态。

优化社会组织登记制度，理顺政府购买服务，健全社会组织监管。基层治理现代化是实现中国式现代化的重要基石，也是回应人民对美好生活新期待的重要基础。东营市基层治理水平和能力取得了长足的进步，城乡社区治理体制机制不断健全、基层自治实践不断深化、油地融合创新发展、社区治理基础进一步夯实。社区各类文体团体发挥自身特长，与黄河文化经济促进会、中国传统文化促进会等社会组织合作，开办社区国学知识讲堂、爱心课堂等特色项目，常态化开展文艺表演、锣鼓竞赛、趣味运动会等各类喜闻乐见社区活动，真正让社会组织、社区组织"双向加持"社区治理，如推动地域特色主题活动等。结合地方地域特色、社区文化状况和风土人情，如在红色文化资源较丰富的地方可结合红色文化资源，将老党员、军烈属和重点优抚对象等作为"邻里守望"志愿服务活动中的救助帮扶重点，将黄河口红色文化融入"文化铸魂"精神文明创建活动，弘扬黄河口文化，满足居民多层次、多元化的文化需求。发挥社会组织作用，提升参与社会治理水平。争取财政支持，积极开展公益创投，以项目化管理模式，引导社会组织积极投身黄河发展战略，发挥自身优势，在助力经济社会发展、基层治理、生态保护，促进幸福家园建设等方面发挥积极作用。通过完善立法、政策、资源等方面的保障和社区教育自身供给能力、教育模式的转变，汇聚各方合力，惠及更多社区居民，提升城市文化软实力，开辟入海口社会治理模式创新发展之路。

在保留和传承中华优秀传统文化的基础上，东营市积极融入现代文明的元素，推动城市文化的创新和发展。这种转型不仅让黄河口文化焕发出新的活力，也为东营市未来的发展奠定了坚实的基础，成为越来越具有活力、魅力和文化底蕴的城市。

二、转型中的黄河口乡村文化

乡村文化作为黄河口地区文化的瑰宝，一直在历史的长河中承载着丰富的内涵和深厚的底蕴。在农耕文明的熏陶下，随着时代的变迁和社会的发展，黄河口乡村文化也面临着转型的挑战。乡村文明作为乡村振兴的精神内核，对农民的精神风貌和整体生活品质的提升起着至关重要的作用。它不仅是农民物质条件满足后的精神追求，更是乡村社会和谐稳定、持续发展的重要保障。传统乡村文化以农耕文明为基础，家族观念浓厚，乡土情感深沉。在这片黄河入海的广袤土地上，农民们辛勤劳作，播种希望，收获幸福。乡民怀着对土地的热爱和对自然的敬畏，创造出了丰富多彩的乡村文化。这种文化不仅体现在建筑风格、饮食习俗、民间艺术等方面，更体现在人们的思想观念、价值取向和道德伦理上。随着城镇现代化的加速发展、乡村经济的不断发展和人口结构的变化，黄河口乡村文化也开始悄然转型。这种转型并不是对传统文化的否定，而是在保留其精髓的基础上，注入现代文明的力量，使其焕发出新的生机与活力。

发展中国家内部的城乡对立、两极分化，可能会导致贫困陷阱或中等收入陷阱，从而中断现代化进程。发达国家从不公平的全球格局中暂时获益，令全球市场萎缩，陷入全球性的危机中。美国乡村人均4300亩土地，有巨大的工业基础，可以转移部分资源到农业领域，发展的前期基础比较好，相对而言农业现代化的过程会比较顺利。突破西方以资本为中心的现代化道路导致的城乡对立和全球两极分化，应通过发展壮大农村集体经济，实现乡村现代化和城乡融合发展，消除西方式的工业化、城镇化带来的经济和社会危机，以中国式现代化的道路实现中华民族的伟大复兴。

当前我国的工业化和城镇化发展态势良好，人口规模巨大的现代化中的乡村振兴，需要大量的创新人才。教育的目的是借助劳动使全社会的人充分享受生产创造的成果，而不是因为旧的分工的存在，使社会成员得不到全面发展的机会。乡村振兴需要人才支持，同时乡村振兴也是培养人才的大熔炉。乡村人才需要通晓乡村发展规律，能够做到"两个结合"的战略谋划。在未来的乡村建设发展中需要培养善于发动和组织群众，爱农民、懂农业的基层治理人才，需要紧跟时代前沿、扎根土地、又红又专的乡村科技人才，需要了解新质生产力、善于经营的乡村市场人才，需要留得住、用得起的乡村教育、文化、医疗卫生、养老服务人才。造就全面发展的人的重要方法，是生产劳动同智育和体育的结合。培养人才应该激发培养对象对于创造的乐趣。坚持问题导向，从研究现实问题中学习，做到交换比较，从对西方社会科学的批判和借鉴中学习；坚持发扬斗争精神，致力于解决现实问题，转变文风，避免乡村人才教育走入精英化、学院化的窠臼，出现教育和实践两张皮的问题。其中，破除迷信是社会主义新人的基本前提，群体社会成员的身份平等是其关键特征，集体意识将超越个人中心路径的拓展，艰苦奋斗成为社会主义新人的精神动力。尤其要注意避免教育的精英化、功利化、市场化和学院化。必须充分尊重农民意愿，通过内部培养与外部引进相结合的方式，建立一支懂农业、爱农村、具备专业技能和经营管理能力的农村人才队伍，以更好地服务于"三农"事业。通过这一系列举措的实施，为乡村地区的全面、协调、可持续发展奠定坚实基础。村党支部书记作为乡村治理的领头人，对乡村文明的建设负有重要责任。村党支部书记需要深刻认识到乡村文明的重要性，以教育和引导的方式，使农民群众认识到提升个人素质、培养文明习惯对于个人和乡村发展的积极意义。然后，通过常态化开展新时代文明实践活动，如文化演出、志愿服务、科普讲座等，让农民群众在参与中感受到文明的魅力，形成人人参与、人人共享的良好氛围。加强文化阵地建设也是推动乡村文明的重要举措。通过建设图书室、文化活动室等场所，为农民群众提供学习交流的平台。组织开展丰富多彩的精神文明活动，如文艺比赛、体育竞赛、节庆活动等，让农民群众在娱乐中提升文化素养，增强乡村文化的凝聚力和向心力。在社会主义核心价值观的宣传方面，村党支部书记应充分利用各种渠道和形式，如宣传栏、广播、网络等，广泛传播社会主义核心价值观的基本内容和精神实质。通过开展系列评选活动，树立先进典型，发挥榜样示范作用，引导农民群众自觉践行社会主义核心价值观。倡导形成具有新时代美德的健康生活方式也是乡村文明建设的重要一环。通过弘扬尊老爱幼、敦亲睦邻等优良传统，营造和谐友善的乡村氛围。针对村党支部书记的培训，应安排一些内容为先进经验、典型做法等方面的学习交流活动。如村党组织领办合作社、村级阵地建设、发展农村集体经济、村级信息化建设、村级运行、美丽乡村建设、乡村旅游发展、农村改革发展等方面的成功经验和创新做法，通过多形式、多岗位、多层次、综合性的培养途径和手段，全面提高后备人选的综合素质和实际工作能力，确保人才储备的质量。让乡村的基层管理者成为文化建设的"领头雁"，加强乡风、家风、民风的培育，引导农民群众树立正确的道德观念和价值取向，为乡村振兴提供坚实的精神支撑。

在转型的过程中，农业科技的应用起到了关键作用。随着现代科技的进步，农业生产逐渐摆脱了传统方式的束缚，变得更加高效、智能化。乡民采用先进的种植技术、农业机械和灌溉系统，在大大提高农业生产效率的同时也减轻了劳动强度。这种变革不仅带来了农业产量的增加，更让农民们的生活水平得到了显著提高。政策引导是推动数字化融合创新发展的关键因素，要建立健全数字化文旅产业发展的政策法规和支持体系，制定支持数字化融合创新发展的政策，引导社会资本参与数字化融合的创新发展，加强政策引导和加大资金扶持力度，为数字化技术在东营乡村产业中的应用提供稳定的保障。

乡土社会的建设重在统筹资源整合和综合利用。为深化乡村地区发展，必须坚定不移地加大对乡村基础设施建设的投资力度，以显著提升其设施水平、科技含量及创新能力。务必强化乡村地区人力资源的培养与引进工作，通过实施倾斜政策，有效增强乡村地区专业人才队伍的整体能力。政府应建立健全社会资源利益分配机制，加强相关法律法规的制定与完善，确保资源的公正合理利用。相关部门需加强监管与评估工作，增强资源利用的透明度和效益，以推动黄河口乡村地区的稳健发展。具体而言，政府应发挥主导作用，加大对乡村振兴的支持力度，提供强有力的政策与资金保障。乡村地区应积极探索创新路径，结合外部引进与内部培养，不断提升农业人才队伍的规模和素质，为乡村产业发展提供坚实的人才支撑。乡村地区应充分发挥地区优势，打造具有地方特色的产业品牌，通过产业龙头的带动作用，实现产业的融合发展。在资金资源方面，应形成多方合力，建立以政府为主导、社会力量积极参与的投入机制。统筹利用各类项目资金，鼓励和引导社会资本投向现代农业发展，加强农业基础设施和配套工程建设，提升农业发展基础设施水平，促进产业提档升级，增强市场竞争力。

　　乡村旅游的兴起也为乡村带来了新的发展机遇。游客们纷至沓来，欣赏乡村的美景，体验乡村的生活，感受乡村文化的魅力。他们在这里品尝到了地道的农家菜，欣赏到了美丽的田园风光，更深入地了解了乡村文化的内涵。这种互动与交流丰富了游客的文化体验，也为乡村带来了经济效益和社会效益。乡村旅游在发展过程中，需要凸显出独特的地域特色和文化内涵，差异化是指在产品设计、服务质量等方面，与竞争对手形成差异化，以获取市场份额和竞争优势。

　　在东营乡村文旅产业中，要持续推进差异化发展和数字化技术的应用。同质化的旅游模式无法持续发展，只有差异化发展才能够推动乡村文旅产业的升级和转型，提升市场竞争力，吸引更多的游客和资本。数字化技术是推动乡村旅游创新发展的重要力量，深化数字化技术应用是实现东营乡村文旅产业数字化融合创新发展的关键。要不断探索和推进数字化技术在东营乡村文旅产业中的应用，充分利用数字化技术，深入挖掘和开发东营乡村文旅产业的文化和资源，打造独具特色的文化旅游产品和高质量的旅游服务。还要注重数字化技术与文化创新、产业发展的深度融合，构建数字化文旅生态系统，形成产、学、研、用一体化的数字化融合创新格局。进一步增加科技投入力度，提升科技管理水平，助力农村产品结构调整，持续提升农业产出效益，在数字农业、智慧农业、低碳农业、节水农业上实现新突破。注重发展农村生产机械化与智能化，加大政府资金投入力度，促进农村与城市协调发展。

　　在转型的过程中，乡村文化凸显传承与创新相结合。乡村文化积极挖掘和传承传统文化中的优秀元素，如民间艺术、传统手工艺等；乡村文化也鼓励创新和发展，将现代元素融入传统文化中，创造出新的文化形式和表达方式。数字化技术的发展为乡村旅游提供了更多的机会，智能化是指利用先进的数字化技术，如运用人工智能、大数据、物联网等，提升文旅产品和服务的智能化水平，提高游客体验和服务质量。在东营乡村文旅产业中，智能化发展可以提升旅游产品的服务水平，降低管理成本，提高资源利用效率。这种传承与创新的结合，使乡村文化既保持了其独特性和魅力，又不断与时俱进，焕发新的生机与活力。开展黄河口文化宣讲活动可以增强民众的文明水平、提升民众素质、加深互动交流。如主题统筹下的黄河口文化宣讲活动可以实现对负面价值观的挑战，传达正确的价值取向和道德观念，引导受众形成积极乐观并有益于社会可持续发展的心态，促进价值观转变；开放的黄河口文化宣讲活动可以创造良好互动氛围和相互信任环境，在听众群体中建立联结和沟通的桥梁，促进社区内人际关系的公平和谐；全区域覆盖下的宣讲活动可以让听众接触多元化的文化体验，提高受众的文化素养和美育修养，推进文明社区创建与城市文明建设。

乡村振兴需要在乡村融合发展上下功夫，工业如何支持、反哺乡村的发展非常重要。这需要把握以下几个方面的问题：一是促进乡村产业发展，实现规模化经营，解决生产资料碎片化的问题；二是城镇工业部门与乡村的融合联系，平等推进城乡资源双向流动；三是减少乡村人口流失，进一步吸引城市人口下乡；四是强化农村的公共服务和社会事业；五是保护好绿水青山，体现生产、生活、生态三个空间的合一。乡村共同体具有经济、政治、文化、社会、生态等多重功能，经济功能肩负生产、销售、金融等职能，政治功能主要体现在行政治理和法治方面，文化功能主要在于教育和教化乡民，社会功能指社会治理和公共服务，生态则是指环境保护方面的任务。所以"多元一体"是我国乡村共同体的特征和优势。乡村振兴过程中的新质生产力具有合作化、数字化和生态化的特征，未来的乡村在第一产业充分发展的前提下，会有大量的第二产业和第三产业的发展。高质量绿色农产品、智能农机、物联网、智能农场、智慧医疗和养老、农耕文化等方面的发展空间非常大。断崖式的老龄化社会的到来，使养老成为亟待解决的主要社会问题之一。未来的乡村社会，是以家庭养老、社区养老为主，社区医疗为辅的新型医养模式。这种模式首先要求环境干净、整齐，其次要求乡村的组织要能承担管理服务的责任，成为新型医养的主导者。最后需要在乡村医养中对于平时小病、慢病的护理需要融入信息化技术。在治疗方案、及时性等关键问题上融合城市医疗资源的支持。

创新是东营乡村产业发展的重要推动力。借鉴现代化国家的"一村一品"等范例，挖掘和利用农村各地不同的资源，找出具有本地特色的农产品和优势产业进行培育，以此来提高农民收入，发展农村经济。创新不仅可培育地方特色品牌产品，保证农民有持续稳定的收入，而且乡村的环境也能同步得到提升。这需要我们做到以下几个方面。首先需要做到因地制宜。坚持挖掘本地资源、尊重地方特色，利用乡村资源培育独特的农产品生产基地，实现乡村的可持续发展。其次要做到体系完善。为了提升农产品的附加值，对农产品进行深加工，包装设计师应精心设计农产品包装，助力产品保护与销售。对专卖店进行室内设计，营造良好的销售环境。利用综合农协建立农产品生产、加工、流通和销售产业链，完善农产品交易闭环，农民无后顾之忧。再次要保证产品质量。通过高标准的质量认证，以及文化设计品牌符号的推广与宣传，提升农产品的附加值，树立各区县的特产品牌，如在现代高效产业发展上攻坚突破，做强做优沿黄沿海特色产业，史口烧鸡、孤岛鲜鱼汤、黄河口优质水稻、黄河口对虾、黄河口滩羊、黄河口大豆等有特色的产品。最后，要进一步提高科技创新能力，通过加强产学研合作、推进技术创新、培育数字企业等方式，推动数字化技术在东营乡村产业中的广泛应用，促进乡村产业的转型和升级。通过调整优化农业生产布局、培育特色农产品品牌，打造高品质、有口碑的农业"金字招牌"，扶持乡村产业发展，有效提高农村经济的产出量，增加农民的收入。例如，围绕粮食、黄河口大闸蟹、黄河口滩羊等优势产业，坚持产业发展链条化、标准化、园区化、智慧化的发展，推动农业园区膨胀规模、提质提标。我们需要继续探索和创新，让乡村文化在保留传统魅力的基础上，更好地融入现代文明的发展潮流中。

第二节　黄河口文化的未来展望：传统与现代的和谐共生

黄河口文化，这颗镶嵌在黄河之滨的璀璨明珠，自古以来便以其深厚的历史底蕴和独特的地域特色，成为中华民族文化宝库中的重要组成部分。站在新时代的起点上，我们需要进一步丰富黄河口文化刚健有为、革故鼎新的进取精神，推动黄河口文化主动与世界文明交流互鉴。

一、黄河口文化的璀璨传承与无限创新

黄河口文化如同一座丰富的矿藏，等待着我们去深入挖掘。一部黄河口发展史就是一部艰苦创业史。民间故事中的智慧与哲理、传统手工艺中的精湛技艺、地方戏曲中的声腔与表演，无一不是黄河口人民世代相传的宝贵财富。传承区域文化遗产，不仅要通过举办文化活动、建设文化场馆等方式，让更多的人亲身感受其魅力，陶冶情操品性，还要通过教育培训、出版发行

等途径，利用新媒体平台的数据分析和用户调研功能，了解用户兴趣和需求，根据反馈优化和改进推广策略，通过丰富的图文、视频、音频等形式，展现黄河口文化的魅力和独特之处，让更多人在新媒体环境下接触、了解并爱上黄河口文化，让这些传统文化的种子播撒在更广阔的土地上，得到更广范围的认同。

黄河口文化的创新性传承展现了无限的可能性和活力。传统的文字和图片已经无法满足现代观众对视觉和感官体验的需求，而多媒体技术可以以更具冲击力和感染力的方式呈现文化，通过与现代科技、艺术、设计等领域的深度融合，黄河口文化的创造性转化和创新性发展得到进一步的贯彻。东营市升级改造了文化云平台，并在全市推广，整合全市公共文化服务内容，完成文化地图、活动预约、场馆预约、活动直播、文化超市、在线培训、互动反馈、大数据分析等功能，受到广大市民的热烈欢迎和认可，成为独具东营特色的"互联网＋公共文化"一站式数字化公共文化服务平台。现代艺术作品中的黄河口元素、文化创意产品中的地域特色、影视制作中的黄河口风情，都成为黄河口文化创新发展的重要成果。通过建设完成东营文旅监控管理指挥平台，打造智慧文旅大数据中心，实现"一屏通揽，高效集成"的智慧文旅管理新模式，在旅游节假日期间线上调度各县区旅游景区管理运营情况。这些创新不仅丰富了黄河口文化的内涵和外延，也为黄河口地区的社会经济发展注入了新的动力。

二、黄河口文化的深厚社会功能与独特价值

黄河口文化不仅具有丰富的艺术价值和历史价值，更承载着深厚的社会功能和独特价值。作为地方文化的代表，黄河口文化在促进地方经济发展、提升城市形象、增强社会凝聚力等方面发挥着举足轻重的作用。传统文旅向智媒时代文旅的转型，要继续加大数字化信息的融合力度，将文化活动、文博场馆、旅游景区等融为一体，让普通群众即通过公共数字文旅服务云平台享受到优质的文化服务，了解黄河口文化、古齐文化、兵家文化、移民文化，了解石油文化、海洋文化、革命文化、生态文化，了解富有区域特色的吕剧文化、地方风俗、民间传说。

黄河口文化是推动地方经济发展的重要引擎。通过发展文化产业，如文

化旅游、文化创意、影视制作等，我们可以将黄河口文化的独特魅力转化为经济资源，吸引更多的游客和投资者前来探访和投资。例如，打造杨庙社区等黄河滩区迁建的代表性场景，通过智媒技术融入文化场景，可以实现游客出行更方便、旅行更方便，整合目的地"食、住、行、游、购、娱"，以及文博场馆、非遗文创等各项文化旅游资源及相关服务，并完成交易与服务闭环，极大增强游客出行的便捷性、满意度，实现一站式在线服务。这不仅为黄河口创造了丰富的经济效益，也为地区民众提供了更多的就业机会和创业机会。

黄河口文化是提升城市形象的重要窗口。近年来东营市建设了展现黄河全流域文化的国家方志馆黄河分馆和具有区域特色文化的孙子文化园、《宣言》纪念馆、石油科技馆、雪莲大剧院等一批重点文化场馆。通过举办各类文化活动、建设文化场馆、推广城市形象等方式，以旅彰文，以文促旅。通过在休闲旅游中加入研学元素，将特色文化资源融入精品旅游线路中的方式，游客在欣赏自然景观的同时受到传统文化的熏陶，让旅游与文化深入结合，打造文旅融合的"新旅游场景"。这样可以让更多的人了解并认同黄河口文化，从而提升城市的知名度和影响力。这不仅有助于吸引更多的游客和投资者前来探访和投资，也有助于增强当地民众的归属感和自豪感。

黄河口文化是增强社会凝聚力的重要纽带。富有人类共同情感和共有体验的故事细节能够让接收者更加真切地感受与体悟"东营故事"的黄河口文化的内涵与精神，拉近与接收者之间的心理距离与情感体验。通过加强文化教育、传承非物质文化遗产、举办社区文化活动等方式方法，打造符合现代文化旅游需求的服务体验模式，利用物联网、云计算、大数据、人工智能等技术，建设公共数字文旅服务云平台，在为用户提供文旅公共基础服务功能的基础上，实现用户在线的闭环交易，真正实现为用户打造智慧化文旅体验服务，进而推动全市文旅产业的升级，构建智慧、健康、便利的东营全域旅游生态。加大"河东东""海营营"城市IP形象宣传，有利于推动城市品牌形象设计成果社会化的转化，辐射未来开发系列衍生产品，可以让更多的人了解并认同黄河口文化，增强社会的凝聚力和向心力，扩大东营市未来向山东省、京津冀以及整个华北区域的旅游市场的知名度。

三、黄河口文化的国际交流与合作的广阔前景

在全球化的今天，加强国际交流与合作已经成为提升黄河口文化影响力和竞争力的重要途径。东营市聚焦黄河入海口城市合作发展大会成果，充分彰显了东营市国际知名度和对外交往水平的大提升，进一步实现了"国际范儿"助力黄河口生态保护和高质量发展，通过与国际文化界的广泛交流与合作，减少文化误读，以此实现不同文化间的对话与理解。此外，东营市本可以持续发力推动黄河口文化走向世界舞台，展现其独特的魅力和价值。国际交流应立足本土资源的产业发展，鼓励研究试验探索，建立广泛的国内外科研合作机制和科研成果转化机制，引智引资，加快提升黄河口文化价值转化的能级。选取黄河文化的代表性景点、历史事件、民俗风情等为素材，通过图片、文字以及音视频等形式进行有针对性地介绍和呈现。可以通过举办国际文化节、艺术展览、学术研讨会等活动，向世界展示黄河口文化的深厚底蕴和独特魅力。东营市也可以分析研究公众的需求，并以此为基准推出更多优质的文旅数字资源，用来吸引更多百姓的关注。这样有助于东营市深耕涉外资源融合，深化国际交流合作，推动东营市在多领域开展并实施成效好、影响大的国际交流合作项目，进一步向世界展示真实、立体、全面的东营。这些活动在吸引更多的国际关注和参与的同时，也能够促进不同文化之间的交流与融合。东营市还可以加强与国外文化机构的合作与交流，推动黄河口文化的国际传播。通过建立文化交流合作机制、互派艺术家和文化代表团等方式，增进各国人民之间的友谊和理解，共同推动人类文明的进步与发展。除此之外，东营市通过引进国外的优秀文化资源和先进理念，为黄河口文化的创新发展提供新的思路和动力。这些资源和理念不仅可以丰富黄河口文化的内涵和外延，也必将推动黄河口文化与国际文化界的深度融合与发展，对助力全省对外开放新高地建设，向世界展示我国大江大河三角洲文明的标志地，具有十分重要的意义。

四、黄河口文化的未来发展策略与实施路径

（一）黄河口文化传承与发展的原则

黄河口文化传承与发展的原则主要有以下几个方面的内容。

1. 守正创新，树立文化自信

在社会变革的初期阶段，出现一定程度的胶着状态是难以避免的。面对这种复杂局面，我们必须坚守历史尺度的冷静与理性，自觉将文化转型的价值取向锚定于未来，以稳健的步伐推进社会进步。尊重传统，意味着我们不应割裂与历史的联系，但同样不能机械地将昨日的成规惯例、沿袭的传统态度和保守的程式强加于未来社会的构建之中。黑格尔曾这样肯定传统的意义和价值：这种传统并不仅仅是一个管家婆，只是把它接受过来的忠实地保存着，然后毫不改变地保持着并传给后代。它也不是一尊不动的石像，而是生命洋溢的，有如一道洪流，离开它的源头愈远，它就膨胀得愈大①。文化的传承和发展是一个循序渐进的过程，在尊重传统的基础上，勇于探索和创新，推动文化在传承中发展，实现社会的和谐稳定和文化的繁荣进步。

面对多元的社会文化，时代的发展推动着社会真正文化自信的出现。正如伽达默尔在《真理与方法》一书中指出的："人的权威最终不是基于某种服从或抛弃理性的行动，而是基于某种承认和认识的行动，即认识到他人在判断和见解方面超出自己，因而他的判断的领先，即他的判断对我们自己的判断具有优先性。"②在我国现代化建设的伟大征程中，文化自信作为文化建设的核心要素，其存在与否以及强度如何，对我国社会主义文化建设的适应性、应变能力及发展前景具有至关重要的影响。文化自信不仅是我们在时代变迁和社会发展中应对挑战、回应时代要求的重要支撑，更是我们在肩负改革与现代化重任的背景下，有效抵御西方文化霸权、维护国家文化安全的关键所在。以优秀传统文化为基石的文化领导权的树立，不仅关乎文化建设的

---

① 黑格尔.哲学史讲演录（第1卷）［M］.贺麟，王太庆，译.北京：商务印书馆，1981：8.

② 伽达默尔.真理与方法［M］.洪汉鼎，译.上海：上海译文出版社，1992：358.

深入推进，更直接关系到我国现代化事业的顺利发展。我们必须以高度的责任感和使命感，切实树立并坚定文化自信，为我国现代化事业的长远发展注入强大的精神动力和文化支撑。毕竟"能够赢得社会绝大多数成员积极赞同的价值和理念只能是一种具有包容性和凝聚力的价值和理念，是能够把人民利益、国家利益和政党利益有机整合在一起的价值和理念。"[①]只有人民利益、国家利益和政党利益合一了，才真正树立起了文化的领导权。

2. 理性超越，促进文化交流

文化转型的成功是社会发展的内在动力与核心要素。文化转型作为一场涉及价值观、信仰体系、社会习俗等深层次变革的社会运动，其成功与否直接关系到社会凝聚力和向心力的构建。成功的文化转型，能够引导社会成员形成共识，共同追求社会发展与进步的目标，从而为社会的和谐稳定奠定坚实的文化基础。在知识经济日益繁荣、全球化趋势不断深入的今天，文化已然成为推动经济社会发展的重要战略资源。文化的创新与发展，不仅为经济增长注入新的活力，也为社会提供了丰富的精神文化产品。文化的交流与传播，也促进了不同文化之间的相互理解与尊重，有助于构建开放包容、和谐共处的国际环境。追求个人的自由全面发展作为文化转型的重要目标之一，其实质是对个体价值的尊重与提升。这种精神变革鼓励人们突破传统束缚，勇敢追求自我实现与个性发展，从而激发出无穷的创造力与创新精神。这种精神力量，将成为推动社会和谐发展的不竭动力。市场经济的发展与成熟为我国现代性启蒙建立了必备的社会经济基础，但观念层面的变革——理性思维方式尚未完善。康德曾经对启蒙如此发问："如果有人要问：我们目前是不是生活在一个启蒙了的时代？那么回答就是：并不是，但确实是在一个启蒙运动的时代。"[②]在文化的现代性进程中，文化的传播可以形成强大的社会舆论力量，及时启迪民众的智慧。这一转变要求我们将文化由过去重道德轻知识的伦理至上型导向，逐步转变为科学理性精神与道德完善精神并重的文化新形态。借助现代化的文化传播技术，可以突破地域和时间的限制，将先进的文化理念传递至社会的各个层面，从而引导群众树立科学理性的思维方

①陶东风.文化凝聚力与文化领导权［EB/OL］.https://www.aisixiang.com/data/46137.html

②康德.历史理性批判文集［M］.何兆武，译.北京：商务印书馆，1990：25.

式和道德观念，为文化的创新性发展提供有力的支撑。树立尊重人才和崇尚教育的社会风气，塑造重视知识创新、尊重人才发展的文化环境。在新的时代背景下实现"义"与"利"的有机统一，引导群众正确看待个人与社会、利益与道德的关系，推动社会朝着更加和谐稳定的方向发展。

3. 丰富载体，承担起文化自觉到文化自信的责任

中国式现代化在初始阶段，以国家为主体，依托行政系统自上而下地推进改革，这种改革形式在转型初期具有其必要性与合理性。随着中国式现代化的逐步深入与全面展开，特别是市场经济体制的不断完善、民主政治建设的稳步推进以及思想文化领域的深刻变革，知识分子的地位和作用日益凸显，成为文化自觉的重要载体和推动力量。在思想文化领域及其他相关领域中，文化自觉到文化自信的推进不能仅依赖于行政力量的单方面驱动，而必须广泛动员和依靠广大知识分子。知识分子深厚的文化底蕴、独特的思维方式和广泛的社会影响力，在文化由自觉到自信中发挥着启蒙思想、监督进程、宣传理念、引导讨论等多重作用，应肩负起历史赋予的重任。知识分子作为群众的一部分，应当积极投身于文化由自觉到自信的伟大实践，以严谨的态度、稳重的作风和理性的思考，推动文化自信的前进。通过发挥自身的专业优势，为文化由自觉到自信提供智力支持和思想保障，助力我国文化事业不断迈上新的台阶。知识分子要破除依附性的文化意识，确立主体性的文化意识，这既是作为主体性经济的市场经济的呼唤，也是发展现代治理的需要。群众的文化创造活动，不仅可以给整个社会带来无穷的生机和活力，还对全部经济、政治、文化进行有效整合，在更高的层次上实现社会的协调、有序发展。

在我们中国式现代化进程中，如果尊重而非割裂传统，把握好传统与现代、保守与激进的"度"，将会更好地推动中国式现代化；如果能够新的思想启蒙，将会使我们的文化从重道德轻知识的伦理至上型的文化，渐渐转变为科学理性精神与道德完善精神相统一的文化；如果知识分子勇于承担起主导文化由自觉到自信的责任，将会在多种多样的文化选择和文化发展的可能性中及时建立起一种最为符合中国式现代化发展的价值导向体系；如果能够理性规避极端网络民族主义所带来的发展风险，寻求文化与经济、政治等多重因素的格式塔式的全面转换，那么在习近平新时代中国特色社会主义思想

指导之下的"和平崛起"之路将会越走越宽。

（二）黄河口文化传承与发展的策略与现实路径

为确保黄河口文化的可持续发展和长远影响，我们需要制定一系列的科学发展策略。要加强政策支持，加强培训和人才引进，创新宣传推广方式，加强数字化技术的应用，加强与新媒体平台的合作，提升宣传推广内容的质量和创意，提高黄河口文化推广的效果和影响力，进一步深化人们对黄河口文化的认知和理解，为黄河重大国家战略落地落实奠定基础。

1. 奠定良好的政策基础

加强政策支持是关键所在。东营市拥有丰富的文化资源，是古代军事家孙武的故里、吕剧发源地、全国第二大油田胜利油田驻地、中国"六大最美湿地之一"所在地。东营市政府应对数字经济的驱动和转型也进行了一系列举措，着力激"变量"、壮"存量"、扩"增量"，并出台激励政策，对相关产业进行资金和技术支持。今后可继续建立健全文化产业发展机制和文化市场体系，鼓励沿黄村镇充分挖掘和利用黄河口文化，培育一批田园农耕型、生态休闲型、民俗文化型"黄河风情村"，为黄河口文化的产业化发展奠定良好的政策基础，创造良好环境。

2. 突出区域特色

黄河入海口是黄河文明的独特展示窗口，自1855年黄河改道以来，黄河入海的地理特征和历史变迁都深深地烙印在这片土地上。黄河口文化以其多元性与包容性见长。这里不仅是黄河文化与海洋文化的交汇点，也是农耕文明与渔猎文明的融合地。黄河带来的泥沙不断塑造着黄河入海口地区的地理环境，也融汇了丰富的文化元素，形成了独特的文化特征。黄河入海口的生态保护也是文化持续发展的重要保障。作为黄河三角洲的一部分，这里的湿地生态系统具有重要的生态价值，需要通过文化旅游、文化教育等方式，让更多的人了解和认识黄河入海口文化，促进其传承和发展。

3. 培养和引进人才

加强培养和引进人才是重要保障。我们应加大对文化教育领域的投入力度，培养更多高素质的文化人才和艺术家。文化创新人才应具备丰富的文化底蕴和专业知识，能够准确把握宣传推广的需求和目标，制定相应的策略，运用各种工具和技巧在新媒体平台上进行宣传。政府应积极开展创业人才教育培训活动，鼓励、引导高等院校、培训机构、大型企业参与进来，结合新媒体技术和黄河口文化特点，设计和实施更具吸引力和影响力的推广方案。政府还可以提高文化从业人员的服务技能和管理经验水平，积极争取知名院校落户东营，充分发挥市域现有大学、学院等高校的资源优势。通过教育培训、实践经验、跨学科学习以及行业内的交流合作，可以逐步培养专业团队，引进拥有相关专业知识和经验的专家，使文化传承推广工作更具前瞻性和创新性，为黄河口文化的宣传推广工作提供强有力的支持。积极引进国内外优秀人才和资源，为黄河口文化的传承和创新提供有力支持。

4. 推动文化的科技创新

加强科技创新和数字化应用是推动黄河口文化现代化的重要手段。我们应充分利用现代科技手段，如互联网、大数据、人工智能等推动黄河口文化的传播和创新发展。深入挖掘黄河口文化、海洋文化、古齐文化、孙子文化、石油文化、治水文化、红色文化等的内涵，加强活化传承和时代弘扬，围绕"黄河入海"这一最鲜明的地理特征和中华民族重要的文化表征，聚集整合沿黄地区历史文化与自然生态资源，通过新媒体便于广泛传播和互动的优势，增强人们对黄河文化的认同感和参与度，实施黄河口文化数字精品工程。我们还可以进一步建设优化数字化文化平台、推广数字化文化产品和服务，让黄河口文化在现代科技的助力下焕发新的生机和活力。数字文化资源是发展和完善群众文化服务体系建设的关键，融媒体时代的媒介方式也能够提高"东营故事"传播内容的效率。在数字时代创新群众文化工作，应完善基础设施配套，建设内容强大而丰富的数字文化资源。近年来文旅部门深耕"东营文旅"抖音号、"东营文旅"微信公众号等自媒体内容建设，打造东营文旅、一码游东营、东营公共文化云等新媒体矩阵助力黄河口文化传播。文化主管部门应当在挖掘数据资源富矿的同时，注重可持续生态链的保护和建设，确保不出现重大数据安全事故。

5. 争取社会力量参与

加强社会参与和共建共享是形成全社会共同关注黄河口文化发展的重要保障。积极鼓励社会各界参与黄河口文化的传承和创新活动，共同推动黄河口文化的繁荣发展。以中国国际文旅博览会等旅游交易会、博览会、推介会为抓手，开展借势宣传营销，有效传播"黄河入海"相关品牌，如黄河口农品、黄河口非遗精品等。同步有效开展借势宣传，对于喜欢历史文化的用户可以推送黄河故事传说、非遗介绍、风土人情等，捕捉故事的动人细节，呈现故事的感性内容，发掘故事中的黄河口文化内涵与精神，以故事的真实感、亲切感激发人类共通的情感共鸣；对关注活动信息的群众，可以推送诸如黄河口（东营）马拉松赛、河海音乐节、国际湿地城市钓鱼公开赛、黄河口（东营）啤酒美食季等黄河主题活动信息，这样可以在很大程度上提高用户对黄河文化宣传的接受度和参与度。

6. 强化国际交流与合作

加强与国际文化界的合作与交流，让黄河口文化走向世界舞台的中央，展现其独特的魅力和价值。高标准筹备黄河文化论坛、马拉松、自行车赛、水上项目等区域性文旅体活动，开展"沿着黄河来旅行""周末请上车"等文旅活动，为沿黄旅游线路吸引流量，进一步带动激活东营自驾游、周末游、周边游市场。依托区域独特的自然标识、水利工程、重大历史事件、重要文化遗址等资源禀赋，打造一批市级黄河口文化地标，形成层次清晰、特色鲜明、具有较高知名度和美誉度的黄河文化标识体系，减少在跨文化传播中可能出现的阻碍，在新的挑战与机遇面前，审时度势，拓展思维空间，博采众长，让黄河口文化走向世界。

文化自信是一个民族、一个国家对自身文化价值的充分肯定和积极践行，并对其文化的生命力持有的坚定信心。我们拥有这个世界最灿烂悠久的文明，这正是中国人民在千百年洪流中屹立不倒的原因。优秀传统文化的强势回归，越来越受到大众的关注和认同，黄河口文化散发出夺目的光彩，这是黄河口的名片，也是民族的骄傲。正是那些在不经意间会时时显露的沉稳与谨慎、勇毅与坚忍、睿智与温良成就了黄河口文化。未来征途漫漫，黄河口人更需恪守文化自觉的根基，远离急功近利和精致利己，满怀赤诚和热爱，让黄河口的文化传播到更远的地方。

第三节　发挥驻地高校在区域文化传承发展中的作用

黄河口文化区域色彩浓郁，经过黄河流域文化的浸润，齐鲁文化的传承，历代移民文化的交融，石油文化的碰撞，经历红色文化的洗礼和锤炼，是在长期的革命和建设开发实践中形成的，具有极其丰厚内容和凝重内涵的文化。在新时代的今天，高校增强黄河文化的引领力，有利于推进黄河流域生态保护和高质量发展重大国家战略的实施。在服务黄河国家战略、绘就黄河流域高质量发展蓝图方面，高校工作应紧密结合区域发展需求，抓住战略机遇，聚力夯实学科基础，提升人才培养与科研创新能力，同时发挥多学科优势，传承黄河文化，促进文化交流传播。高校工作应围绕黄河三角洲区域信息产业人才培养、生态保护和高质量发展中的信息化建设的内容，为黄河口文化传承与创新研究、对外文化传播交流等方面提供支持。

一、形成支撑黄河国家战略要求的学科专业布局

在中长期发展规划中，形成支撑黄河国家战略要求的学科专业布局，构建符合区域发展要求的应用型人才培养体系，建成能够满足区域信息产业发展要求的科研平台和服务机制，拓展黄河口文化传播途径及传承模式，打造服务政府决策的高端智库人才队伍，构建高质量、有特色的社会服务体系。培育与产业升级要求相适应的学科方向，抓住国家推进黄河流域高质量发展的政策机遇，创新机制，采取"引聘名师、重视骨干、以老带新"等措施，不断优化学科团队的结构。引进名师，重点加强学科方向领军人才和科研团队的引进和双聘，借力提升学科队伍整体实力；重视骨干，建立开放灵活的培育机制，有计划地遴选青年骨干开展长期或短期的学术进修；以老带新，加强学科带头人对青年教师的学术指导。在学科建设、人才培养、科学研究、平台建设等方面重点着力。

以学科建设为统领，专业建设为载体、课程建设为基础，制定"学科、专业、课程"三级动态实施机制，围绕学科方向，确定特色分明的专业人才培养目标，搭建科学合理的课程体系，组建方向清晰的教师队伍，建设学术引领的教学

资源，以学科领专业，以专业带课程，发挥学科团队在专业建设中的主导地位，明确学科团队在专业和课程团队中的责任与义务，借助黄河生态文明场域、设施、工具等硬件设施，通过情境化学习、项目式学习等活动方式，采用生动活泼的信息化教学与丰富多彩的户外授课相结合的模式，创新课程教学模式，建设整体性的课程目标，进行协作性的课程实施，辅以规范性的课程管理，达成课程成果的共享，实现"学科引领、科教融合"的良好运行机制，促进多学科优化整合，进而达到学科、专业和课程的协同提升。

优化资源配置，建立人才服务质量的反馈机制。以服务区域经济高质量发展为要求，主动与地方政府、科研院所、企事业单位建立合作关系，建立切实有效的人才培养质量保证体系，注重人才社会需求调研和毕业生质量跟踪调查，根据需求反馈，不断优化专业设置与结构，适应经济社会发展需要，建立切实有效的专业管理运行机制。在人才培养上要主动对接黄河流域内政府、高校、企业，开展多领域合作，侧重于黄河文化传承、黄河生态安全、黄河滩区建设、黄河水资源保护、黄河资源利用和黄河科技创新等方面，积极加入黄河流域内高校联盟平台，拓展人才培养渠道。面对国家制定黄河流域高质量发展战略的重大机遇，沿黄高校发挥各自优势，建立联盟，进行教学合作、联合培养等新人才培养模式的探索。学院学科专业抓住机遇，积极参与各种教育联盟平台，加强与区域内其他高校在人才培养方面的交流合作，探索共建虚拟教研室，共享教学经验，提升教师教学能力，拓展人才培养渠道。

二、创新科研模式，重点支持黄河口文化、黄河流域生态保护相关研究

采用学院配置为主，项目竞争为辅的模式，依托科研平台建设，加大设备、场地等软、硬件资源的投入力度，对水质在线监测与评估、重污染企业节能减排等与黄河流域生态保护相关课题研究进行重点倾斜；依据课题不同阶段需要给予相应资源支持，形成团队人力资源与项目需求匹配、课题研究需求与资源支持匹配、科研产出成果与奖励表彰匹配的高效动态全过程管理模式；加强青年教师科研支撑，探索青年人才激励制度，设立青年教师专项，尊重并鼓励青年教师和科研骨干探索新技术，更好服务于相关课题研

究。讲好黄河故事、传承黄河文化，高校等教育教学部门应强化在实现区域红色文化认同、推动黄河口红色文化"走出去"、促进红色旅游国际化发展等领域的工作。要围绕讲好黄河故事，找准讲什么，挖掘黄河文化的丰富内涵，探寻黄河文化传承发展过程中孕育的精神特质和时代价值。立足弘扬黄河文化团结、务实、开拓、拼搏、奉献的精神品格，讲好黄河口文明起源、黄河口的传说、黄河入海的变迁、黄河口生态、黄河口治理及城市和乡村高质量发展的故事。聚焦怎么讲，丰富黄河故事的讲述方式。要创新形式、挖掘内涵，推动黄河故事生动活泼的广泛传播。以文化赋能景区景点，将自然风光与传统文化紧密结合，准确、生动地展现看得见生态、记得住乡愁、听得见历史回音的新形象。凝练团队研究方向，加强黄河文化内涵、现代价值及对外传播的研究。提升科学研究服务黄河国家战略的意识，以省市社科联及东营市科技局项目申请为抓手，凝练研究方向，强化交流合作，建好用好山东生态文明学院、黄河三角洲生态文明研究中心，发挥好黄河口国家公园、石油文化主题公园等辐射带动作用，就黄河口文化传播研究成立多语种、多模式研究团队，对基础研究成果开展科普工作，创新沉浸式、体验式、情景式的科普宣传教育模式，将科普功能更好地延展，做到生态保护科研化、科研成果科普化、科普宣教多元化。促进资源共建、共享，为黄河口文化对外传播储备人才。

三、增设黄河口文化对外传播的相关课程，丰富黄河口文化知识获取途径

在人才培养方面以浸入式体验学习和发现黄河口文化魅力，涵养区域高校学生的黄河口文化素养，丰富黄河口文化的获取途径，提升黄河口文化传承及对外传播水平。提高教师的黄河口文化素养，拓展黄河口文化对外传播渠道。发挥专业优势，翻译与黄河口优秀文化相关的专著或文献，积极向世界推介黄河口优秀文化；针对在校大学生，特别是留学生，市民或外籍工作者定期举办文化讲座，围绕"用英语讲好中国故事，向世界传播中华优秀传统文化"目标，借力对外文化贸易，推动黄河题材的图书、电影、电视剧、纪录片在海外传播，支持更多体现东营特色、具有较强竞争力的文化产品走向国际市场。

四、加强与政府部门合作和沿黄高校的互联互通，推动建设黄河文化研究共同体

加强与社科联、外事办、文旅局等政府部门的联系，对接文化传播传承需求，共同解决黄河文化传承发展中的关键问题，提升研究水平；深入推进黄河流域视听合作，挖掘黄海入海口自然变迁、历史故事及东营市、胜利油田保障国家生态、粮食、能源安全的卓越贡献，努力推出一批文创产品和视听精品，讲好人与自然和谐共生的东营故事；加强与沿黄高校互联互通，加强交流合作，通过讲座、联合申请课题、共建资源等多种方式，建设黄河文化研究共同体。

五、优化智库成员构成，提升服务政府决策水平

以多样性、跨学科和跨领域方式优化智库成员构成，提升服务政府决策水平。搭建研究黄河口文化的学术平台，发挥高等院校、研究机构的作用，加大对黄河口文化的跨学科研究力度。优化智库人员配置，融合具有跨领域、跨学科的研究人员开展团队研究，充分将理论与实践结合，更好地服务政府决策，产出符合区域需求的高质量研究成果，提升智库自身学术及社会影响力。凝练黄河口红色文化精神实质，服务黄河口区域文化建设与教育发展。关注黄河口经济与社会发展需要，强调基础理论研究与应用研究紧密结合，突出黄河口红色文化研究的地域性和时代性。

六、强化协同效应，做好黄河全域兄弟省区的协同创新文章

加强与沿黄流域高校，尤其双一流高校的交流，积极参与黄河国家战略相关项目研究，强化黄河文化对生态文明建设重要性的普及教育和黄河文化山东段研究，在科学研究、决策参考研究等方面与沿黄高校协同发展，为黄河全域和全国实现高质量发展提供强大的人才和教育支撑。建立协同创新机制，打造开放、流动、竞争、合作的社会服务体系。因地制宜地开展理论宣讲、科技普及活动，发挥精神引领的作用。在黄河口社会文化建设中发挥积极的引导示范作用，为黄河口区域培育城市精神、塑造城市形象、建设城市文明助力；以满足地方经济发展为需要，以教学科研为依托，发挥专业特色

优势，主动融入黄河口地区的经济社会建设。

　　总之，未来的黄河口文化，其发展必须首先以自己富有区域特色的优秀文化传统作为基本的思想资源和坚实的精神根基，同时广泛地吸收各种先进文化并进行文化整合和创新。转型不是固型，黄河口文化更需在发展中重新认识、不断更新，进一步彰显黄河口文化的独特魅力，保持开放包容的态度，提升其在全球文化格局中的影响力，尊重文化多样性，促进不同文化之间的和谐共处。在建设中国式现代化的过程中，黄河口文化应紧密结合时代需求，积极回应社会变革，推动文化创新。在文化传承中注入现代元素，提升文化表达的现代性；在文化交流中拓宽国际视野，增强文化的国际传播力；在文化产业发展中挖掘新的增长点，推动文化与经济的深度融合，为建设中国式现代化贡献力量，推动中华优秀文化的繁荣与发展。唯有如此，黄河口文化才能在世界文化中开辟出真正属于自己的温暖而谦和、深刻而丰盈的美好明天。

参考文献

文化转型类：

[1] 陈秀武. 日本大正时期政治思潮与知识分子研究［M］. 北京：中国社会科学出版社，2004.

[2] 罗荣渠. 现代化新论：世界与中国的现代化进程［M］. 北京：商务印书馆，2004.

[3] 刘天纯. 日本现代化研究：日本现代化的奥秘何在?［M］. 北京：东方出版社，1995.

[4] 中国现代化报告课题组. 中国现代化报告2001［M］. 北京：北京大学出版社，2001.

[5] 李小娟. 文化的反思与重建：跨世纪的文化哲学思考［M］. 哈尔滨：黑龙江人民出版社，2000.

[6] 金明善. 日本现代化研究：日本现代化过程中的经济·政治·文化·社会问题探讨［M］. 沈阳：辽宁大学出版社，1993.

[7] 阿诺德·汤因比. 历史研究（上卷）［M］. 郭小凌，杜庭广，吕厚量，梁洁，译. 上海：上海人民出版社，1997.

[8] 张旅平. 文明的冲突与融合：日本现代化研究［M］. 北京：文津出版社，1993.

[9] 马克斯·韦伯. 新教伦理与资本主义精神［M］. 于晓，陈维纲，等译. 北京：生活·读书·新知三联书店，1987.

[10] 中共中央马克思恩格斯列宁斯大林著作编译向，马克思恩格斯选集（第二卷）［M］北京：人民出版社，1995.

[11] 中共中央马克思恩格斯列宁斯大林著作编译向，马克思恩格斯选集（第二卷）［M］北京：人民出版社，1995.

[12] 赵林. 中西文化分野的历史反思［M］. 武汉：武汉大学出版社，2004.

［13］杨春时.中国文化转型［M］.北京：中国社会科学出版社，1999.

［14］陶东风.社会转型与当代知识分子［M］.上海：上海三联书店，1999，

［15］黑格尔.哲学史讲演录（第1卷）［M］.贺麟，王太庆，译.北京：商务印书馆，1981.

［16］伽达默尔.真理与方法［M］.洪汉鼎，译.上海：上海译文出版社，1992.

［17］陶东风.如何确立执政党的文化领导权?［EB/OL］.http：//www.tecn. cn，2007-11-22.

［18］康德.历史理性批判文集［M］.何兆武，译.北京：商务印书馆，1990.

区域文化类：

［1］王志民.山东区域文化通览·东营文化通览［M］济南：山东人民出版社，2012.

［2］东营市地方史志编纂委员会办公室.黄河口风物［M］东营：石油大学出版社，1992.

［3］中共广饶县委党史资料征集研究委员会.中共广饶党史大事记（1921-1987）［M］.北京：中共党史出版社，1993.

［4］史景增.中国共产党山东省广饶县组织史资料（1924-1987）［M］.济南：山东省出版管理处，1988.

［5］魏本权，汲广运.沂蒙抗战文化资源研究［M］.济南：山东人民出版社，2014.

［6］蔡华，梁海伟.清河平原的记忆［M］.济南：泰山出版社，2015.

［7］王爱华，王刚，刘丽，等.多维视野下的抗战文化［M］.成都：西南交通大学出版社，2011.

［8］中共东营市委党史研究室.中国共产党东营历史（第二卷）［M］北京：中共党史出版社，2016.

［9］中共广饶县委党史资料征集研究办公室.广饶党史资料（第一辑）［M］内部资料.广饶，1983.

［10］高占祥.文化力［M］北京：北京大学出版社，2007.

［11］金元浦. 文化研究：理论与实践［M］. 郑州：河南大学出版社，2004.

［12］陆扬. 文化研究概论［M］上海：复旦大学出版社，2008.

［13］李水弟. 抗战文化与传承［M］南昌：江西人民出版社，2009.

［14］李康平. 江西红色资源开发与教育研究：江西红色历史文化研究.［M］北京：北京中国社会科学出版社，2011.

［15］曼纽尔·卡斯特. 认同的力量［M］. 北京：社会科学文献出版社，2003.

［16］陈功焕，刘小珍. 中国红色文化产业竞争力评价体系研究［J］. 企业文化建设. 2011（09）.

［17］陈敬魏，本权. 红色文化的文化发生学考察：以沂蒙红色文化为中心［J］. 临沂师范学院学报，2010，32（1）：28-33.

［18］司马迁. 史记［M］. 北京：中华书局，2014.

［19］任重. 东夷文化的历史沿革［J］. 山东大学学报：哲学社会科学版，2001（1）.

［20］卫世文. 中华民族精神论［M］. 郑州：郑州大学出版社，2002.

［21］桂玉. 在多元文化环境中强化马克思主义的一元指导地位［J］. 许昌学院学报，2004（5）.

［22］高菲. 红色文化与社会主义核心价值体系建设［J］. 思想政治工作研究，2011（8）：35-37.

［23］陈世润，李根寿. 论红色文化教育的社会价值［J］. 思想政治教育研究，2009，25（4）：15-17.

［24］褚凰羽，洪芳. 红色文化传播的影响因素分析研究［J］. 兰台世界，2011（03）.

［25］但海剑，石义彬. 数字时代跨文化传播中的文化身份认同［J］. 武汉理工大学学报（社会科学版），2009（22）.

［26］邓显超，孙连红. 发展红色旅游与提升赣州红色文化软实力的思考［J］. 农业考古，2008（12）.

［27］傅小清，龚玉秀，张国芳. 试论红色文化的生成机制［J］. 井冈山大学学报，2010（04）.

［28］洪芳，王政，褚凰羽. 红色文化传播中的受众研究［J］. 新闻界，

2011（02）.

　　［29］邵培仁，范红霞.传播仪式与中国文化认同的重塑［J］.当代传播，2010（03）.

　　［30］石义彬，吴世文.我国大众传媒再现和建构中国文化身份研究——基于数字传播和全球传播环境的思考［J］.当代传播，2010（05）.

　　［31］曾楚.实施红色资源保护性开发的实践与思考——以四川省旺苍县为例［J］.老区建设，2012（11）.

　　［32］谷玉芬.红色旅游与红色资源关系解析［J］.商业经济，2006（03）.

　　［33］潘丽华，肖松良，笪锐.红色资源的经济价值［J］.经济研究导刊，2009（03）.

　　［34］刘华政.红色资源在思想政治课教学中的运用探析［J］.教学与管理，2012（12）.

　　［35］金微，吴振宇，闫怡.红色资源与高校思想政治教育［J］.神州，2013（13）.

　　［36］李康平，李正兴.论大学德育中红色资源的有效运用［J］.中国高等教育，2006（23）.

　　［37］张波尔.论红色资源在高校教育的作用［J］.改革与开放，2013（10）.

　　［38］吕飞，姜云飞.利用红色资源提高学生道德修养的新途径［J］.科技致富向导，2010（35）.

　　［39］井冈山大学.充分利用井冈山红色资源开辟大学生思想政治教育新天地［J］.江西教育.2010（31）

　　［40］陈淑红，刘浩林.论莲花县红色资源的德育功能［J］.理论导报，2012（09）.

　　［41］李康平.马克思主义中国化的重大精神成果——论中国革命精神［J］.思想理论教育导刊，2014（10）.

　　［42］王洪叶.论红色文化与大学生社会责任感培育［J］.学理论，2013（16）.

　　［43］韩延明.红色文化与社会主义核心价值体系建设研究［M］.北京：人民出版社，2013.

［44］杨朝辉.区域文化整合视角下的城市形象建设［J］.中国石油大学胜利学院学报，2015，29（4）.

［45］中共中央关于制定国民经济和社会发展第十四个五年规划和二〇三五年远景目标的建议［EB/OL］.http：//www.gov.cn/zhengce/2020-11/03/content_5556991.htm.

［46］范玉茹.黄河文化的民族精神与时代价值研究——评《黄河与中华文明》［J］.人民黄河，2021（3）.

［47］张自龙.黄河文化的历史与时代价值研究——评《黄河与中华文明》［J］.人民黄河，2021（4）.

［48］魏小燕.黄河文化的精神内涵与传承路径探究［J］.商丘职业技术学院学报，2023，22（03）.

［49］邱玮栋.黄河文化对构筑中华民族共有精神家园的价值探析［J］.发展，2023（06）.

［50］姜国峰.保护传承弘扬黄河文化的价值、困境与路径［J］.哈尔滨工业大学学报（社会科学版），2022，24（04）.

［51］安长东，王志刚，李晓明.传承历史文化打造百年灌区［J］.山东水利，2008（02）：57-59.

［52］博兴县水利局，博兴县打渔张引黄灌溉管理处.平野苍流：打渔张引黄灌区开灌60周年纪念专辑［M］.北京：中国水利水电出版社，2016.

［51］赵晶晶.东营流域黄河文化保护传承体系构建研究［D］.济南：山东大学，2022.

［52］周小苑，岳小乔.习近平的黄河足迹［J］.决策探索（上），2019（10）.

［53］张书豪.新时代黄河流域农耕文化传承发展的实践进路［J］.中国农业文摘（农业工程），2023，35（05）.

［54］胡月霞.以数字技术赓续黄河文脉［J］.文化产业，2023（21）.

［55］李庚香.深刻领悟"结合"要义建设中华民族现代文明［J］.河南社会科学，2023，31（08）.

［56］高升.黄河文化的价值意蕴及其保护传承弘扬路径研究［J］.湖北经济学院学报（人文社会科学版），2023，20（05）.

后　记

　　历史的如椽巨笔，在书写时代华章时需要魂脉牵引。社会变革转型时期，一定是哲学社会科学大发展的时代。历史是最好的教科书，黄河口文化的传承与发展建立在对历史的梳理和总结基础之上。本书是山东石油化工学院黄河三角洲绿色低碳高质量发展研究中心、东营市黄河口红色文化研究基地的研究成果。书籍囊括了三位作者十多年来的研究，也综合了三位作者主持的多项课题的研究成果，感谢课题组成员的智慧支持。

　　本书共分8章，各章主要撰写人员如下：第一章：尹健、张爱美；第二章：张爱美；第三章至第七章：尹健；第八章：胡艳芳。三位作者均来自高校，是一线专任教师。他们在教学工作之余，基于对黄河口文化的热爱和关注成就此书。除撰写人员外，治水文化部分得到了博兴县原打渔张灌区主任安长东的原始资料提供和研究支持，感谢东营市水利灌溉服务中心帮助召集离退休老干部提供调研帮助；石油文化部分得到了东营市党委宣传部企业文化办公室（精神文明建设办公室）高级主管翟晓晨给予的研究支持；红色文化部分得到东营市社会科学界联合会、中共东营市委党史研究院，以及《共产党宣言》纪念馆、渤海垦区革命纪念馆、三里庄红色教育基地等部门的资料支持，在此一并表示诚挚的感谢！由于水平有限，书中难免存在欠妥或谬误之处，恳请读者批评指正。

　　我们深知，把区域文化研究工作融入改革发展的伟大事业之中，融入人民创造历史的伟大奋斗之中，用学术话语讲好中国故事，推动哲学社会科学的创新发展，才能为强国建设、民族复兴提供更为深厚的学术支撑和更为主动的精神力量。仰观天宇，时空更为深邃；俯身耕耘，未来无限可能。